掌握自動化投資
理。財。趨。勢

使用
Python
3.X版

Python
股票×ETF量化交易
實戰 105 個活用技巧

使用Python實作台股、ETF量化分析
掌握自動化投資理財趨勢

第三版

- 使用靈活彈性的 Python，搭配循序漸進的範例教學
- 以 Python 取得公開金融大數據，定義獨有的籌碼指標
- 計算指標後，透過圖表繪製，找出資料細節裡的魔鬼
- 找出關鍵思維，建構正期望值的策略
- 透過 Discord Push 打造策略訊號派送機器人

劉承彥 著

FIN TECH

博碩文化

作　　者：劉承彥
責任編輯：曾婉玲

董 事 長：曾梓翔
總 編 輯：陳錦輝

出　　版：博碩文化股份有限公司
地　　址：221 新北市汐止區新台五路一段 112 號 10 樓 A 棟
　　　　　電話 (02) 2696-2869　傳真 (02) 2696-2867

郵撥帳號：17484299　戶名：博碩文化股份有限公司
博碩網站：http://www.drmaster.com.tw
讀者服務信箱：dr26962869@gmail.com
讀者服務專線：(02) 2696-2869 分機 238、519
（週一至週五 09:30～12:00；13:30～17:00）

版　　次：2025 年 6 月三版

博碩書號：MP22512
建議零售價：新台幣 660 元
Ｉ Ｓ Ｂ Ｎ：978-626-414-228-1（平裝）
律師顧問：鳴權法律事務所 陳曉鳴 律師

本書如有破損或裝訂錯誤，請寄回本公司更換

國家圖書館出版品預行編目資料

Python：股票 x ETF 量化交易實戰 105 個活用技巧 /
劉承彥著. -- 三版. -- 新北市：博碩文化股份有限公司,
2025.06
　面；　公分

ISBN 978-626-414-228-1(平裝)

1.CST: 投資分析 2.CST: 金融投資工具 3.CST:
Python(電腦程式語言)

563.5029　　　　　　　　　　　　　114006856

Printed in Taiwan

歡迎團體訂購，另有優惠，請洽服務專線
博碩粉絲團　(02) 2696-2869 分機 238、519

商標聲明

本書中所引用之商標、產品名稱分屬各公司所有，本書引用純屬介紹之用，並無任何侵害之意。

有限擔保責任聲明

雖然作者與出版社已全力編輯與製作本書，唯不擔保本書及其所附媒體無任何瑕疵；亦不為使用本書而引起之衍生利益損失或意外損毀之損失擔保責任。即使本公司先前已被告知前述損毀之發生。本公司依本書所負之責任，僅限於台端對本書所付之實際價款。

著作權聲明

本書著作權為作者所有，並受國際著作權法保護，未經授權任意拷貝、引用、翻印，均屬違法。

序言

　　本書是透過 Python 實現金融資料分析的案例實作範例，以爬蟲、第三方套件串接台灣證交所、集保中心所提供的金融數據來進行資料分析。本書的資料分析著重如何建構股票 ETF 的交易策略，關鍵在於金融資料的理解、資訊科技的應用。

　　投資是多數人生活中會碰到的課題，尤其是在這個數據的年代，我們如何更有效率去建構我們人生投資的系統呢？客觀、效率的方法就是「資料分析」，不再追隨各種媒體上的多數雜音，透過客觀的資料分析來累積我們對於股市的認知。

　　我自己也樂於分享對於量化的點子，經營 FaceBook 粉絲專頁「Cheng's 交易—程式交易」，在 FaceBook 上也有「Python 程式交易」社團，歡迎讀者加入來一起討論分享。

　　關於內容，由於本書各章節內容息息相關，筆者也儘量將相關聯的技巧揭示於內文中，由於書中所使用到的技巧多數是以外部套件、外部數據為主，會隨著網站更新、資料格式更新、套件更新等原因，導致書中的程式碼需要更新。經常有讀者向我告知書中需要更新的地方，為了完善讀者對於本書的範例操作體驗，最新的程式碼將以雲端版本為主。此外，若還有疏漏之處，敬請見諒。

　　最後，要感謝我的父母，尤其是我的母親，一路上給予我支持。

劉承彥 謹識

目錄

|CHAPTER| 01 Python 基礎介紹 001

- 技巧 1　【觀念】Python 安裝介紹 002
- 技巧 2　【實作】本書的 Python 範例執行方法 006
- 技巧 3　【實作】基本型態介紹 006
- 技巧 4　【實作】基本運算及數學函數介紹 009
- 技巧 5　【實作】字串處理介紹 012
- 技巧 6　【實作】序列型態介紹 014
- 技巧 7　【實作】判斷式結構介紹 021
- 技巧 8　【實作】迴圈式結構介紹 023
- 技巧 9　【實作】序列推導式的延伸應用 027
- 技巧 10　【實作】建立函數的方法 028
- 技巧 11　【實作】建立類別的方法 030
- 技巧 12　【實作】建立函式庫並取用 032
- 技巧 13　【實作】檔案應用處理 032
- 技巧 14　【實作】Python 異常處理的應用 034
- 技巧 15　【實作】使用 Python 的外掛套件 036
- 技巧 16　【實作】時間套件的應用觀念 037
- 技巧 17　【實作】Pandas 套件的應用 039

|CHAPTER| 02 金融商品與量化分析基礎介紹 047

- 技巧 18　【觀念】了解台灣證券市場 048
- 技巧 19　【觀念】何謂股票 050
- 技巧 20　【觀念】何謂 ETF 050

iv

技巧 21	【觀念】ETF 種類介紹	051
技巧 22	【觀念】證券的相關交易制度	053
技巧 23	【觀念】證券交易方法	054
技巧 24	【觀念】為何需要量化分析	055

|CHAPTER| 03 Python 取得公開資料 057

技巧 25	【觀念】網路爬蟲基本概念	058
技巧 26	【觀念】網頁的組成	059
技巧 27	【觀念】網頁標籤介紹	061
技巧 28	【實作】了解網頁傳遞參數方法	063
技巧 29	【實作】Python 下載網頁資訊	066
技巧 30	【觀念】BeautifulSoup 套件簡介	068
技巧 31	【實作】BeautifulSoup 解析資料	072
技巧 32	【觀念】Selenium 套件簡介	074
技巧 33	【觀念】何謂 K 線（開高低收量）	079
技巧 34	【實作】抓取證券公開資訊	081

|CHAPTER| 04 建構策略分析框架 089

技巧 35	【觀念】何謂策略分析框架	090
技巧 36	【觀念】何謂交易策略	090
技巧 37	【觀念】回測要注意的事情	091
技巧 38	【觀念】如何發想交易策略	094
技巧 39	【觀念】回測流程介紹	096
技巧 40	【實作】將資料圖像化	098
技巧 41	【實作】撰寫基本進出場邏輯	104
技巧 42	【實作】記錄回測交易明細	107

技巧 43	【實作】繪製 K 線圖及交易紀錄	109
技巧 44	【觀念】分析回測交易紀錄	113
技巧 45	【實作】績效指標實作	114

|CHAPTER| 05 經典交易策略建構 121

技巧 46	【觀念】趨勢突破交易策略介紹	122
技巧 47	【實作】趨勢突破策略圖像化觀察	122
技巧 48	【實作】趨勢突破策略撰寫	125
技巧 49	【觀念】處置效應介紹	128
技巧 50	【觀念】停利停損觀念	129
技巧 51	【實作】趨勢突破策略加上停利停損	130
技巧 52	【觀念】移動停損觀念	133
技巧 53	【實作】突破策略加上移動停損	134

|CHAPTER| 06 技術分析交易策略 139

技巧 54	【觀念】技術分析的介紹	140
技巧 55	【觀念】技術分析套件介紹	140
技巧 56	【實作】Talib 套件安裝	141
技巧 57	【實作】Talib 套件基本操作	144
技巧 58	【實作】技術指標介紹－均線（MA）介紹及計算	146
技巧 59	【實作】MA 策略圖像化觀察	148
技巧 60	【實作】突破均線交易策略	150
技巧 61	【實作】均線排列策略	154
技巧 62	【實作】技術指標介紹－相對強弱指標（RSI）介紹及計算	158
技巧 63	【實作】RSI 策略圖像化觀察	160
技巧 64	【實作】強勢回檔策略	162

技巧 65	【實作】RSI 突破策略	166
技巧 66	【實作】技術指標介紹－平滑移動曲線指標（MACD）介紹及計算	170
技巧 67	【實作】MACD 策略圖像化觀察	172
技巧 68	【實作】MACD 策略	173
技巧 69	【觀念】建構交易策略的濾網	177
技巧 70	【觀念】技術指標－平均真實區間指標（ATR）介紹及計算	178
技巧 71	【實作】MA、ATR 策略圖像化觀察	180
技巧 72	【實作】MA 搭配 ATR 濾網交易策略	181

|CHAPTER| 07 股權分散表交易策略 ... 187

技巧 73	【觀念】股權分散介紹	188
技巧 74	【實作】取得股權分散公開資料	190
技巧 75	【實作】價格與股權資料表整合	195
技巧 76	【實作】股權分散表解讀方向	197
技巧 77	【實作】大股東、小股東、股東人數變動繪圖分析	198
技巧 78	【實作】跟著大股東買策略	200
技巧 79	【實作】跟小股東反著做策略	204

|CHAPTER| 08 三大法人交易策略 ... 209

技巧 80	【觀念】三大法人介紹	210
技巧 81	【實作】取得三大法人公開資料	212
技巧 82	【實作】日 K 與三大法人資料整合	220
技巧 83	【實作】外資繪圖變動分析	222
技巧 84	【實作】投信繪圖變動分析	223
技巧 85	【實作】自營、自營避險繪圖變動分析	225
技巧 86	【實作】跟著外資、投信買交易策略	227

|CHAPTER| **09 融資融券交易策略** 233

技巧 87　【觀念】信用交易介紹 234
技巧 88　【實作】取得融資融券公開資料 234
技巧 89　【實作】取得融券借券公開資料 241
技巧 90　【實作】日 K 與信用交易資料整合 246
技巧 91　【實作】進行資券繪圖分析 251
技巧 92　【實作】進行借券賣出繪圖分析 253
技巧 93　【實作】融資融券交易策略 254

|CHAPTER| **10 月營收交易策略** 259

技巧 94　【觀念】月營收介紹 260
技巧 95　【實作】爬蟲取得月營收資料 261
技巧 96　【實作】月營收與股價資料整合 268
技巧 97　【實作】繪製月營收與價格走勢圖 271
技巧 98　【實作】月營收交易策略 272

|CHAPTER| **11 一籃子策略回測及策略上線** 277

技巧 99　　【觀念】一籃子股票回測 278
技巧 100　【實作】取得上市櫃股票代碼 279
技巧 101　【實作】產業別一籃子回測 280
技巧 102　【觀念】股票策略該如何實際執行 283
技巧 103　【實作】Discord 推播策略訊號 284
技巧 104　【實作】Windows 作業系統排程執行 286
技巧 105　【實作】打造股票自動化訊號推播機器人 292

Python 基礎介紹

Python 發展至今,已經超過以往的熱門程式語言,成為關注度最高的程式語言。Python 強調程式語言的簡潔性、可讀性,對於程式新手相當友善,並且支援相當完整的外部套件,讓使用該語言的開發者可以迅速探索更多領域。本章將介紹 Python 的基本用法,帶領讀者探索量化分析的世界。

技巧1 【觀念】Python 安裝介紹

本技巧將介紹如何在 Windows 系統上安裝 Python 執行環境，我們會透過 Python3.10 來進行介紹，安裝過程如下：

|STEP| **01** 首先，透過網頁瀏覽器搜尋「Python」進入 Python 官方網站，網址：「URL https://www.python.org/」，點選「Download」按鈕，可以下載 Python 最新的版本，如圖 1-1 所示。

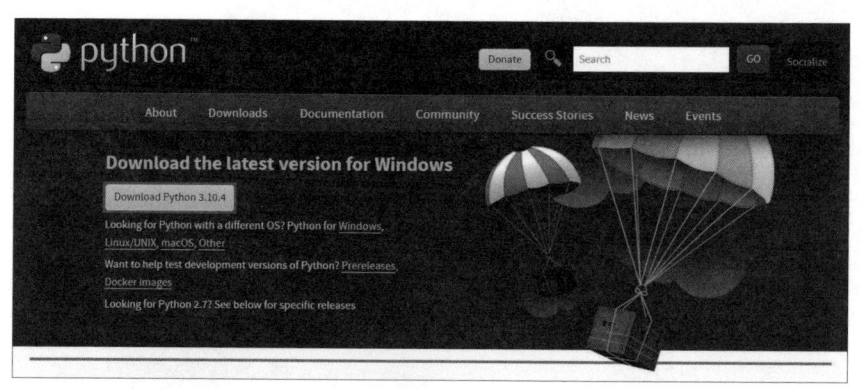

▲圖 1-1

|STEP| **02** 下載完成安裝檔案後，開啟 Python 安裝執行檔，開始安裝。這裡必須勾選「Add Python 3.10 to PATH」[*1]，將 Python 的執行路徑新增到 Windows 的預設程式路徑，以便我們之後可以在 CMD 直接執行 Python 指令，勾選完成後，再選擇「Install Now」，如圖 1-2 所示。

▲圖 1-2

---

*1　Add Python 3.10 to PATH：該動作是將 Python 的執行檔路徑，加入 Windows 作業系統中的環境變數 PATH 當中，而執行這個動作，往後執行 Python 指令時，將不用指定完整路徑就可以執行 Python。

|STEP| 03 安裝過程畫面,如圖 1-3 所示。

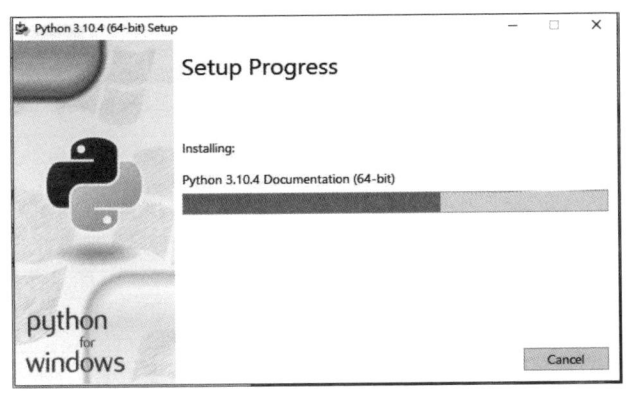

▲ 圖 1-3

|STEP| 04 完成安裝,點選「Close」按鈕,畫面如圖 1-4 所示。

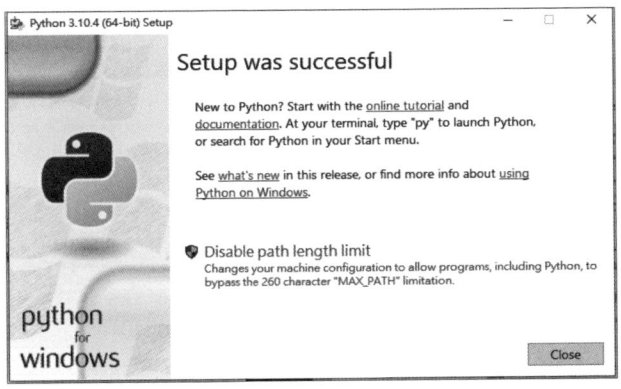

▲ 圖 1-4

|STEP| 05 安裝完成後,我們可以透過啟動檔案位置的方式來找到 Python 的預設路徑(C:\Users\User\AppData\Local\Programs\Python\Python310),找到 Python 執行檔,並且右鍵開啟檔案位置(連續執行兩次即可),如圖 1-5 所示。

▲ 圖 1-5

|STEP| **06** 最後找到 Python 的安裝路徑,如圖 1-6 所示。

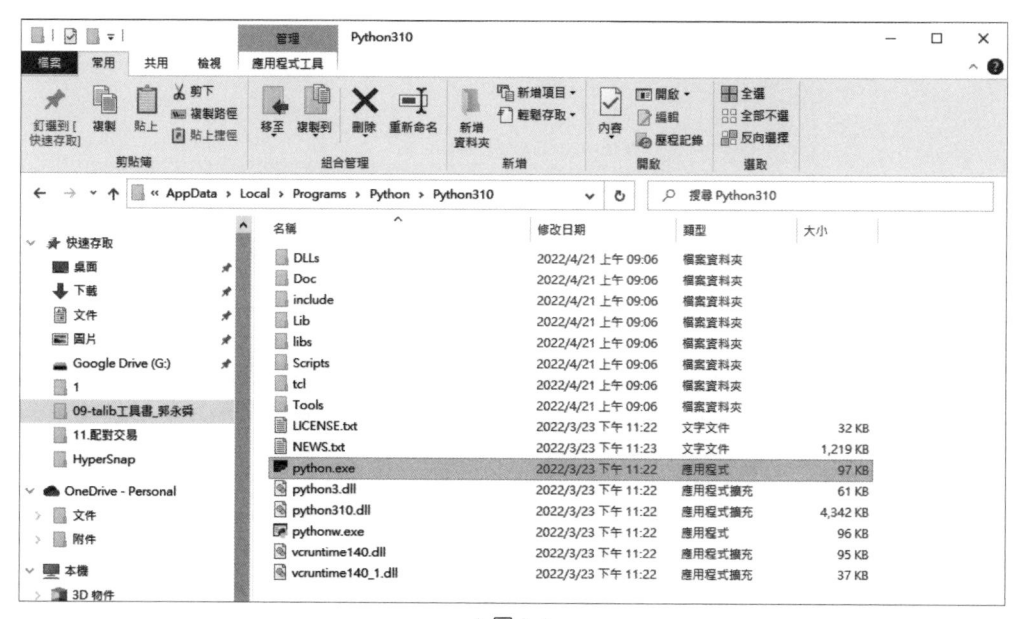

▲ 圖 1-6

|STEP| **07** 我們啟動 Python 預設的執行程式 IDLE（可以在該程式中執行 Python 語法），從 Windows 程式搜尋「IDLE」，即可找到該程式，啟動 IDLE 執行檔，如圖 1-7 所示。

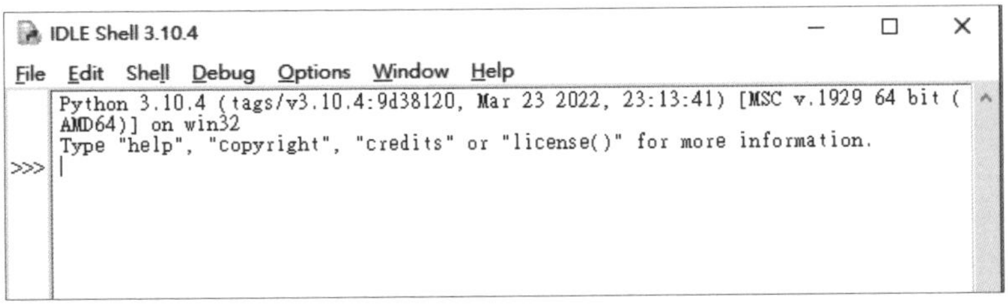

▲圖 1-7

我們也可以透過另外一種方式呼叫 Python，開啟命令提示字元（CMD）。

|STEP| **01** 透過「py -0」可以查看所有的 Python 版本號（在版本號後方有星號的版本，則為預設執行版本），接著直接輸入「python」指令，則會進入 Python 的提示列，而版本號則為 Python 3.10（版本號可能會有所差異），輸入「exit()」可退出 Python 的執行環境，如圖 1-8 所示。

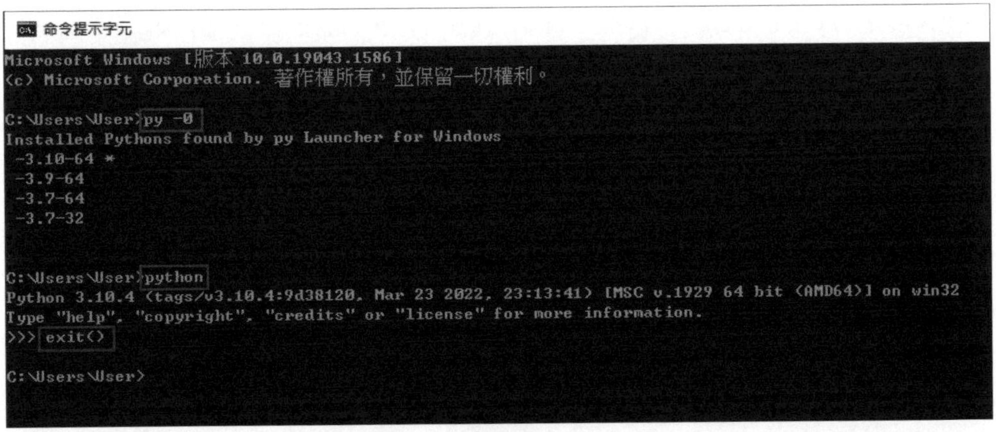

▲圖 1-8

|STEP| **02** 在命令列中輸入「pip -V」指令，可以檢查預設的 pip[2] 版本是否與預設的 Python 版號相同，若是 pip 版號與 Python 版號不同，則可透過「py - 版號 - 位元 -m pip -V」指令去指定特定 Python 版號。

---

*2　pip：是 Python 用來進行套件管理的指令。

005

舉例來說，若要指定 Python3.10 64 位元，則可以輸入：

py -3.10-64 -m pip -V

以上指令可以查看 Python 3.10 的 pip 版號，操作畫面如圖 1-9 所示。

▲圖 1-9

技巧 2 【實作】本書的 Python 範例執行方法

本書的操作介面分為兩種，一種是 Windows 命令提示字元（CMD），另一種是 Python 的操作環境（Python Shell），Python 的操作通常會在 Python 的命令列中操作，而當我們執行撰寫好的 Python 程式，就會透過 Windows 命令提示字元來執行。

以下介紹兩種操作環境在本書中的表達，Windows 命令提示字元表達的提示字元是透過「>」來展現，如下：

```
> python xxx.py
```

而在 Python 命令列的提示字元是透過「>>>」來展現。

```
>>> str="i am a pig"
>>> len(str)
```

技巧 3 【實作】基本型態介紹

認識 Python 的第一步，就是了解 Python 的基本變數型態，以下依序介紹。

❖ 變數的指定

Python 中，賦予變數值的方法與多數程式語言一樣，要透過「=」來進行賦值，將右方的值令為左方的變數，操作如下：

```
>>> x=10           ── 將 x 令為 10
>>> y=11           ── 將 y 令為 11
>>> x              ── 查看 x 變數
10
>>> y              ── 查看 y 變數
11
```

❖ 變數的移除

Python 中，移除變數可以透過 del 函數操作，操作如下：

```
>>> y
11
>>> del(y)         ── 刪除變數
>>> y              ── 無此變數，取用時會發生錯誤
Traceback (most recent call last):
  File "<stdin>", line 1, in <module>
NameError: name 'y' is not defined
```

❖ 基本型態介紹

Python 基本型態分為四種，依序如下：

- 整數：1、2、3…。
- 浮點位數：1.0、1.1、1.2…。
- 字串：'1'、'2'、'3'…。
- 布林值：True、False。

Python 宣告這四種型態，操作如下：

```
>>> a=1            ── 將 a 令為整數 1
>>> a              ── 宣告 a 顯示內容
1
>>> a=1.0          ── 將 a 令為浮點位數 1.0
>>> a              ── 宣告 a 顯示內容
```

```
1.0
>>> a='1'                          將 a 令為字串 1
>>> a
'1'                                宣告 a 顯示內容
>>> a=True                         將 a 令為 True
>>> a
True                               宣告 a 顯示內容
```

❖ 檢視變數型態

我們可以透過 type 函數去查看變數的型態，操作如下：

```
>>> a=1
>>> type(a)                        檢視 a 變數型態
<class 'int'>                      integer 整數型態
>>> a=1.5
>>> type(a)                        檢視 a 變數型態
<class 'float'>                    float 浮點位數型態
>>> a='1'
>>> type(a)                        檢視 a 變數型態
<class 'str'>                      str 字串型態
>>> a=True
>>> type(a)                        檢視 a 變數型態
<class 'bool'>                     bool 布林值型態
```

❖ 轉換型態

Python 提供了基本的型態轉換函數，除此之外，之後的序列資料也可以透過函數互相轉換型態，操作如下：

```
>>> a=1
>>> float(a)                       將整數轉為浮點位數
1.0
>>> str(a)                         將整數轉為字串
'1'
>>> a                              a 變數還是整數，因為我們並沒有將函數所回傳的值重新令為 a
1
>>> a=str(a)                       將 a 令為字串 a
>>> a                              a 變為字串
'1'
```

技巧 4 【實作】基本運算及數學函數介紹

基本運算包含四則運算以及一些基本的數學函數,以下依序介紹。

❖ 四則運算

Python 提供的基本運算:加、減、乘、除,分別為「+」、「-」、「*」、「/」,以下透過簡單的操作來介紹:

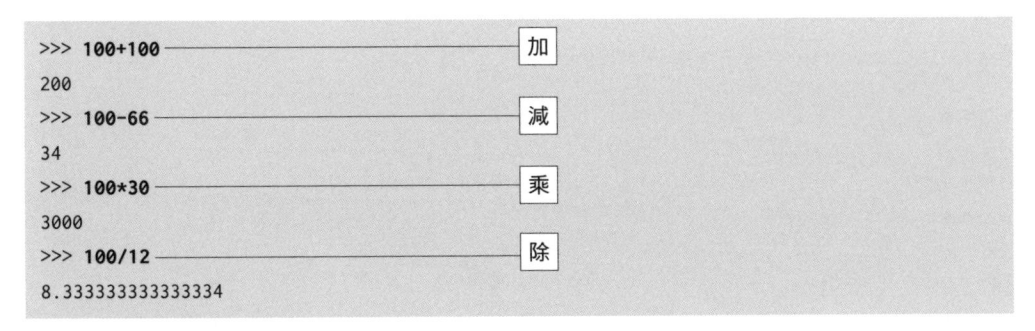

```
>>> 100+100          ── 加
200
>>> 100-66           ── 減
34
>>> 100*30           ── 乘
3000
>>> 100/12           ── 除
8.333333333333334
```

❖ 兩數相除的商數

Python 中,可透過「//」直接取出整數的商,操作如下:

```
>>> 100/12
8.333333333333334
>>> 100//12
8
```

❖ 次方

Python 的次方運算可透過「**」,操作如下:

```
>>> 9**8
43046721
>>> 10**2
100
```

❖ 餘數

Python 的餘數運算可透過「%」,操作如下:

```
>>> 80%6
2
>>> 80%9
8
```

❖ 運算賦值

　　Python 繼承了 C 語言的方式,也有運算賦值的功能,可以有效減少程式碼的撰寫,以下將簡單介紹如何使用,操作如下:

```
>>> a=1
>>> a
1
>>> a+=1                    ←── 等同於 a=a+1
>>> a
2
>>> a-=1                    ←── 等同於 a=a-1
>>> a
1
>>> a*=3                    ←── 等同於 a=a*3
>>> a
3
>>> a/=3                    ←── 等同於 a=a/3
>>> a
1
>>> a=3
>>> a**=3                   ←── 等同於 a=a**3
>>> a
27
>>> a
27
>>> a//=4                   ←── 等同於 a=a//4
>>> a
6
```

❖ 條件進位

　　Python 中沒有預設提供四捨五入的函數,round 是有條件進位,透過以下操作來介紹:

```
>>> round(1.5)          ── 進位數為 1，則進位
2
>>> round(2.5)          ── 進位數為 2，不進位
2
>>> round(1.55465,3)    ── 可以加上第二個參數，決定進位的點位
1.555
```

❖ 小於等於的最大整數

Python 中，可透過 floor 函數來取得最小最近的整數，要無條件捨去的話，並不是透過該函數，而是透過 int 函數。要使用 floor 函數，必須先載入 math 套件，取用外部套件會在技巧 15 中介紹，操作如下：

```
>>> import math              ── 載入數學套件
>>> math.floor(1.3542)       ── 取得 1.3542 最小最近的整數
1
>>> math.floor(-1.3542)      ── 取得 -1.3542 最小最近的整數
-2
```

❖ 大於等於的最小整數

Python 中，可透過 ceil 函數取得較大最近的整數，而使用 ceil 函數，必須先載入 math 套件，取用外部套件會在技巧 15 中介紹，操作如下：

```
>>> import math
>>> math.ceil(1.2312)        ── 取得較大最近的整數
2
>>> math.ceil(-1.2312)       ── 取得較大最近的整數
-1
```

❖ 開根號

Python 中，可透過 sqrt 函數取得開根號值，而使用 sqrt 函數，必須先載入 math 套件，取用外部套件會在技巧 15 中介紹，操作如下：

```
>>> import math
>>> math.sqrt(100)
10.0
```

```
>>> math.sqrt(99)
9.9498743710662
```

❖ 絕對值

Python 中，可透過 abs 函數來取得絕對值，操作如下：

```
>>> abs(66)
66
>>> abs(-66)
66
```

❖ 最大值、最小值

Python 中，可透過 max、min 函數來取得最大值、最小值，這兩個函數可以填入不定長度的參數，也就是我們有 20 個參數或 200 個參數，都可以一次帶入函數內，操作如下：

```
>>> max(1,2,3,4,5,6,7,8,9)
9
>>> min(1,2,3,4,5,6,7,8,9)
1
```

技巧 5 【實作】字串處理介紹

Python 針對字串變數提供非常多的預設功能，透過字串的基本處理，可以解決非常多的問題，以下將針對常見的功能進行介紹。

❖ 查看字串長度

Python 中，可透過 len 函數來查詢變數長度，除此之外，len 還支援其他變數型態的查詢，操作如下：

```
>>> str_test='my name is jack'
>>> len(str_test)
15
```

❖ 多字串合併

Python 中,可透過 join 函數來組合不同字串,操作如下:

```
>>> gap=',!,'                        定義組合字串的空隙字串
>>> a=['1','2','3']
>>> gap.join(a)                      組合 a 變數當中的字串
'1,!,2,!,3'
```

❖ 將特定字元從字串字首字尾中移除

Python 中,可透過以下函數來將特定字元從字首字尾中移除:

函數	說明
lstrip	將特定字元從字首中移除。
rstrip	將特定字元從字尾中移除。
strip	將特定字元從字首字尾中移除。

操作如下:

```
>>> a='aaahuehrwqeaaa'
>>> a.strip('a')
'huehrwqe'
>>> a.lstrip('a')
'huehrwqeaaa'
>>> a.rstrip('a')
'aaahuehrwqe'
```

❖ 將任何英文字母轉換大小寫

Python 中,可透過 swapcase 函數將大小寫互換,lower、upper 函數則可指定大小寫,操作如下:

```
>>> b='asdwEWFEWFweqw'
>>> b.swapcase()
'ASDWewfewfWEQW'
>>> b.lower()
'asdwewfewfweqw'
>>> b.upper()
'ASDWEWFEWFWEQW'
```

❖ 將字串透過 0 填滿至特定寬度

Python 中，可透過 zfill 函數來將特定時間的字串前方補 0，操作如下：

```
>>> t='84500'
>>> t.zfill(6)
'084500'
```

❖ 字串中特定字元取代

Python 中，可透過 replace 函數來將特定的時間字串的分割符號取代，操作如下：

```
>>> a='2011/06/03'
>>> a.replace('/','')
'20110603'
```

❖ 字串依照特定符號進行分割

Python 中，可透過 split 函數切割字串，並轉成序列型態，操作如下：

```
>>> a='2011/06/03'
>>> a.split('/')
['2011', '06', '03']
```

技巧 6 【實作】序列型態介紹

在 Python 中，除了基本的型態以外，還有預設的序列型態，Python 並沒有預設矩陣 matrix、向量 array 這種物件型態，但是 Python 有 tuple、list 與 dictionary 這三種序列物件，其中 tuple 與 list 很相似，都是用來儲存資料的序列，唯一不同之處是 tuple 在定義完成後，並不被允許更動內部值的，而 list 可以更改內部值；dictionary 為有索引值的型態。

以下分別介紹不同序列的應用：

❖ tuple

1. tuple 定義、取值

tuple 是透過小括號定義的物件，定義後無法改變內部值，需要透過索引來進行取值，索引值由 0 開始，取值的方法是透過中括號包住索引值來取得。以下顯示操作範例：

```
>>> a=(1,2,3,4)
>>> a[1]
2
>>> a[0]
1
>>> a[0]=100
Traceback (most recent call last):
  File "<stdin>", line 1, in <module>
TypeError: 'tuple' object does not support item assignment
>>> a=(1,2,3,4)
>>> a[1:]
(2, 3, 4)
>>> a[:2]
(1, 2)
>>> a[1:2]
(2,)
>>> a[::2]
(1, 3)
```

2. tuple 組合、倍數化

tuple 本身也支援四則運算的運算元，這裡所指的 tuple 運算是將 tuple 組合、倍數化，操作如下：

```
>>> a=(1,2,3,4,5)
>>> b=(2,3,4,5,6)
>>> a+b
(1, 2, 3, 4, 5, 2, 3, 4, 5, 6)
>>> a*2
(1, 2, 3, 4, 5, 1, 2, 3, 4, 5)
```

3. tuple 判斷應用

Python 中有提供 in 關鍵字，in 可以用來判斷特定值是否有在序列當中。tuple 搭配 in 的操作如下：

```
>>> a=(1,2,3,4,5)
>>> 1 in a
True
>>> 6 in a
False
```

4. 迴圈應用

Python 可透過 for 迴圈來依序執行 tuple 物件內的值，操作如下：

```
>>> a=(1,2,3,4,5)
>>> for i in a:
...     print(i)
...
1
2
3
4
5
```

❖ list

1. list 定義、取值

list 是用中括號來定義的物件，以下顯示操作範例：

```
>>> a=[1,2,3,4,5]
>>> a[0]
1
>>> a[1]
2
>>> a[0]=100
>>> a
[100, 2, 3, 4, 5]
>>> a[1:3]
[2, 3]
>>> a[1:4]
[2, 3, 4]
>>> a[1:]
[2, 3, 4, 5]
>>> a[:4]
[1, 2, 3, 4]
>>> a[::2]
[1, 3, 5]
```

list 並沒有針對值的儲存方式有限制，透過以下操作介紹：

```
>>> a=[100,[1,2,3,5],[123]]
>>> a
[100, [1, 2, 3, 5], [123]]
```

2. list 組合、倍數化

list 本身也支援四則運算的運算元,這裡所指的 list 運算是將 list 組合、倍數化,操作如下:

```
>>> a=[1,2,3,4,5]
>>> b=[3,4,5,6,7]
>>> a+b
[1, 2, 3, 4, 5, 3, 4, 5, 6, 7]
>>> a*3
[1, 2, 3, 4, 5, 1, 2, 3, 4, 5, 1, 2, 3, 4, 5]
```

3. list 函數應用

由於 list 相較於 tuple 來說,可以被更動內部值的,因此有較多的函數可以使用,以下逐一進行介紹。

list 的 append 函數可將額外的值加進 list 中,操作如下:

```
>>> a
[1, 2, 3, 4, 5]
>>> a.append(6)
>>> a
[1, 2, 3, 4, 5, 6]
```

list 的 extend 函數可將兩個串列合併起來,操作如下:

```
>>> a
[1, 2, 3, 4, 5, 6]
>>>
>>> a.extend([7,8])
>>> a
[1, 2, 3, 4, 5, 6, 7, 8]
```

list 的 reverse 函數可用來翻轉整個 list,操作如下:

```
>>> a
[1, 2, 3, 4, 5, 6, 7, 8]
>>> a.reverse()
>>> a
[8, 7, 6, 5, 4, 3, 2, 1]
```

list 的 sort 函數可將 list 內的值進行排序，操作如下：

```
>>> a
[8, 7, 6, 5, 4, 3, 2, 1]
>>> a.sort()
>>> a
[1, 2, 3, 4, 5, 6, 7, 8]
```

list 的 count 函數可計算特定值在該序列中有幾個，操作如下：

```
>>> a=[1,2,3,4,3,2,3,3,3,3]
>>> a.count(1)
1
>>> a.count(3)
6
```

list 的 index 函數可得知特定值在 list 的哪個 index 當中，操作如下：

```
>>> a=[1,2,3,4,3,2,3,3,3,3]
>>> a.index(3)
2
>>> a.index(2)
1
>>> a.index(1)
0
```

list 的 remove 函數可以刪除特定值，操作如下：

```
>>> a
[1, 2, 3, 4, 3, 2, 3, 3, 3, 3]
>>> a.remove(3)
>>> a
[1, 2, 4, 3, 2, 3, 3, 3, 3]
```

4. list 判斷應用

Python 中有提供 in 關鍵字，in 可以用來判斷特定值是否有在序列當中。list 搭配 in 的操作如下：

```
>>> a=[1,2,3,4,5]
>>> 1 in a
True
>>> 6 in a
False
```

5. list 迴圈應用

Python 中，可透過 for 迴圈來依序執行 list 物件內的值，操作如下：

```
>>> a=[1,2,3,4,5]
>>> for i in a:
...     print(i)
...
1
2
3
4
5
```

❖ dictionary

1. dictionary 定義、取值

dictionary 是用大括號來定義的物件。dictionary 是一個 key、value 的架構，一個 key 去對應到特定的值，以下顯示操作範例：

```
>>> a={'apple':20,'banana':40}
>>> a
{'apple': 20, 'banana': 40}
```

2. dictionary 函數應用

dictionary 中，可透過 len 函數查看該變數的 key 總共有幾個，操作如下：

```
>>> a={'apple':20,'banana':40}
>>> a
```

```
{'apple': 20, 'banana': 40}
>>> len(a)
2
```

dictionary 中,可透過 copy 函數複製出相同物件,不讓繼承的屬性導致變數間互相影響,操作如下:

```
>>> b=a.copy()
>>> b
{'apple': 20, 'banana': 40}
>>> b['apple']=30
>>> b
{'apple': 30, 'banana': 40}
>>> a
{'apple': 20, 'banana': 40}
```

dictionary 中,可透過 clear 函數清空該物件內的值,操作如下:

```
>>> b
{'apple': 30, 'banana': 40}
>>> b.clear()
>>> b
{}
```

dictionary 中,可透過 keys、values 函數取出物件內的所有 key、value。

```
>>> a
{'apple': 20, 'banana': 40}
>>> a.keys()
dict_keys(['apple', 'banana'])
>>> a.values()
dict_values([20, 40])
```

3. dictionary 迴圈應用

若要透過 for 迴圈直接執行 dictionary 物件,可透過 items 函數將 dictionary 轉換為 list 物件後,再執行迴圈。

```
>>> a
{'apple': 20, 'banana': 40}
```

```
>>> a.items()
dict_items([('apple', 20), ('banana', 40)])
>>> for k,v in a.items():
...     print(k,v)
...
apple 20
banana 40
```

技巧 7 【實作】判斷式結構介紹

程式語言的判斷式分為「邏輯判斷子」、「條件判斷式」，簡單來說，邏輯判斷式就是產生出一個布林值（True、False），以下分別介紹這兩者。

❖ 邏輯判斷式

Python 的基本邏輯判斷子有：

基本邏輯判斷子	說明
>、>=	大於、大於等於。
<、<=	小於、小於等於。
=、!=	等於、不等於。
in	在。

如果有多個邏輯判斷子，則可以透過以下兩個合併邏輯運算子進行組合：

合併邏輯運算子	說明
and	並且。
or	或者。

以下分別介紹每種邏輯判斷式：

1. 大於、大於等於

```
>>> a=200
>>> a>210
False
>>> a>=100
True
```

2. 小於、小於等於

```
>>> b=300
>>> b<200
False
>>> b<=400
True
```

3. 等於、不等於

```
>>> a=300
>>> b=250
>>> a==b
False
>>> a!=b
True
```

4. 並且（and）、或者（or）

```
>>> a
100
>>> b
90
>>> a==100 and b==100
False
>>> a==100 and b==90
True
>>> a==100 or b!=100
True
```

❖ 條件判斷式

條件判斷式是透過特定的布林值來決定要執行哪些區塊的程式碼。條件判斷式的關鍵字如下：

關鍵字	說明
if	如果。
else	除此之外。
elif	又如果（第二個條件以上）。

在 Python 中，條件判斷式需要透過縮排來定義運算式，也就是判斷後要執行的程式碼，語法如下：

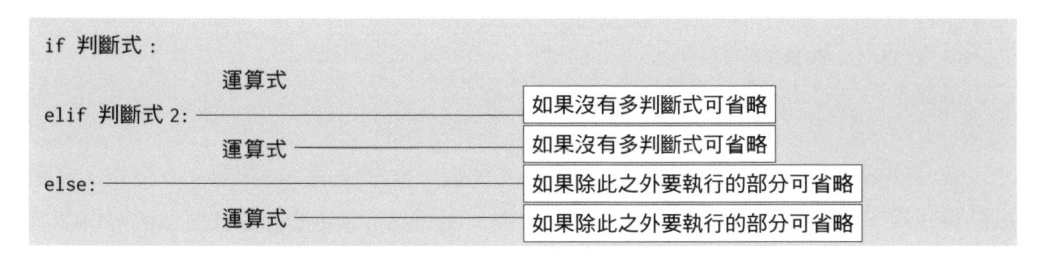

```
if 判斷式：
        運算式                    ← 如果沒有多判斷式可省略
elif 判斷式 2：                    ← 如果沒有多判斷式可省略
        運算式                    ← 如果沒有多判斷式可省略
else：                            ← 如果除此之外要執行的部分可省略
        運算式                    ← 如果除此之外要執行的部分可省略
```

單獨一個判斷式，操作如下：

```
>>> a=100
>>> if a > 100:                   ← 判斷式 1
...     print('a>100')
... else:                         ← 除此之外
...     print('a<=100')
...
a<=100
>>>
```

兩個判斷式以上，操作如下：

```
>>> b='下雨'
>>> if b=='晴天':
...     print('今天不用帶傘')
... elif b=='下雨':
...     print('今天要帶傘')
... else:
...     print('天氣不明')
...
今天要帶傘
>>>
```

技巧 8 【實作】迴圈式結構介紹

在 Python 中，迴圈分為 for 及 while 迴圈，用法也不同。for 迴圈是將特定集合依序執行的迴圈，while 迴圈則是透過條件判斷式決定是否依序執行的語法，以下分別介紹。

❖ for 迴圈

for 迴圈控制結構中，透過縮排來定義運算式的區塊，基本的語法如下：

```
for 迴圈變數 in 向量：
    運算式
```

上述基本語法的迴圈變數是迴圈一個專屬的變數，會透過迴圈的循環來改變值，當迴圈結束以後，該變數會續存在 Python 環境當中，迴圈內所制定的運算式將依照每個開發者的需求來自訂，接下來我們透過簡單的範例來了解 for 迴圈的運作。

可以透過 list、tuple 序列來作為基礎進行迴圈。以下介紹如何定義序列，並透過迴圈依序將值顯示出來：

```
>>> a=[1,2,3,4,5,6,7]
>>> for i in a:
...     print(i)
...
1
2
3
4
5
6
7
```

以上範例是介紹 for 迴圈中迴圈變數的變化。以下介紹透過迴圈的運算式進行運算的操作，若我們要將序列內的數值依序加總，操作如下：

```
>>> a
[1, 2, 3, 4, 5, 6, 7]
>>> n=0
>>> for i in a:
...     n+=i
...
>>> n
>>> 28
```

❖ while 迴圈

在 Python 中，while 迴圈的基本語法很簡單，就是制定一個判斷原則（邏輯表達式），遵循這個原則來循環迴圈，但如果條件式沒有設定好，就有可能變成無窮迴圈，也就是無法跳離迴圈，導致迴圈不斷執行的情況。

while 迴圈控制結構中，基本的語法為：

```
while 判斷式 :
    運算式
```

首先，與 for 一樣寫出一個簡單的迴圈，從 1 執行到 10，來了解 while 迴圈的架構。

```
>>> a=1
>>> while a<=10:
...     print(a)
...     a+=1
...
1
2
3
4
5
6
7
8
9
10
>>>
```

無限迴圈就是條件式結果永遠為 true，則迴圈無法停止。以下是無限迴圈的簡單作法：

```
>>> a=0
>>> while True:
...     print(a)
...     a+=1
...
0
1
2
3
```

```
4
5
6
……
……
```

了解到 while 迴圈的概念後，我們就可以透過四則運算去設計一個簡單的有限迴圈。只要符合判斷式，while 就會一直重複執行運算式，直到不符合為止，接著我們設計一個計算 1 加到 10 的 while 迴圈，操作如下：

```
>>> a=1
>>> b=0
>>> while a<= 10:
...     b+=a
...     a+=1
...
>>> b
55
```

❖ 跳出迴圈

在 Python 中，若要強制跳出迴圈，可以使用 break 語法，使用的時機點可透過條件判斷式來決定。break 操作的方法如下：

```
>>> a=0
>>> while a<10:
...     a+=1
...     if a==5 :
...         break
...     print(a)
...
1
2
3
4
```

❖ 跳出特定迴圈

在 Python 中，若要強制跳出該迴圈，可以使用 continue 語法，使用的時機點可透過條件判斷式來決定。continue 操作的方法如下：

```
>>> a=[1,2,3,4,5,6]
>>> for i in a:
...     if i == 3:
...         continue
...     print(i)
...
1
2
4
5
6
>>>
```

❖ **不執行任何動作**

Python 提供了一個 pass 指令，該關鍵字不會執行任何功能，若需要不執行該功能，卻又需要運算式的內容時，可以採用該指令。

技巧 9 【實作】序列推導式的延伸應用

「序列推導式」的英文名稱為「list（tuple）comprehension」，是 Python 中對於序列型態的獨特用法。

序列推導式是序列與迴圈、判斷式的結合應用，關於迴圈及條件判斷句，可參考本章的前兩個技巧，使用序列推導式的語法如下：

[運算式 for 迴圈變數 in 指定的序列]

序列推導式可以透過減短的程式碼，直接將迴圈變數進行計算後存進新的序列當中，以下透過操作來介紹。

首先我們針對特定的序列，裡面的值全部 +1，並成為一個新的變數，操作如下：

```
>>> a=[1,2,3,4,5]
>>> [ i+1 for i in a ]           ── 將所有集合內的元素 +1
[2, 3, 4, 5, 6]
```

另外，序列推導式除了運算以外，還可加上條件判斷式，如下所示：

[運算式 for 迴圈變數 in 指定的序列 if 特定條件]

我們可以將條件式放在最後面，乍看之下，有點像資料庫的 Query 指令，而我們將特定值進行計算後變成序列的方式，操作如下：

```
>>> a
[1, 2, 3, 4, 5]
>>> [ i+1 for i in a if i>=3 ]
[4, 5, 6]
```

序列推導式最常被使用到的部分就是拆解資料，如果我們希望從二維的序列中取出特定欄位順序的內容，則可以透過序列推導式。

若我們要從一維的陣列變成二維的陣列，再從二維陣列變回一維，讀者只需要搞清楚該迴圈的迴圈變數是什麼，就能夠輕鬆駕馭了，操作如下：

```
>>> a
[1, 2, 3, 4, 5]
>>> b=[[i,i+10] for i in a ]
>>> b
[[1, 11], [2, 12], [3, 13], [4, 14], [5, 15]]
>>> [ i[1] for i in b ]
[11, 12, 13, 14, 15]
>>>
```

序列推導式經常使用在讀取檔案、進行資料篩選時，讀取檔案也可以透過以下的方式：

[運算式 for 迴圈變數 in open(指定檔案)]

技巧 10 【實作】建立函數的方法

在撰寫 Python 程式語言時，為了方便管理程式碼，我們會將高頻率被使用的程式碼寫為函數。

舉例來說，我們常常取得特定資料，這個功能的程式碼約 20 行，我們可以把它寫成函數，之後若需要調整取得資料的程式碼，我們就只需要針對函數修改，而不用針對每個程式檔案內的程式碼一一修改，可方便統一管理。另一方面，也可以節省程式碼的篇幅，讓我們對自己的程式檔賞心悅目。

函數在任何語言中，目的都是轉換輸入與結果，將輸入值透過函數轉換為輸出值。在 Python 中，自訂函數的語法如下：

```
def 函數名稱 ( 輸入值 ):
# 縮排
...
...
...
return 輸出值
```

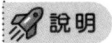

> 🚀 **說明** Python 若有定義到區塊的程式碼，Python 是透過縮排來定義。

函數中輸入值與輸出值並非必要。舉例來說，我們進入 Python 的環境後，定義一個函數如下：

```
>>> def myfun1():
...     print('Hello')
...
>>>
>>> myfun1()
Hello
```

myfun1 函數並不需要輸入值，只要我們呼叫它（輸入「myfun1 ()」），就會執行這個函數（輸出 Hello），如下所示：

```
>>> myfun1()
Hello
```

接著，我們定義一個基本的計算回傳函數，當我們輸入 x 至 y 時，能夠幫我們計算 x 與 y 的和：

```
>>> def myfun2(x,y):
...     return x+y
...
```

當我們呼叫 myfun2 並給定兩個正整數，就會執行這個函數，如下所示：

```
>>> myfun2(100,45)
145
```

技巧 11 【實作】建立類別的方法

本技巧將介紹 Python 除了函數以外可以自訂的型態，如 class（中文是類別），組成 Python 套件模組，都是透過 function、class 來定義，也就代表組成套件的最低單位為 function、class，class 是一個類別，讀者也可以把它當作是一個模型。

舉例來說，我們是一間自動化工廠，要做一個圓形的蛋糕，我們需要圓形蛋糕的模型，class 就像是這個圓形蛋糕的模型，只要有這個模型，我們就可以大量產生蛋糕。

定義模型主要有兩個部分，第一個是模型的屬性，第二個是模型的方法。現在我們要定義動物的模型，首先我們定義該模型的名稱、年齡、體重，範例程式碼如下：

```
class animal():
    def __init__(self,name,age,weight):
        self.Name=name
        self.Age=age
        self.Weight=weight
```

接下來介紹上面的程式碼，第一行「class animal():」是定義 class，class 名稱為「animal」。

第二行我們可以看見「def __init__(self,name,age):」，「def __init__(self)」代表宣告該類別的初始化屬性數，該函數會在類別被宣告時執行一次，通常我們拿來進行類別的基本變數定義，而 __init__ 區塊內的三個變數「name」、「age」、「weight」，代表初始化要設定的屬性。

初始化的變數會在宣告該類別時當作參數帶入，接著我們執行剛剛所定義的類別，然後宣告該類別，宣告時會帶入三種屬性「name」、「age」、「weight」，執行如下：

```
>>> class animal():
...     def __init__(self,name,age,weight):
...         self.Name=name
...         self.Age=age
...         self.Weight=weight
...
```

```
>>>
>>> jack=animal('pig',30,90)
>>> jack
<__main__.animal object at 0x00000249B1C143A0>
```

宣告完成後，我們就可以直接呼叫該類別的屬性「name」、「age」、「weight」，操作如下：

```
>>> jack.Age
30
>>> jack.Weight
90
```

第一階段完成，接著我們可以針對這個類別去做延伸的定義，我們會在該類別底下定義專屬的 function，這裡我們統一稱為該類別的「方法」，這種方法必須要透過特定的方式執行，並不是一般的 function，有點像是針對該類別去制定特定的功能。執行方法的語法如下：

類別名稱 . 方法名稱 ()

舉例來說，我們制定 animal 類別去做吃的動作，吃的時候會增加體重 Weight，程式碼如下：

```
class animal():
    def __init__(self,name,age,weight):
        self.Name=name
        self.Age=age
        self.Weight=weight
    def Eat(self,eat_n):
        self.Weight+=eat_n
```

上述的程式碼中新增一個 Eat 函數，這個函數會增加該類別當中的 weight 屬性，接著我們操作該類別，操作如下：

```
>>> class animal():
...     def __init__(self,name,age,weight):
...         self.Name=name
...         self.Age=age
...         self.Weight=weight
```

```
...      def Eat(self,eat_n):
...          self.Weight+=eat_n
...
>>> jack=animal('pig',30,90)
>>> jack.Eat(20)
>>> jack.Weight
110
```

技巧 12 【實作】建立函式庫並取用

本技巧將介紹建立屬於自己常用的函式庫。舉例來說，我們有常用的五個函數、二個類別，我們可以將這些東西寫進我們的函式庫，並且撰寫新程式後，只需要載入該函式庫即可取用，也就是一般外部套件的取用方法。

我們可撰寫 py 檔來建立函式庫，寫完之後，只要確保程式的工作路徑是在函式庫的檔案位置，就可以載入取用了，以下介紹如何在函式庫中建立函數。

▌檔名：function.py

```
def add100(x):
    return x+100
```

載入並執行，過程如下：

```
>>> import function
>>> function.add100(100)
200
>>>
```

技巧 13 【實作】檔案應用處理

本技巧將介紹 Python 對文字檔案的控制，檔案的控制可分為「啟動」、「關閉」、「寫入」、「讀取」，另外 Python 也有提供逐行讀取的函數，以下將分別介紹這些功能。

❖ 取用檔案

Python 中，open 函數可以直接啟動檔案，並可選擇啟動的權限，權限分為「r」、「w」、「a」，分別是讀、寫、附加。

open 函數的操作介紹如下：

```
>>> f=open('a.txt','w+')
>>> f.name ──────────────── 取用後，查詢檔案名稱
'a.txt'
>>> f.closed ────────────── 取用後，查詢是否關閉取用
False
>>> f.mode ──────────────── 取用後，查詢對檔案的權限
'w+'
```

也可以透過 open 函數搭配序列推導式，直接將檔案內容存進 list 當中，操作如下：

```
>>> [ i for i in open('a.txt')]
['123456789']
```

❖ 關閉取用檔案

Python 提供 close 函數，可以針對啟動的文字檔進行關閉，關閉之後則無法對文字檔做後續的動作，操作如下：

```
>>> f.name
'a.txt'
>>> f.closed
False
>>> f.close()
>>> f.name
'a.txt'
>>> f.closed ──────────────── 關閉檔案後，查詢是否關閉，如果成立則回傳「是」
True
```

❖ 寫入檔案

Python 提供 write 函數，可以將字串寫入文字檔案，操作如下：

```
>>> file= open('123.txt','w+')
>>> file.write("123456789/n")
>>> file.close()
```

❖ 讀取檔案

Python 提供 read 函數，可直接對檔案進行讀取，操作如下：

```
>>> file= open('123.txt','r')
>>> file.read()
'123456789/n'
>>> file.close()
```

❖ 讀取檔案行數

Python 提供 readline、readlines 函數，可以讀取檔案的首行以及所有行的資料。範例讀取的檔案如下：

檔名：text.txt

12312312312
12312312323
12312312312
12321321312
12312334343
12334354534

操作如下：

```
>>> open('text.txt').readline()
'12312312312\n'
>>> open('text.txt').readlines()
['12312312312\n', '12312312323\n', '12312312312\n', '12321321312\n', '12312334343\n',
'12334354534']
```

技巧 14 【實作】Python 異常處理的應用

本技巧介紹如何去進行程式碼異常判斷的處理，通常在牽扯到網際網路的時候，我們的程式碼就可能會產生例外狀況。舉例來說，我們撰寫網頁爬蟲，雖然程式碼都經過調整，但是此時網頁伺服器還是有可能因為特殊情形而導致出現沒有考慮過的情況。

發生意外狀況時，我們可以使用 Python 排除異常處理的語法來避免程式終止。異常處理的指令分為三種關鍵字，以下分別介紹：

關鍵字	說明
try	try 關鍵字的區塊，我們要放上有可能會產生例外錯誤的程式碼，Python 直譯器會預先進行執行測試，來檢查是否有例外錯誤，如果有發生例外錯誤，則會執行 except 關鍵字的區塊。
except	except 關鍵字的區塊是用來執行 try 發生例外狀況的備援方案。
finally	finally 關鍵字的區塊是只要有建立 try、except 就會執行的區塊。

舉例來說，當一個字串對數值進行加總，這時會產生型態錯誤，而這種情況通常 Python 會跳出錯誤訊息，操作如下：

```
>>> print('1'+1)
Traceback (most recent call last):
  File "<stdin>", line 1, in <module>
TypeError: can only concatenate str (not "int") to str
```

接著，我們透過 try 以及 except 區塊來定義異常處理。

我們對這個錯誤的程式碼加上 try、except，操作如下：

```
>>> try:
...     print('1'+1)
... except:
...     print(1+1)
...
2
```

透過上述操作，我們可以看到結果是顯示 2，也就是 Python 自動執行了 except 的區塊。

另外，except 除了是執行的備援方案以外，也可以提出錯誤提示，語法為「except Exception as e」，該語法的意思是將例外狀況的原因別名為變數 e，接著我們可以在區塊內將 e 顯示出來，操作過程如下：

```
>>> try:
...     print('1'+1)
... except Exception as e:
...     print(e)
...
can only concatenate str (not "int") to str
```

技巧 15 【實作】使用 Python 的外掛套件

　　Python 的一大優勢就是擁有廣泛的套件資源，而套件又分為 Python 預設安裝的以及需要額外安裝的。舉例來說，math 套件是 Python 在安裝完成後就可以使用的，而 pandas 套件則不是，需要額外進行安裝。

　　本技巧將介紹如何安裝套件、使用套件。首先介紹如何使用外部套件，我們在 Python 命令列輸入「import pandas」指令，如果是第一次接觸該套件的讀者，會出現以下的錯誤，操作如下：

```
>>> import pandas
Traceback (most recent call last):
  File "<stdin>", line 1, in <module>
ModuleNotFoundError: No module named 'pandas'
```

接著我們在 Python 裡面輸入「quit()」，進入 Windows CMD 介面：

```
>>> quit()

C:\Users\User>
```

進入後，我們輸入「pip」：

```
C:\Users\User>pip

Usage:
  pip <command> [options]

Commands:
  install                     Install packages.
  download                    Download packages.
  uninstall                   Uninstall packages.
  freeze                      Output installed packages in requirements format.
  list                        List installed packages.
  show                        Show information about installed packages.
  ...
```

我們可以透過「pip -V」來檢查 pip 版本是否與現用的 Python 版本相符。

接著我們輸入「pip install pandas」來安裝套件，操作如下：

```
C:\Users\User>pip install pandas
Collecting pandas
  Downloading pandas-1.4.2-cp310-cp310-win_amd64.whl (10.6 MB)
     ------------------------------------- 10.6/10.6 MB 2.4 MB/s eta 0:00:00
Collecting numpy>=1.21.0
  Downloading numpy-1.22.3-cp310-cp310-win_amd64.whl (14.7 MB)
     ------------------------------------- 14.7/14.7 MB 2.1 MB/s eta 0:00:00
Collecting python-dateutil>=2.8.1
  Using cached python_dateutil-2.8.2-py2.py3-none-any.whl (247 kB)
Collecting pytz>=2020.1
  Downloading pytz-2022.1-py2.py3-none-any.whl (503 kB)
     ------------------------------------- 503.5/503.5 KB 2.1 MB/s eta 0:00:00
Collecting six>=1.5
  Using cached six-1.16.0-py2.py3-none-any.whl (11 kB)
Installing collected packages: pytz, six, numpy, python-dateutil, pandas
Successfully installed numpy-1.22.3 pandas-1.4.2 python-dateutil-2.8.2 pytz-2022.1 six-1.16.0
```

只要看到最後有產生「Successfully installed …」，就代表正確安裝。我們重新進入 Python 命令列，執行「import pandas」，如果沒有跳出錯誤訊息，則代表正確載入套件，操作過程如下：

```
C:\Users\User>python
Python 3.10.4 (tags/v3.10.4:9d38120, Mar 23 2022, 23:13:41) [MSC v.1929 64 bit (AMD64)] on win32
Type "help", "copyright", "credits" or "license" for more information.
>>> import pandas
>>>
```

技巧 16 【實作】時間套件的應用觀念

在 Python 中，Datetime 是常用的時間套件，是方便我們快速處理時間的資料格式，並且 Datetime 套件已經支援到百萬分之一秒，爲目前許多高頻資料的時間格式，這也是爲什麼本書會採用 Datetime 套件來進行介紹的關係。

❖ 字串轉時間

time 套件所支援的最小時間單位至秒，而 datetime 可以支援到微秒的單位。以下進行 datetime.strptime 函數的操作介紹：

```
>>> import datetime
>>> a=datetime.datetime.strptime("13:45:00.430000","%H:%M:%S.%f")
>>> b=datetime.datetime.strptime("13:45:00.530000","%H:%M:%S.%f")
>>> a
datetime.datetime(1900, 1, 1, 13, 45, 0, 430000)
>>> b
datetime.datetime(1900, 1, 1, 13, 45, 0, 530000)
```

Datetime 時間格式可以進行時間大小的判斷，若字串轉換時沒有填入日期，該套件會統一由 1900/1/1 來預設填值。以下進行時間判斷，操作如下：

```
>>> a
datetime.datetime(1900, 1, 1, 13, 45, 0, 430000)
>>> b
datetime.datetime(1900, 1, 1, 13, 45, 0, 530000)
>>> a>b
False
>>> b>a
True
```

以上是相差 0.1 秒的時間判斷。

❖ 時間轉字串

延續上一個部分，我們將時間格式的值拿來轉為字串，我們需要透過 strftime 函數進行轉換，該函數是 datetime 資料型態才可以直接進行轉換，參數為時間的表達式，表達式如下：

參數	說明
%Y	年。
%m	月。
%d	日。
%H	時。
%M	分。

參數	說明
%S	秒。
%f	微秒。

接著將時間轉字串，操作如下：

```
>>> a
datetime.datetime(1900, 1, 1, 13, 45, 0, 430000)
>>> a.strftime('%Y%m%d %H%M%S')
'19000101 134500'
>>> a.strftime('%Y/%m/%d %H:%M:%S.%f')
'1900/01/01 13:45:00.430000'
```

❖ 時間計算

進行 datetime 時間格式的計算，我們需要透過 timedelta 來進行計算，timedelta 的預設參數依序為「日」、「秒」。以下是 timedelta 函數的操作介紹：

```
>>> import datetime
>>> a=datetime.datetime.strptime("13:45:00.430000","%H:%M:%S.%f")
>>> a+datetime.timedelta(0,1)
datetime.datetime(1900, 1, 1, 13, 45, 1, 430000)
>>> a-datetime.timedelta(0,1)
datetime.datetime(1900, 1, 1, 13, 44, 59, 430000)
>>>
```

> 🚀 說明　必須要 datetime 格式，才能進行 timedelta 函數計算。

技巧 17 【實作】Pandas 套件的應用

Python 當中，處理資料的套件非常多，其中又以 Numpy、Pandas 套件最為聞名，本技巧將介紹 Pandas 套件內的資料型態如何應用。Pandas 內有兩個最常用的資料型態，分為「DataFrame」、「Series」，其中「DataFrame」是本書中最常用資料型態，所以本技巧針對該資料型態進行詳細的操作介紹。

首先介紹 pandas 安裝方法，安裝可以參考第 1 章的內容。我們進入 CMD 後，透過以下指令安裝：

pip install pandas

DataFrame 資料型態是一個表格型的資料結構，可以透過指定索引值來取得特定的內容，並且 pandas 支援非常多種資料匯入形式，是一個相當方便的套件。

❖ 定義新 DataFrame

定義 DataFrame 有幾種方法，筆者常用的是將 list 轉成 DataFrame，或是將 dictionary 轉成 DataFrame，以下分別介紹兩種方法。

將 dictionary 轉為 DataFrame，範例程式碼如下：

```
# 載入套件
import pandas as pd

# 定義要轉換為 DataFrame 的 dictionary
data = { "open" : [1, 2, 3], "close" : [5, 2, 2] }

# 將 dictionary 轉換為 DataFrame
df = pd.DataFrame(data)

# 顯示 DataFrame
print(df)
```

操作過程如下：

```
>>> import pandas as pd
>>> data = { "open" : [1, 2, 3], "close" : [5, 2, 2] }
>>> df = pd.DataFrame(data)
>>> print(df)
   open  close
0     1      5
1     2      2
2     3      2
>>>
```

將 list 轉為 DataFrame，範例程式碼如下：

```
# 載入套件
import pandas as pd
```

```
# 定義要轉換為 DataFrame 的 list
data = [[100,200],[200,300]]

# 將 dictionary 轉換為 DataFrame
df = pd.DataFrame(data,columns=['open','close'])

# 顯示 DataFrame
print(df)
```

操作過程如下：

```
>>> import pandas as pd
>>> data = [[100,200],[200,300]]
>>> df = pd.DataFrame(data,columns=['open','close'])
>>> print(df)
   open  close
0   100    200
1   200    300
>>>
```

❖ 查看 DataFrame 型態屬性

DataFrame 型態屬性如下：

屬性	說明
ndim	維度。
shape	列欄數。
dtypes	陣列型態。

查看資料屬性，Python 範例程式碼如下：

```
# 查看 DataFrame 的維度
print( "維度 :", df.ndim )

# 查看 DataFrame 的列欄數
print( "列欄數 :", df.shape )

# 查看 DataFrame 的陣列型態
print( "陣列型態 :" , df.dtypes)
```

Python 執行結果如下：

```
>>> print( "維度 :", df.ndim )
維度 : 2
>>> print( "列欄數 :", df.shape )
列欄數 : (2, 2)
>>> print( "陣列型態 :" , df.dtypes)
陣列型態 : open     int64
close    int64
dtype: object
>>>
```

❖ DataFrame 取得欄位資料

Python 範例程式碼如下：

```
# 載入套件
import pandas as pd

# 定義要轉換為 DataFrame 的資料
data = { "open" : [1, 2, 3], "close" : [5, 2, 2] }

# 將 dictionary 轉換為 DataFrame
df = pd.DataFrame(data)

# 透過屬性的方式呼叫
df.open

# 透過索引的方式呼叫
df['open']
```

Python 執行結果如下：

```
>>> import pandas as pd
>>> data = { "open" : [1, 2, 3], "close" : [5, 2, 2] }
>>> df = pd.DataFrame(data)
>>> df.open
0    1
1    2
2    3
Name: open, dtype: int64
```

```
>>> df['open']
0    1
1    2
2    3
Name: open, dtype: int64
```

❖ DataFrame 的 loc、iloc

若要透過欄位名稱、索引值去取得特定的內容，我們必須要透過 loc、iloc 這兩個函數，loc 是 location（定位）的意思，iloc 則是 integer-location（數值定位），loc 只能透過索引名稱來取得值，iloc 只能透過索引的順序（從 0 至 n）來取得值。

以下將分別介紹兩種函數用法，Python 範例程式碼如下：

```
# 載入套件
import pandas as pd

# 定義要轉換為 DataFrame 的資料
data = { "open" : [1, 2, 3], "close" : [5, 2, 2] }

# 將 dictionary 轉換為 DataFrame
df = pd.DataFrame(data)

# loc 是透過列欄名稱去取得 DataFrame 內的資料
# iloc 是透過列欄索引去取得 DataFrame 內的資料

# 顯示從第一列至名叫 2 的列數
df.loc[:2]

# 顯示名叫 2 的列數的 close 欄位
df.loc[2, 'close']

# 顯示至第二列
df.iloc[:2]

# 顯示至第二列的第二欄位
df.iloc[:2, :2]
```

Python 執行結果如下：

```
>>> import pandas as pd
>>> data = { "open" : [1, 2, 3], "close" : [5, 2, 2] }
>>> df = pd.DataFrame(data)
>>> df.loc[:2]
   open  close
0    1      5
1    2      2
2    3      2
>>> df.loc[2, 'close']
2
>>> df.iloc[:2]
   open  close
0    1      5
1    2      2
>>> df.iloc[:2, :2]
   open  close
0    1      5
1    2      2
>>>
```

❖ 新增 DataFrame 欄位

要在既有的 DataFrame 上新增欄位，Python 範例程式碼如下：

```
# 載入套件
import pandas as pd

# 定義要轉換為 DataFrame 的資料
data = { "open" : [1, 2, 3], "close" : [5, 2, 2] }

# 將 dictionary 轉換為 DataFrame
df = pd.DataFrame(data)

# 新增欄位
df['high'] = [7, 7, 7]

# 顯示 DataFrame
print(df)
```

Python 執行結果如下：

```
>>> import pandas as pd
>>> data = { "open" : [1, 2, 3], "close" : [5, 2, 2] }
>>> df = pd.DataFrame(data)
>>> df['high'] = [7, 7, 7]
>>> print(df)
   open  close  high
0     1      5     7
1     2      2     7
2     3      2     7
>>>
```

金融商品與量化分析基礎介紹

本章將介紹一些證券基礎知識,以及介紹量化分析的基礎概念,是本書中唯一概念介紹的章節。

技巧 18 【觀念】了解台灣證券市場

台灣有三大交易所，分別為「台灣證券交易所」（證交所）、「台灣期貨交易所」（期交所）、「證券櫃檯買賣中心」（櫃買中心）。

❖ 證交所

該交易所交易的商品以上市股票為主，產品主要是集中交易市場中上市交易的有價證券，包括股票、債券換股權利證書、可轉換公司債、受益憑證、認購（售）權證、ETF、臺灣存託憑證及受益證券。

證交所自行編製了發行量加權股價指數，其指數被視為台灣經濟走向的主要指標之一。圖 2-1 為證交所的官方網站畫面。

▲圖 2-1

❖ 櫃買中心

台灣的店頭市場中，證交所主要交易的商品是上市證券，而櫃買中心交易的主要商品則是上櫃、興櫃證券商品，櫃買中心被認為是輔助上櫃股票轉為上市股票的一個跳板平台，能讓許多小公司企業募集到足夠的資金，且發行較多種類的商品。圖 2-2 為櫃買中心官方網站首頁的畫面。

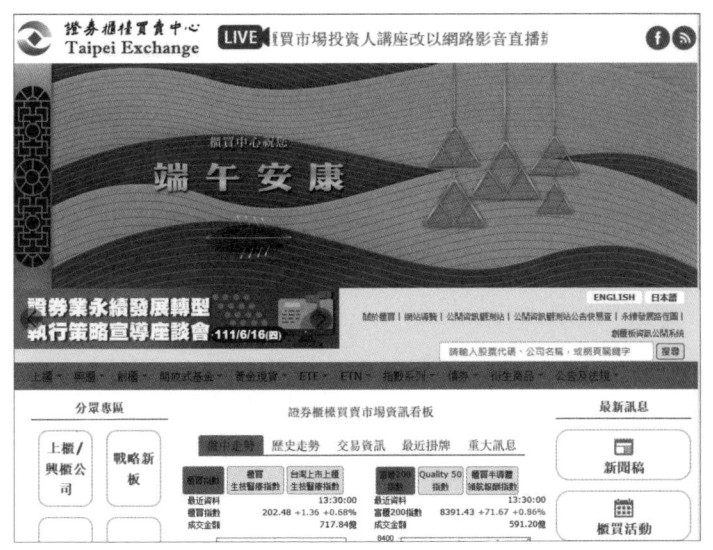

▲ 圖 2-2

❖ 期交所

期交所是以期貨商品交易為主的交易所，第一個期貨商品為台股期貨，是目前交易量最大的商品，也是許多人想要投資市場大盤商品首選，期貨交易所陸續推出電子期貨、金融期貨與小型台指期貨、選擇權商品等多種衍生性商品。圖2-3為期交所官方網站首頁的畫面。

▲ 圖 2-3

技巧 19 【觀念】何謂股票

以台灣國內來說，證券交易所大致上分為「證券交易所」、「櫃買中心」，本書介紹的商品是證券的量化分析，而證券是有價證券，也就是財產權的有價憑證。

證券的相關商品有股票、權證、債券、國債券、權益證券等，而上述所說的部分證券，是可以在金融市場上流通的，這些證券的流通活躍了金融投資市場，也造就了現在人人都想從投資市場上獲利的想法。

由上述可知，股票只是證券的其中一類，而股票其實就是一間公司的所有權憑證，如果一間公司發行股票，就等於是將公司的所有權與其他有買入公司股票的股東共享。

投資人如果認為該股票的前景不錯，會持續成長，並且有機會將賺得的一部分獲利分給股東，或是反應在股價上，就可以買入該股票。

投資人買賣股票的獲利大致上是透過資本利得，也就是買入 100 元的股票，當價格 120 元賣出，則獲利 20 元。

而除權除息是否可以獲利，本質上是不會的，因為除權除息其實也是從股本中扣除並發給股東，所以這並沒有實質的獲利。

技巧 20 【觀念】何謂 ETF

證券商品最常見的就是股票、權證，除此之外，還有一種交易商品，稱為「ETF」，也稱為「指數型投資基金」，是追蹤市場上特定種類的成份股，將所有成份股組成的投資組合基金。投資人購買這種基金，就像去買一籃子投資組合，對一般投資人來說，買入 ETF 就跟買入股票一樣，甚至只需要更低的手續稅。

ETF 是由投信公司所發行的，從名稱上來看，ETF 是指數型基金，當中又區分為「主動型 ETF」、「被動型 ETF」，所以投資人在購買 ETF 以前，必須要詳細了解 ETF 的內涵，再進行購買。

從琳瑯滿目的金融商品中，我們應該如何選擇交易商品呢？依照每個人的情況，可能都有些不同。如果是對於特定產業有興趣的讀者，可以試著去研究該產業個股的技術分析；而如果是對特定股票沒有太大興趣的朋友，則可以研究 ETF 投資組合的商品。舉例來說，到 2022 年 5 月的時候，台灣上市的 ETF 大概有 250 種，而這 250 種 ETF 代表著不

Chapter 02 金融商品與量化分析基礎介紹

同的商品組合，例如：0050 代表台灣市值前 50 大的股票，0056 代表股票殖利率前 30 大的股票，這些新興的投資商品都可以是我們研究的對象。

技巧 21 【觀念】ETF 種類介紹

2022 年 ETF 已經上市發行了約 250 檔，從這個趨勢來看，ETF 已經要成為主流的投資商品了，而這麼多的 ETF，我們該從何了解呢？證交所其實已經揭示了所有上市的 ETF，可方便我們查詢，網址：URL https://mis.twse.com.tw/stock/etf_nav.jsp?ex=tse，如圖 2-4 所示。

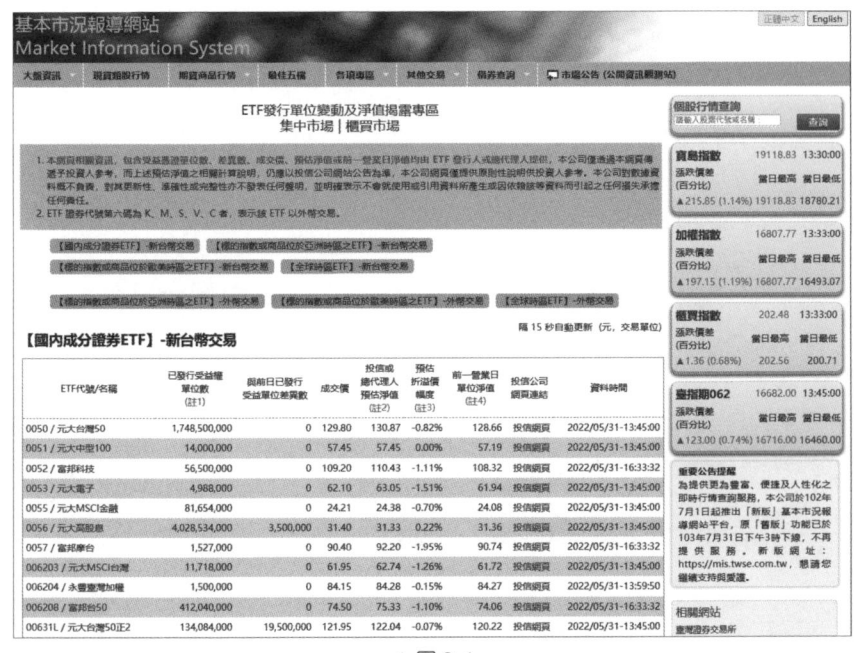

▲ 圖 2-4

從這個網站中，可以找到不同類型的 ETF，分類如下：

- 國內成份證券 ETF（新台幣交易）。
- 標的指數或商品位於亞洲時區之 ETF（新台幣交易）。
- 標的指數或商品位於歐美時區之 ETF（新台幣交易）。
- 全球時區 ETF（新台幣交易）。
- 標的指數或商品位於亞洲時區之 ETF（外幣交易）。

- 標的指數或商品位於歐美時區之 ETF（外幣交易）。
- 全球時區 ETF（外幣交易）。

其中可以看到，ETF 不僅提供國內指數的相關商品，也提供了國外交易所的交易商品，有相當多的選擇給投資人。我們可以從證交所的網站或投信的網站中，閱讀更詳細的 ETF 資料，以 0050 為例，我們到元大投信的官網，畫面如圖 2-5 所示。

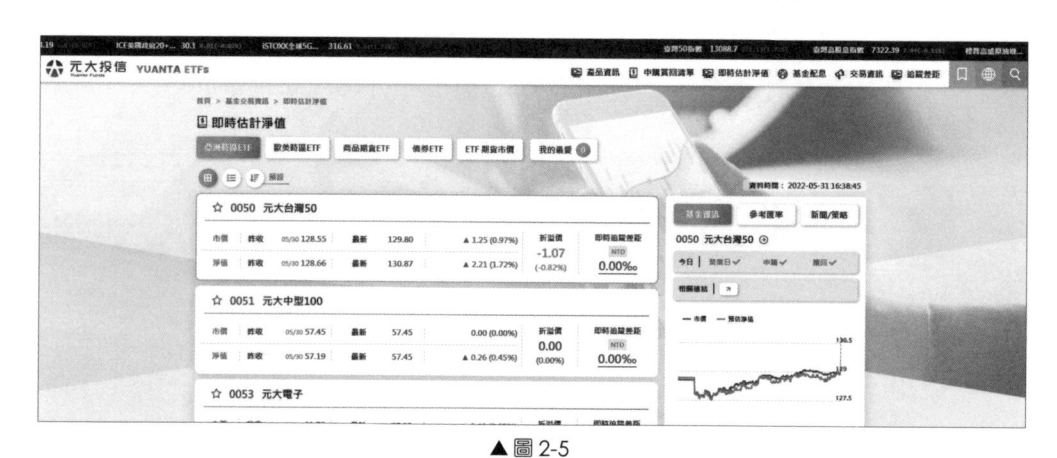

▲圖 2-5

除此之外，我們也可以在投信官網中檢視每一檔 ETF 的本質，如圖 2-6 所示。

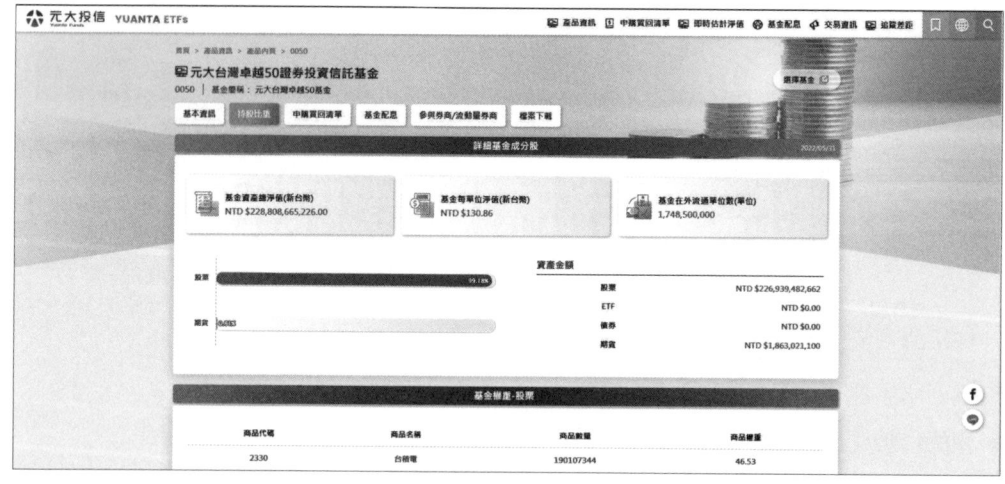

▲圖 2-6

由於篇幅關係，讀者可以自行去了解每一檔 ETF 的成份股，本技巧不一一介紹每一檔 ETF。

技巧 22 【觀念】證券的相關交易制度

目前國內證券交易所的交易制度分為以下幾類，讀者先了解有哪些方式可以進行投資，然後選擇最適合自己的投資方法。

❖ 盤中整股交易

「盤中整股交易」是目前市場最主要的交易方法，以國內的證券交易所來說，在每個開盤日的早上 8:30 分開放委託，交易所會進行試撮合，9:00 的時候開盤，盤中交易採逐筆競價撮合，然而在每天的 13:25 會採集中委託，然後在 13:30 進行當天收盤最後一筆集中撮合。

❖ 盤後定價交易

「盤後定價交易」是在當天證交所收盤後最後一次撮合交易。「定價交易」的意思是，投資人只能透過當天最後成交價來進行買賣，統一在當天的 14:00 開始接受委託，14:30 進行撮合，這種交易的風險在於成交風險，當該金融商品的買賣不均衡時，可能沒有辦法買賣該商品。

而許多技術分析的量化交易者會在當天的 K 線產生以後，產出當天的交易訊號，這時必須透過下一盤進行交易，因此就有機會產生開盤與昨日收盤價差異所產生的「跳空缺口」，若要避免跳空缺口，也可以試試看盤後定價交易。

❖ 盤中、盤後零股交易

股票分為「整股」、「零股」，以前證交所只提供整股交易，由於小資族買不起高股價的投資商品，所以期交所近年來提供零股交易，價格只需要整股的千分之一，活絡了整體證券交易市場。

有了零股交易，投資人就可以針對股價較高的股票去做不同的投資選擇，擁有更彈性的資金操作空間。舉例來說，2022 年台積電一張股票可能高達 60 萬元，而小資族投資人沒有辦法持有這麼高價的股票，此時零股就是一種投資選項。

零股交易於 2010 年 10 月 26 日開放盤中零股交易，零股盤後交易制度與一般盤後交易制度相同，盤中零股交易制度的方式是 9:10 起第一次撮合，進而每 3 分鐘以集合競價撮合一次。

技巧 23 【觀念】證券交易方法

證券交易有幾種方式,由於證券商品屬於「有價證券」,所以通常會站在持有的角度去思考獲利,也就是多方獲利。由於要放空證券的難度、限制較多,所以通常要放空證券的投資人,都會選擇買「個股期貨」、「個股選擇權」、「權證」這類的衍生性交易商品,讀者可以研究股票的價格行為,進而去操作這些衍生性商品。

以下列出幾種常見的證券交易方法:

❖ 現股買賣

「現股買賣」是最常見的股票買賣方法,也就是付 10000 元現金購買等值的證券,如果交易證券,現股採用 T+2 日交割,投資人最慢需要在買入隔兩天在證券戶放入買進的股票金額,否則會違約交易,而產生信用不良的紀錄(要非常注意),投資人在交易前要非常謹慎,不要買入無法負擔的股票價值。

❖ 融資買賣

「融資交易」是信用交易的一種,簡單來說,就是當我們只有 40% 本金又想買入 100% 的證券商品時,可以跟券商借款買入股票,透過槓桿操作的方式買進股票,但是一旦向券商借錢買股,就必須照著融資規矩限制住操作,融資有融資保證金最低維持率,如果虧損的金額大於最低維持率,則必須補錢至交易戶頭,否則券商有權利將我們的交易商品進行強制回補。

舉例來說,目前上市股票的融資成數是 6 成,代表我們只需要出 40% 的本金就可以買入股票,換句話說,我們使用了 1.5 倍「(100-40)/40」的槓桿。

接著,我們來介紹一下融資維持率,也就是「股票價值 / 融資金額 = 融資維持率」。如果買入 100% 的價值商品,60% 的融資金額,這樣我們的原始融資維持率為 166%,之後只要當融資維持率低於 130% 就需要追繳;如果將融資維持率換算為股價 % 數的話,大概是 78% 就必須追繳保證金,也就是透過融資買入時,只要虧損超過 22%,沒有追繳保證金就會被券商強制回補。

❖ 融券

「融券」通常都是用在要放空個股,融券與融資一樣也是信用交易,其原理是當券商有客戶融資的股票(因為券商借錢給客戶買入股票,實際上股票是券商保管),因此券

商可以將融資的股票借給融券的投資人進行賣出，而融券的投資人最後再將股票買回還給券商。

放空股票的損益計算方法剛好與做多的損益計算方法相反。買入股票 10000 元，再賣出股票 20000，會獲利 10000 元；相反的，如果是融券的話，賣出股票 10000 元，再買回股票則會虧損 10000 元。

融券時，也要考慮到標借費用，由於信用交易的原理，有資才有券，資券餘額是每天更新的，也就是當某天融資都回補了，融券還沒回補時，這時候交易所就必須到市場上跟其他投資人借股票，來讓融券的投資人放空，這時會產生標借費用。要操作融券之前，建議讀者先了解完整的交易流程，以免造成不必要的虧損。

❖ 當沖交易

「當沖交易」是目前市場上最興盛的交易方法，由於當沖交易手續費減半，並且不需要全額交割款，所以受到各種投機客的青睞，證交所近年來成交量大漲，多數也是因為當沖的興盛。

許多投資人誤以為無本交易風險很低，但事實上無本交易的風險相當高，許多投資人也誤以為無本交易沒有資金壓力，但實際上不然，實際產生的損益可能超乎想像。

當沖要考量的事情，除了自己本身的虧損承受上限以外，還需要考量漲跌停鎖死的因素，若是買進而當天股票跌停鎖死，而無法回補的話，就必須轉為現股交割單隔日賣出。

技巧 24 【觀念】為何需要量化分析

「量化分析」的最大好處就是「用最短的時間，獲取最大的經驗值」。

以前的人要透過時間來獲取經驗，農夫傳承老祖先的方法耕作，才有辦法嘗到甜美的果實，而在這個新的時代，「資料分析」成為人人手上不可或缺的工具，資料可以帶給我們無限的創造力，甚至從各個以前不曾思考過的面向切入分析，推翻了前人的看法、經驗，這就是我們為何需要量化分析，示意圖如圖 2-7 所示。

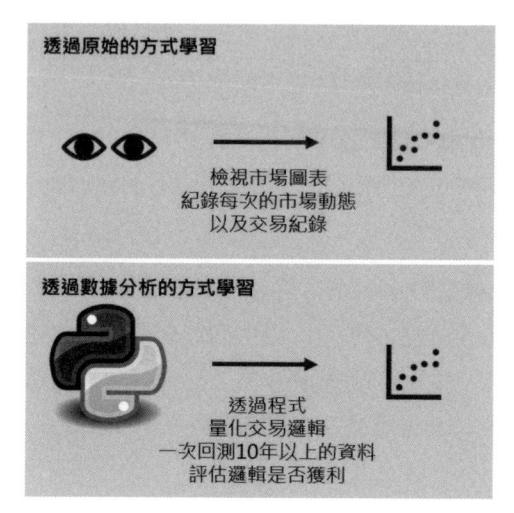

▲圖 2-7

投資也是一樣,當我們在市場上交易,卻對市場一無所知時,有兩種方法,一種是「直接實戰操作」,一種是「透過數據分析,了解有勝算的投資方法後再進行實戰操作」。

會閱讀本書的讀者,應該都是屬於第二種人,當我們對於市場的投資操作沒有把握時,就需要歷史回測來驗證自己的想法是否可行,歷史回測不僅僅只是數學計量模型的計算,歷史回測也包含了計量模型以外的市場行為分析。

以往大家沒有完整的歷史數據時,只有網路上散播零散的統計資訊、盤後資料,這是沒有辦法準確的進行歷史回測,不過在這個強調 Open Data 的年代,網路上已經有許多免費的公開資訊來方便我們進行分析了,所以沒有資料已經不是讓我們不能更好的藉口了。

量化分析就是針對資料進行回溯測試。當我們有一個交易的想法時,首先會將規則明確列出,並寫為具體的程式碼,接著再拿出歷史資料加以驗證,看看我們的想法在之前的交易日中的具體成效為何,這時如果擁有夠多的歷史資料,就能在更大的時間範圍內驗證可行性,並在未來的預測中提供更準確的依據。

Python 取得公開資料

本章將介紹 Python 如何去取得公開資訊,本書也將圍繞在公開資訊去建構台灣證券金融商品交易策略。而取得公開資訊的方法有兩種,第一種是透過爬蟲的技術去取得網頁公開資訊,第二種是透過既有的公開資料 API 去串接取得公開資料。

本章會花費大量篇幅介紹 Python 網路爬蟲,由於在後面的章節中我們需要不同面向的金融商品資訊,所以在本章中必須先打好基礎,有利於對後面章節技巧的理解。

技巧 25 【觀念】網路爬蟲基本概念

「網路爬蟲」的基本概念就是將我們平常透過網路瀏覽到的資訊，使用 Python 程式抓下來。網路通訊協定其實相當多種，我們一般常見的通訊協定是 HTTP、HTTPS，這兩種通訊協定是瀏覽器的通訊協定，也就是我們使用 Chrome、Safari、Edge 瀏覽網頁時取得網路資訊的一種「協定」，如圖 3-1 所示。

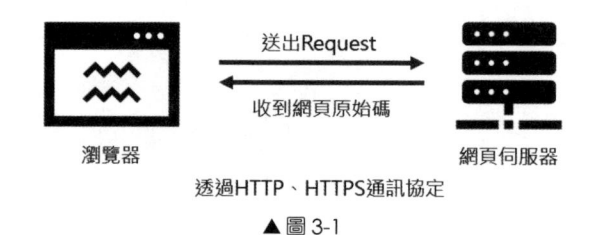

▲ 圖 3-1

而 Python 爬蟲就是透過程式取代瀏覽器去取得這些網路資訊的作法，如圖 3-2 所示。

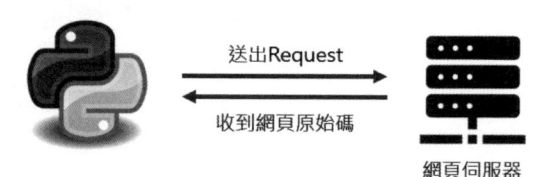

▲ 圖 3-2

接著會討論到爬蟲應該如何實作。在討論之前，要先知道平常我們是怎麼上網看資料的，每個人應該都差不多：

- 打開常用的瀏覽器。
- 接著在搜尋引擎中輸入要查詢的關鍵字。
- 最後開始挑選想看的連結。

拜現在的資訊技術所賜，我們每個人都可以快速從網頁上取得資料，無論是艱澀的數學模型還是愉快的綜藝節目，雖然我們不需要了解中間蘊含多少技術，但是我們必須要了解基本的網頁須知，才有助於我們對於爬蟲的理解。

接下來，我們一一檢視上述三個動作背後所蘊含的意義。首先，「啟動瀏覽器」這件事就是去啟用網路通訊協定的用戶端程式，在網路伺服器的架構中，分為「伺服端」（Server）及「用戶端」（Client），如圖 3-3 所示。

▲ 圖 3-3

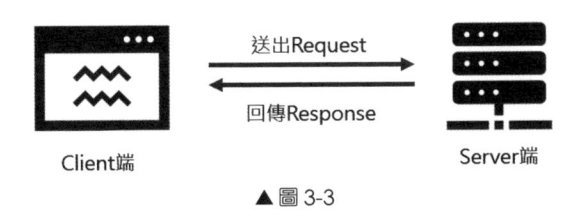

瀏覽器會將網頁伺服器回傳的網頁內容去進行呈現，也就是將密密麻麻的網頁原始碼轉換為我們習慣閱讀的樣子。

每個啟動瀏覽器會有搭配的搜尋引擎，如果我們輸入特定的關鍵字，就可以找到相關的網站連結，接著我們會進入到特定的網址（例如：URL https://www.google.com），這件事情會透過 DNS 找到指定的 IP 位址，以指定的埠號跟該 IP 位址的網頁伺服器要資料，而網頁伺服器就會回傳網頁的結果到瀏覽器中。

最後，瀏覽器就會將取得的網頁語法轉換成整齊排列好的畫面，以呈現給使用者看。我們可以在網頁上點選「右鍵→檢查」，以查看網頁原始碼，如圖 3-4 所示。

▲ 圖 3-4

我們了解「查看網頁」背後的機制之後，其實爬蟲的技術就有初步的輪廓了，爬蟲其實就是透過 Python 取代瀏覽器，去擷取網路資訊，將資料去做更多元的應用。後面的技巧將會詳述爬蟲的相關技巧。

技巧 26 【觀念】網頁的組成

學習爬蟲以前，我們必須要了解網頁的基本組成，其實網頁的基本組成相當複雜，不過剛接觸爬蟲的讀者也不用擔心，本技巧會簡化，我們對幾種常見的類型進行分類。

059

常見的網頁程式語法中，分爲「HTML」、「JavaScript」、「CSS」等三類，其分別有著不同的重要功能，功能的分配如圖 3-5 所示。

```
┌──────────┐  ┌──────────┐  ┌──────────────┐
│  HTML    │  │   CSS    │  │  Javascript  │
│ 網頁主體 │  │ 網頁外貌 │  │  網頁動態    │
└──────────┘  └──────────┘  └──────────────┘
```

▲ 圖 3-5

如果將網頁當成人來看，HTML 代表人的主體（身體），我們所看到的網頁內容都是由一個個 HTML 的物件（tag）所組成。

JavaScript 在網頁中是定義網頁的動態行爲，HTML 是一種靜態網頁的語言，當加上了 Javascript 語法後，這些網站就有了動態的行爲。

CSS 則定義著網頁的樣式，任何看得到的 HTML 元件，樣式都可以被定義，CSS 就好比網站的外衣，也就是人的穿著打扮，其中有相當多的參數是負責網頁整體的美觀。

這三種程式語言皆屬於網頁前端的程式語言，在網頁被擷取的時候，都會直接擷取下來，所以我們必須瞭解這三種程式語言在語法中如何呈現，才有辦法好好解析這些內容。

以 Yahoo 財經的官方網站爲例，我們可以看到琳瑯滿目的按鈕及圖示，如圖 3-6 所示。

▲ 圖 3-6

我們可以按下 F12 鍵來查看網頁元素，如圖 3-7 所示。

▲ 圖 3-7

其實，美觀的網頁就是由圖 3-7 中這些密密麻麻的元素組成，而這當中就包含了 HTML、JavaScript、CSS 這三種程式語言。

技巧 27 【觀念】網頁標籤介紹

網頁的標籤為何呢？我們直接以最簡單的 HTML 網頁例子來了解。首先，我們看到以下這個程式碼，這是一個簡單的網頁程式碼。

檔名：3-1.html

```
<html>
    <head>
        <title>Cheng's 交易 - 程式交易</title>
    </head>
    <body>
        <h2 class="small">大家好，歡迎來到這個網站</h2>
        <p> 我是段落 </p>
        <a id="l1" href="#"> 我是連結 1</a>
        <a id="l2" href="#"> 我是連結 2</a>
        <p> 段落內容，<b> 粗體 </b></p>

        <table>
```

```
            <tr><td>100</td><td>200</td><td>300</td></tr>
            <tr><td>400</td><td>500</td><td>600</td></tr>
        </table>

    </body>
</html>
```

這個網頁程式碼中，只要形式如下的都稱為「標籤」（tag）：

< 標籤名稱 >

而 HTML 網頁語法就是透過標籤組成的網頁語法，而這個網站實際透過瀏覽器開啟的畫面，如圖 3-8 所示。

▲圖 3-8

從這一個例子中，我們可以看到一開始有一個 <html> 的標籤，這個標籤是整個 HTML 語法的最上一層標籤，也就是撰寫 HTML 整體的第一個標籤，接著任何標籤都會在 <html> 底下建構。之後會看到 <head>、<body> 標籤，<head> 標籤是整個網頁的表頭，通常包含幾種資訊：<title> 標籤及 <meta> 標籤，通常我們會看見 <title>，也就是該網頁的標題，而 <body> 標籤中就放著網站的內容。在上面的案例中，可以看見 <h2>、<a>、<p>、<table> 這些標籤，這些標籤在網頁中分別扮演著不同的角色，如「標題2」、「超連結」、「文字段落」、「表格」。

除了這個範例的標籤名稱，還有其他標籤，以下是常見的標籤名稱：

標籤	名稱
<html>	網頁主體。
<input>	輸入框。
<p>	段落。

標籤	名稱
<body>	網頁內容。
<head>	網頁重要資訊放置處,例如:title。
<font>	文字。
<h1-6>	標題文字。
<title>	網頁標頭。
<table>、<tbody>、<tr>、<td>	表格、表身、行、欄位。
<div>	段落。
<form>	表單。
<img>	圖片。

除了標籤本身以外,每個標籤都可以擁有特定的屬性,以下方例子為例:

```
<div class="small">
  test Header
</div>
```

這個例子是一個div標籤,我們可以看見當中有一個class屬性,屬性的內容為small,有些標籤通常需要搭配屬性來達到指定的目的,例如:<a>超連結標籤通常會搭配href屬性,來代表超連結要連結的位址。

技巧28 【實作】了解網頁傳遞參數方法

爬蟲的第一個步驟是要取得網路資訊到我們的程式內。這裡所說的「取得網頁資訊」,並不是我們直接在瀏覽器上面看到的樣子,而是網頁原始碼,這也是為什麼我們在前幾個技巧中要介紹網頁程式碼組成的原因,因為了解網頁的組成,才能去解析網頁原始碼。我們可以在網頁上點選「右鍵→檢視網頁原始碼」。

而如何取得一個正確的網頁內容呢?這還牽涉到HTTP通訊協定中的GET、POST兩種方法,當了解該網頁的架構後,某些網頁的資料並非是直接輸出,而是透過Javascript所產生的動態資料(這部分需要使用Selenium套件來解決),這些部分都必須透過我們觀察目標網站後,才有辦法決定透過哪一種方法來進行網頁擷取。

那麼,如何觀察網頁是採用GET、POST哪種方法呢?首先我們必須先知道該網頁傳遞參數的方法,以下透過常見的幾個網站來介紹。

首先,看到yahoo財經官網的上市漲幅排行榜,網站畫面如圖3-9所示。

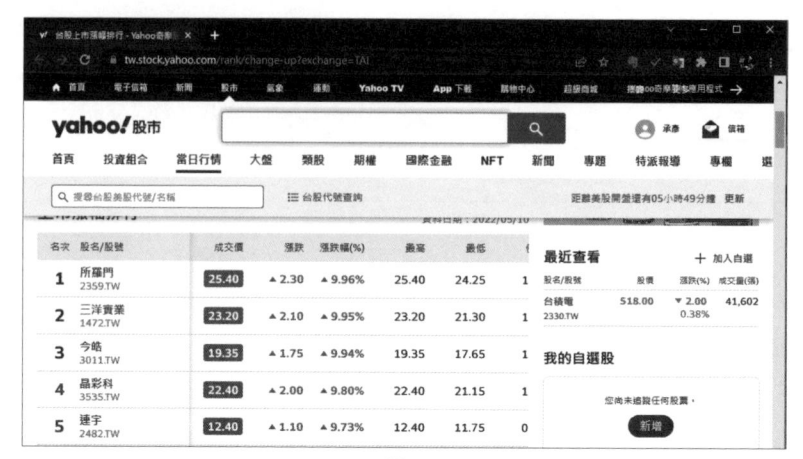

▲ 圖 3-9

　　yahoo 財經官網的網址：URL https://tw.stock.yahoo.com/rank/change-up?exchange=TAI，我們可以觀察到這個網址的尾段有一個問號「?」，而這就是 GET 傳遞參數的方法，GET 帶入參數的規則是在開始的時候加上「?」，並且在後方加上「參數=值」，若是多個參數，則透過「&」間隔。

　　接下來介紹 POST 方法，相較於 GET，大多數網頁開發者較喜歡透過 POST 來進行網頁參數的傳遞，因為 POST 傳遞參數的方式並不會在網址中呈現參數名稱與值，隱匿性較高。

　　期交所的每日成交資訊網站：URL https://www.taifex.com.tw/cht/3/futDailyMarketReport，網站畫面如圖 3-10 所示。

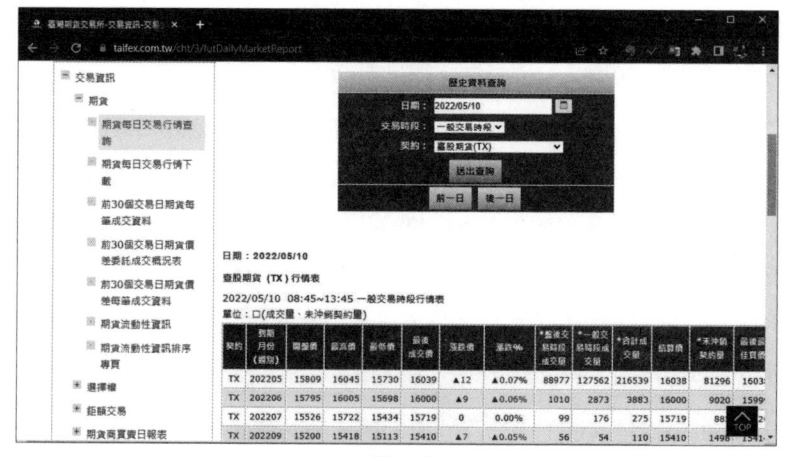

▲ 圖 3-10

可以看到網址上並沒有相關參數的值，要去取得 POST 的參數，我們必須要啟動開發者工具（按 F12 鍵），接著檢視 Network 的內容，我們重新點選一次「送出查詢」，如圖 3-11 所示。

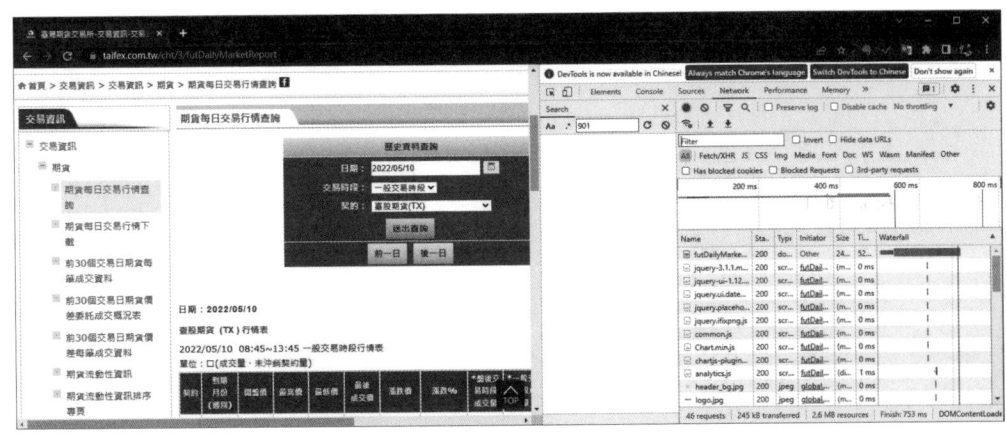

▲ 圖 3-11

可以在 Network 中看到相同的網址，接著點開該網址，可以看到 Form Data 的資訊，如圖 3-12 所示。

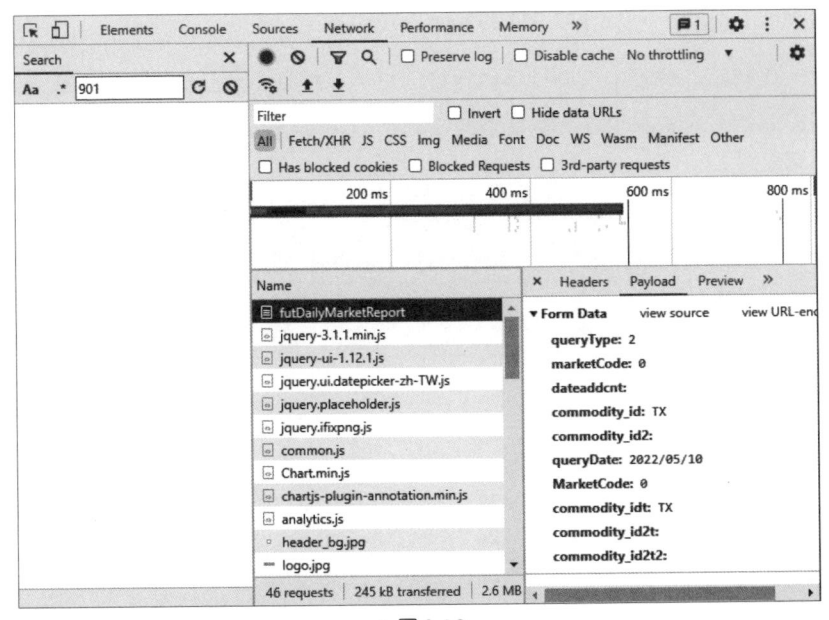

▲ 圖 3-12

接著，我們可以看到該網頁的參數，當學會如何分辨該網頁傳遞參數的方式後，就可以參考下一個技巧來進行取得網頁內容的實作。

技巧29 【實作】Python下載網頁資訊

本技巧將介紹Python如何透過HTTP通訊協定來下載特定的網頁內容，簡單來說，就是透過指定的網址去取得該網站的資料。

接下來介紹Python應如何去處理HTTP通訊協定的部分，我們會透過request套件進行介紹。開啓CMD，安裝的指令如下：

pip install requests

傳送網頁參數有GET、POST兩種方法，如果該網頁沒有參數，可以任意使用其中一種方法即可。

❖ GET

GET方法傳遞參數的方式是「將參數放在網址中」。舉例來說，若是A網站的網址爲「888.333.222.333/a.php」，若要傳遞兩個參數分別爲b（值爲1）和c（值爲2），則會透過下面的網址去表示：「888.333.222.333/a.php?b=1&c=2」。

接下來，我們以奇摩股市的排行榜作爲實作案例，網址：URL https://tw.stock.yahoo.com/rank/change-up?exchange=TAI，網頁畫面如圖3-13所示。

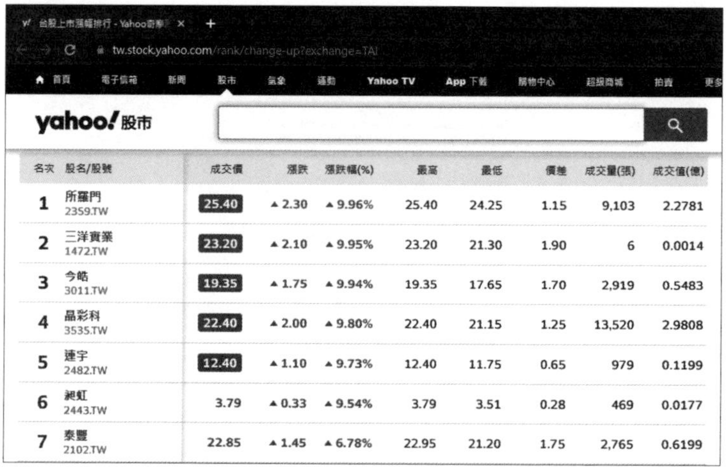

名次	股名/股號	成交價	漲跌	漲跌幅(%)	最高	最低	價差	成交量(張)	成交值(億)
1	所羅門 2359.TW	25.40	▲2.30	▲9.96%	25.40	24.25	1.15	9,103	2.2781
2	三洋實業 1472.TW	23.20	▲2.10	▲9.95%	23.20	21.30	1.90	6	0.0014
3	今皓 3011.TW	19.35	▲1.75	▲9.94%	19.35	17.65	1.70	2,919	0.5483
4	晶彩科 3535.TW	22.40	▲2.00	▲9.80%	22.40	21.15	1.25	13,520	2.9808
5	連宇 2482.TW	12.40	▲1.10	▲9.73%	12.40	11.75	0.65	979	0.1199
6	昶虹 2443.TW	3.79	▲0.33	▲9.54%	3.79	3.51	0.28	469	0.0177
7	泰豐 2102.TW	22.85	▲1.45	▲6.78%	22.95	21.20	1.75	2,765	0.6199

▲圖3-13

其中就有帶入 exchange 參數，接下來將透過 requests 套件的 get 函數來進行網頁內容的取得。透過 Python 操作如下：

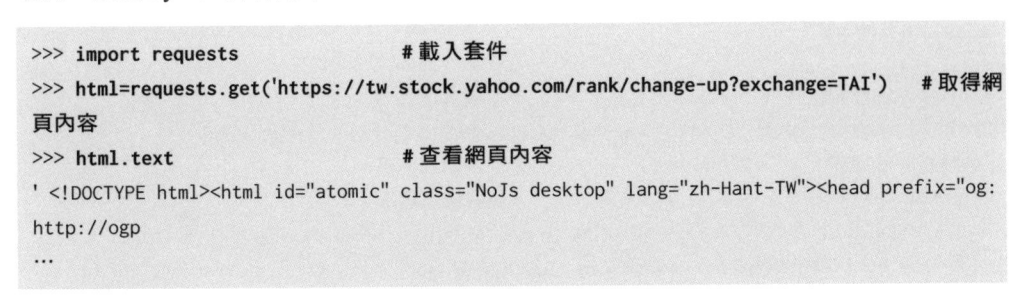

```
>>> import requests                    #載入套件
>>> html=requests.get('https://tw.stock.yahoo.com/rank/change-up?exchange=TAI')    #取得網頁內容
>>> html.text                          #查看網頁內容
' <!DOCTYPE html><html id="atomic" class="NoJs desktop" lang="zh-Hant-TW"><head prefix="og:
http://ogp
...
```

取得網頁原始碼之後，就完成了爬蟲的第一步，之後只要了解我們應該如何去解析網頁原始碼即可，可以參考後面的爬蟲套件技巧。

❖ POST

若是某個網址需要透過 POST 方法傳遞參數，則該網址不變，需要透過特定的方式才能傳遞參數。就 Python 而言，requests 套件中的 post 函數可以用來傳遞需要取得的網頁以及帶入必要的 post 參數。

POST 方法無法從網址上直接看出傳遞的參數，以期交所的每日成交行情為例，網址：
URL https://www.taifex.com.tw/cht/3/futDailyMarketReport，網頁畫面如圖 3-14 所示。

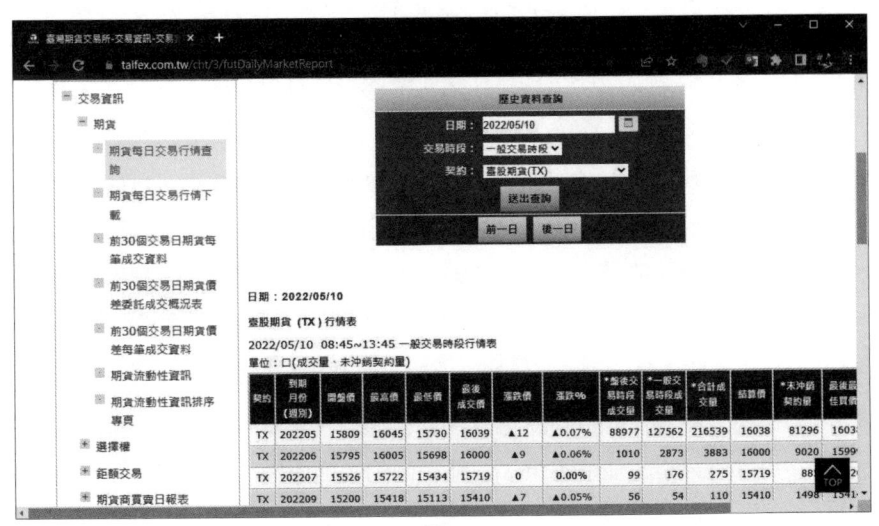

▲圖 3-14

如何取得該網站的參數，可以參考上一個技巧。透過 Python 來取得該網站的內容，post 函數中第一個參數為網址，data 參數中放上 POST 要傳遞的參數，該參數的資料型態必須為 dictionary，操作如下：

```
>>> import requests                          #載入套件
>>> html=requests.post('https://www.taifex.com.tw/cht/3/futDailyMarketReport',
 data={'queryDate': '2019/09/18'})           #取得網頁內容
>>> html.text                                #查看網頁內容
'<!DOCTYPE HTML PUBLIC "-//W3C//DTD HTML 4.01//EN" "http://www.w3.org/TR/html4/strict.
dtd">\r\n<html xmlns="http://www.w3.org/1999/xhtml" lang="zh-TW">\r\n\r\n<head><meta http-
equiv="X-UA-Compatible" content="IE=edge">
...
```

取得網頁內容後，就可以透過 BeautifulSoup 套件進行網頁資料的分析了，請參考下一個技巧。

技巧 30 【觀念】BeautifulSoup 套件簡介

本技巧將介紹要做 HTML Tag 解析的最重要 BeautifulSoup 套件，BeautifulSoup 套件的中文稱為「美味的湯」，名稱源於愛麗絲夢遊仙境內的一首詩，而該套件的用途是協助我們將雜亂無章的字串，轉換成一個個清晰的標籤。

我們會試著從整個網頁中擷取有意義的資訊，若要學習爬蟲程式，我們必須要把以往對於瀏覽器的印象轉換為資料解析，為什麼呢？因為瀏覽器功能非常強大，可幫助我們迅速解讀網頁原始碼，而網路爬蟲方面，我們只能了解其中原理，進而去進行解析。

若要學習爬蟲，我們現在必須要面對的是一大串雜亂無章的字串，這個字串本身就是網頁的 HTML 檔案，HTML 在上一個技巧中有介紹到，我們要如何從這樣的資料快速、明確地找出對我們有價值的資訊，這需要透過大量的「字串處理」流程，而這時會遇到一件事情，若每個網站都要用字串處理的方式進行解析，就好像徒手叫我們把房子拆了，所以我們需要某些工具，例如：炸彈、電鑽，而 BeautifulSoup 套件就是這樣的工具。

接下來，我們來了解 BeautifulSoup 套件的運作原理，它其實是透過大量的正規表達式來將大量的字串進行分析，並且提供了各種不同的功能函數，幫助程式開發者能夠快速分析 HTML 格式。

❖ 安裝 BeautifulSoup 套件

需透過 pip 指令來進行安裝（詳情可以參考第 1 章的使用外部套件部分），開啟 CMD 並執行以下指令：

py - 版本 - 位元 -m pip install bs4

執行結果如下：

```
>py -3.10-64 -m pip install bs4
Collecting bs4
  Using cached bs4-0.0.1.tar.gz (1.1 kB)
  Preparing metadata (setup.py) ... done
Collecting beautifulsoup4
  Downloading beautifulsoup4-4.11.1-py3-none-any.whl (128 kB)
     -------------------------------------- 128.2/128.2 KB 1.1 MB/s eta 0:00:00
Collecting soupsieve>1.2
  Downloading soupsieve-2.3.2.post1-py3-none-any.whl (37 kB)
Using legacy 'setup.py install' for bs4, since package 'wheel' is not installed.
Installing collected packages: soupsieve, beautifulsoup4, bs4
  Running setup.py install for bs4 ... done
Successfully installed beautifulsoup4-4.11.1 bs4-0.0.1 soupsieve-2.3.2.post1
```

安裝成功後，進入 Python 內去進行 import 特定套件，過程如下：

```
>py -3.10-64
Python 3.10.4 (tags/v3.10.4:9d38120, Mar 23 2022, 23:13:41) [MSC v.1929 64 bit (AMD64)] on win32
Type "help", "copyright", "credits" or "license" for more information.
>>> import bs4
>>>
```

若沒有產生錯誤訊息，則代表安裝成功。

❖ 實作案例

以下針對簡易的 HTML 來進行解析，檔案如下：

▌檔名：3-1.html

```
<html>
    <head>
```

```html
        <title>Cheng's 交易 - 程式交易</title>
    </head>
    <body>
        <h2 class="small">大家好,歡迎來到這個網站</h2>
        <p> 我是段落 </p>
        <a id="l1" href="#"> 我是連結 1</a>
        <a id="l2" href="#"> 我是連結 2</a>
        <p> 段落內容 , <b> 粗體 </b></p>

        <table>
            <tr><td>100</td><td>200</td><td>300</td></tr>
            <tr><td>400</td><td>500</td><td>600</td></tr>
        </table>

    </body>
</html>
```

該網站所呈現出來的樣子,可以透過瀏覽器去開啟,如圖 3-15 所示。

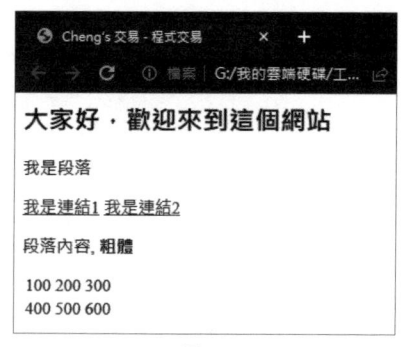

▲圖 3-15

接下來,我們透過 Python 去進行檔案的讀取及解析,操作過程如下:

```
>>> import bs4
>>> html=open('3-1.html', encoding = 'utf8').read()
>>> html
'<html>\n    <head>\n        <title>Cheng's 交易 - 程式交易 </title>\n
... '
>>>
```

由於該檔案編碼為 utf-8，則開啟檔案時需編碼。加入參數 encoding = 'utf8'，開啟檔案後，就可以看到 HTML 所擷取出來的內容是很雜亂的，請記住，這只是一個極簡單的範例。

接下來，我們透過 bs4 套件中的 BeautifulSoup 函數，來針對 HTML 格式進行解析。操作過程如下：

```
>>> from bs4 import BeautifulSoup
>>> soup=BeautifulSoup(html)
>>> soup
<html>
<head>
<title>Cheng's 交易 - 程式交易 </title>
</head>
<body>
<h2 class="small"> 大家好，歡迎來到這個網站 </h2>
<p> 我是段落 </p>
<a href="#" id="l1"> 我是連結 1</a>
<a href="#" id="l2"> 我是連結 2</a>
<p> 段落內容， <b> 粗體 </b></p>
<table>
<tr><td>100</td><td>200</td><td>300</td></tr>
<tr><td>400</td><td>500</td><td>600</td></tr>
</table>
</body>
</html>
```

此時的 soup 變數已經是一個 bs4 的類別型態，而接下來就會針對該變數進行擷取，常見的函數有以下幾種：

函數	說明
find、find_all	尋找特定標籤。
find_parents、find_parent	尋找父標籤。
find_next_siblings、find_next_sibling、find_previous_siblings、find_previous_sibling	尋找兄弟標籤。

上述的方式可以讓我們直接或是間接取得我們需要的標籤，接下來操作「find」、「find_all」，操作如下：

```
>>> soup.find('p')
<p> 我是段落 </p>
>>> soup.find_all('p')
[<p> 我是段落 </p>, <p> 段落內容 , <b> 粗體 </b></p>]
>>>
```

這裡各位讀者必須先了解到，BeautifulSoup 套件僅針對 HTML 檔案進行解析，這可以處理很多事情，但對於無窮無盡的網路來說，我們還有許多爬蟲的技術要學習，例如：透過 JavaScript 所產生的動態網頁，這就不在本套件的處理範圍中，必須透過 Selenium 套件來處理。

技巧 31 【實作】BeautifulSoup 解析資料

本技巧將介紹如何實作爬取靜態網站。目前網路上有許多資訊提供商，可協助我們整理出股票排行榜，若是我們想要迅速找出當天特別的股票，來找到適合自己的投資標的，這時就很適合到這些網站進行查詢，而本技巧將會取得這些網站的排行榜資訊，來迅速找到適合研究的標的。

本技巧以富邦所提供的股票排行榜為例，網址：URL https://fubon-ebrokerdj.fbs.com.tw/z/zg/zg_A_0_5.djhtm，該網頁相當單純，並沒有使用到參數，而是以網址來區分內容，如圖 3-16 所示。

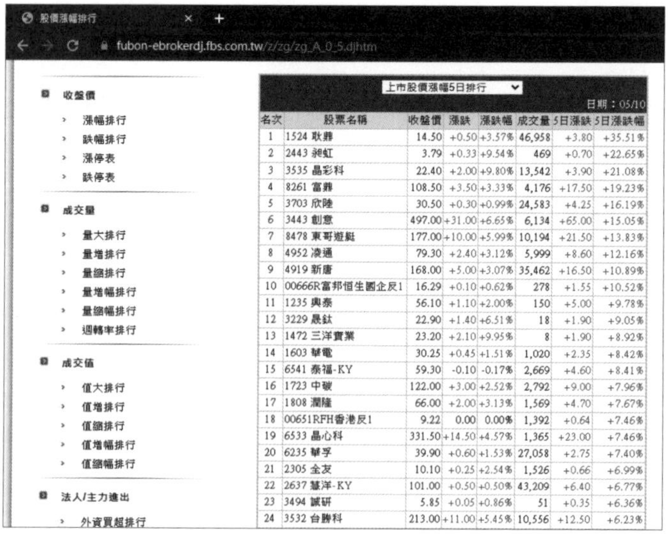

名次	股票名稱	收盤價	漲跌	漲跌幅	成交量	5日漲跌	5日漲跌幅
1	1524 耿鼎	14.50	+0.50	+3.57%	46,958	+3.80	+35.51%
2	2443 昶虹	3.79	+0.33	+9.54%	469	+0.70	+22.65%
3	3535 晶彩科	22.40	+2.00	+9.80%	13,542	+3.90	+21.08%
4	8261 富鼎	108.50	+3.50	+3.33%	4,176	+17.50	+19.23%
5	3703 欣陸	30.50	+0.30	+0.99%	24,583	+4.25	+16.19%
6	3443 創意	497.00	+31.00	+6.65%	6,134	+65.00	+15.05%
7	8478 東哥遊艇	177.00	+10.00	+5.99%	10,194	+21.50	+13.83%
8	4952 凌通	79.30	+2.40	+3.12%	5,999	+8.60	+12.16%
9	4919 新唐	168.00	+5.00	+3.07%	35,462	+16.50	+10.89%
10	00666R富邦恒生國企反1	16.29	+0.10	+0.62%	278	+1.55	+10.52%
11	1235 興泰	56.10	+1.10	+2.00%	150	+5.00	+9.78%
12	3229 晟鈦	22.90	+1.40	+6.51%	18	+1.90	+9.05%
13	1472 三洋實業	23.20	+2.10	+9.95%	8	+1.90	+8.92%
14	1603 華電	30.25	+0.45	+1.51%	1,020	+2.35	+8.42%
15	6541 泰福-KY	59.30	-0.10	-0.17%	2,669	+4.60	+8.41%
16	1723 中碳	122.00	+3.00	+2.52%	2,792	+9.00	+7.96%
17	1808 潤隆	66.00	+2.00	+3.13%	1,569	+4.70	+7.67%
18	00651RFH香港反1	9.22	0.00	0.00%	1,392	+0.64	+7.46%
19	6533 晶心科	331.50	+14.50	+4.57%	1,365	+23.00	+7.46%
20	6235 華孚	39.90	+0.60	+1.53%	27,058	+2.75	+7.40%
21	2305 全友	10.10	+0.25	+2.54%	1,526	+0.66	+6.99%
22	2637 慧洋-KY	101.00	+0.50	+0.50%	43,209	+6.40	+6.77%
23	3494 誠研	5.85	+0.05	+0.86%	51	+0.35	+6.36%
24	3532 台勝科	213.00	+11.00	+5.45%	10,556	+12.50	+6.23%

▲圖 3-16

接下來，透過程式碼來進行介紹：

檔名：3-2.py

```
import requests
from bs4 import BeautifulSoup

# 取得 reponse
headers = {'user-agent' : 'Mozilla/5.0 (Windows NT 10.0; Win64; x64) AppleWebKit/537.36 (KHTML, like Gecko) Chrome/136.0.0.0 Safari/537.36 Edg/136.0.0.0' }
req=requests.get('https://fubon-ebrokerdj.fbs.com.tw/z/zg/zg_A_0_5.djhtm', headers = headers)
# 取得網頁原始碼文字
html=req.text
# 將網頁原始碼轉為 Beautiful Soup
soup=BeautifulSoup(html,'html.parser')
# 取出所有的商品欄位
product=[ i.text.strip() for i in soup.find_all('td',class_='t3t1')]
# 顯示
print(product)
```

本範例是取得主力買超排行，網頁內容如圖 3-17 所示，讀者可以自行更換程式碼內的網址，以取得不同排行榜。

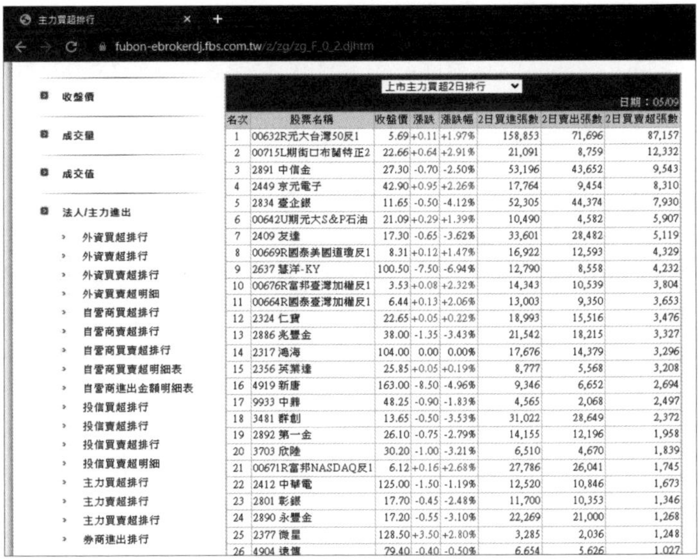

名次	股票名稱	收盤價	漲跌	漲跌幅	2日買進張數	2日賣出張數	2日買賣超張數
1	00632R元大台灣50反1	5.69	+0.11	+1.97%	158,853	71,696	87,157
2	00715L期街口布蘭特正2	22.66	+0.64	+2.91%	21,091	8,759	12,332
3	2891 中信金	27.30	-0.70	-2.50%	53,196	43,652	9,543
4	2449 京元電子	42.90	+0.95	+2.26%	17,764	9,454	8,310
5	2834 臺企銀	11.65	-0.50	-4.12%	52,305	44,374	7,930
6	00642U期元大S&P石油	21.09	+0.29	+1.39%	10,490	4,582	5,907
7	2409 友達	17.30	-0.65	-3.62%	33,601	28,482	5,119
8	00669R國泰美國道瓊反1	8.31	+0.12	+1.47%	16,922	12,593	4,329
9	2637 慧洋-KY	100.50	-7.50	-6.94%	12,790	8,558	4,232
10	00676R富邦臺灣加權反1	3.53	+0.08	+2.32%	14,343	10,539	3,804
11	00664R國泰臺灣加權反1	6.44	+0.13	+2.06%	13,003	9,350	3,653
12	2324 仁寶	22.65	+0.05	+0.22%	18,993	15,516	3,476
13	2886 兆豐金	38.00	-1.35	-3.43%	21,542	18,215	3,327
14	2317 鴻海	104.00	0.00	0.00%	17,676	14,379	3,296
15	2356 英業達	25.85	+0.05	+0.19%	8,777	5,568	3,208
16	4919 新唐	163.00	-8.50	-4.96%	9,346	6,652	2,694
17	9933 中鼎	48.25	-0.90	-1.83%	4,565	2,068	2,497
18	3481 群創	13.65	-0.50	-3.53%	31,022	28,649	2,372
19	2892 第一金	26.10	-0.75	-2.79%	14,155	12,196	1,958
20	3703 欣陸	30.20	-1.00	-3.21%	6,510	4,670	1,839
21	00671R富邦NASDAQ反1	6.12	+0.16	+2.68%	27,786	26,041	1,745
22	2412 中華電	125.00	-1.50	-1.19%	12,520	10,846	1,673
23	2801 彰銀	17.70	-0.45	-2.48%	11,700	10,353	1,346
24	2890 永豐金	17.20	-0.55	-3.10%	22,269	21,000	1,268
25	2377 微星	128.50	+3.50	+2.80%	3,285	2,036	1,248
26	4904 遠傳	79.40	-0.40	-0.50%	6,654	5,626	1,027

▲圖 3-17

執行過程如下：

```
> python 3-2.py
['1524  耿鼎 ', '2443  昶虹 ', '3535  晶彩科 ', '8261  富鼎 ', '3703  欣陸 ', '3443  創意 ', '8478  東哥遊艇 ', '4952  凌通 ', '4919  新唐 ', ' 00666R 富邦恒生國企反 1 ', '1235  興泰 ', '3229  晟鈦 ', '1472  三洋實業 ', '1603  華電 ', '6541  泰福 -KY ', '1723  中碳 ', '1808  潤隆 ', '00651RFH 香港反 1 ', '6533  晶心科 ', '6235  華孚 ', '2305  全友 ', '2637  慧洋 -KY ', '3494  誠研 ', '3532  台勝科 ', '2449  京元電子 ', '2474  可成 ', '2377  微星 ', '2302  麗正 ', '5225  東科 -KY ', '00671R 富邦 NASDAQ 反 1 ', '2482 連宇 ', '9136  巨騰 -DR ', '4763  材料 -KY ', '2753  八方雲集 ', '3665  貿聯 -KY ', '2359  所羅門 ', '2460  建通 ', '2424  隴華 ', '4572  駐龍 ', '2484  希華 ', '2413  環科 ', '6271  同欣電 ', '00654R 富邦印度反 1 ', '6216  居易 ', '8467  波力 -KY ', '2324  仁寶 ', '00638R 元大滬深 300 反 1 ', '2025  千興 ', '9906  欣巴巴 ', '3305  昇貿 ']
>>>
```

技巧 32 【觀念】Selenium 套件簡介

本技巧簡要介紹 Selenium 套件的用途，Selenium 套件通常用來進行網路爬蟲，網路爬蟲的技術不是只有 BeautifulSoup 套件，雖然目的相同，但是不同技術的背後原理是不同的。

BeautifulSoup 套件的運作原理是透過 HTTP 通訊協定將靜態網頁進行擷取，接著輔助程式開發者對 HTML 文件中的標籤（tag）進行分析，這樣的運作原理可以快速取得靜態網頁中的資訊，不過缺點是只能針對 HTML 去做處理，而無法針對動態網頁進行處理。那麼何謂「動態網頁」及「靜態網頁」呢？判斷依據是看該網站中是否有使用到 Javascript。Javascript 在網頁中扮演著處理「使用者互動行為」程式語言，能夠將 HTML 的靜態語言轉換為動態語言。

本技巧介紹到的 Selenium 套件，是能夠針對動態網頁進行分析，而 Selenium 套件背後的運作原理，是透過「模擬瀏覽器」執行的動作，也就是說，我們可以透過 Selenium 套件來模擬我們使用瀏覽器閱讀網頁的動作，並且對目標的網頁進行資料的存取。

在很多爬蟲的情境下，我們需要聯合 Selenium 與 BeautifulSoup 這兩個套件來互相搭配應用，才能取得特定網站的資料，若是某個網站使用 Javascript 來動態產生網頁資訊，這時我們就可以透過 Selenium 進到該網頁中，並透過 BeautifulSoup 來進行網頁標籤擷取。當我們了解這兩個套件的運作原理，並將其妥善運用，就能夠替我們創造爬蟲的最大化利益。

以下將介紹 Selenium 套件的使用方式。

❖ 使用前準備

首先，使用 Selenium 套件以前，我們必須安裝該套件，執行以下指令：

py - 版本 - 位元數 -m pip install selenium

執行過程如下：

```
>py -3.10-64 -m pip install selenium
Collecting selenium
  Downloading selenium-4.1.5-py3-none-any.whl (979 kB)
     -------------------------------------- 979.4/979.4 KB 1.1 MB/s eta 0:00:00
Requirement already satisfied: urllib3[secure,socks]~=1.26 in c:\users\user\appdata\local\programs\python\python310\lib\site-packages (from selenium) (1.26.9)
Collecting trio~=0.17
  Downloading trio-0.20.0-py3-none-any.whl (359 kB)
     -------------------------------------- 359.0/359.0 KB 1.2 MB/s eta 0:00:00
...
Successfully installed PySocks-1.7.1 async-generator-1.10 cffi-1.15.0 cryptography-37.0.2 h11-0.13.0 outcome-1.1.0 pyOpenSSL-22.0.0 pycparser-2.21 selenium-4.1.5 sniffio-1.2.0 sortedcontainers-2.4.0 trio-0.20.0 trio-websocket-0.9.2 wsproto-1.1.0
```

我們在使用 Selenium 之前，還必須準備「瀏覽器核心」（Webdriver），這個東西類似於瀏覽器，是 Selenium 套件的必備工具，我們會透過 Selenium 利用這個 Webdriver，來操控瀏覽器進行網頁的擷取。

各大瀏覽器中幾乎都有提供 Webdriver，例如：FireFox、Google Chrome 等，除此之外，有個 Webdriver：phantomjs，它與其他 Webdriver 不同之處在於，它沒有圖形化介面，不過近期 Selenium 已經停止支援 phantomjs，所以之後的技巧我們將會透過 Chrome 瀏覽器的 Webdriver 來進行介紹，而 Chrome 瀏覽器的 Webdriver 目前也有支援無圖形化介面的模式（headless）。

接著，將介紹 Chrome 瀏覽器的 Webdriver 的下載及使用，載點：[URL] https://googlechromelabs.github.io/chrome-for-testing/，而進入後的畫面如圖 3-18 所示。

▲ 圖 3-18

畫面中有多個作業系統版本可以選擇，我們點選「Stable」後的畫面如圖 3-19 所示。

▲ 圖 3-19

下載完成並解壓縮，裡面的執行檔就是 Chrome 瀏覽器的 Webdriver，執行畫面如圖 3-20 所示。

▲ 圖 3-20

這就是一個 Chrome 瀏覽器的核心，可以想像它就是我們的偽瀏覽器，負責讓 Python 用來爬蟲的，接下來我們將透過 Python 的 Selenium 套件來執行 Webdriver。使用以下的程式碼來執行 Webdriver，並且開啟指定的網頁，程式碼如下：

```python
# 載入套件
from selenium import webdriver
from selenium.webdriver.chrome.service import Service
from selenium.webdriver.support.ui import Select
from selenium.webdriver.common.by import By

# 指定 ChromeDriver 路徑
chrome_driver_path = r"chromedriver.exe"
service = Service(executable_path=chrome_driver_path)

# 設定 Chrome 選項
chrome_options = webdriver.ChromeOptions()

# 啟動瀏覽器
browser = webdriver.Chrome(service=service, options=chrome_options)
```

而 Python 宣告 WebDriver 後，會跳出 Chrome 的視窗，如圖 3-21 所示。

▲圖 3-21

若我們要進入特定網站，可以透過 get 函數，當我們試著要進入「證交所官方網站首頁」（URL https://www.twse.com.tw），接續剛才提到的程式碼，再執行：

```python
web.get('https://www.twse.com.tw/zh/')
```

我們就可以看到該 Chrome 的自動化視窗，如圖 3-22 所示。

▲ 圖 3-22

接著，如果需要對這個網頁進行處理，要如何在 Python 中取得網頁原始碼呢？可以透過「page_source」來取得當前網頁的 HTML 內容，完整的執行過程如下：

```
>>> web.page_source
'<html lang="zh-hant"><!--<![endif]--><head>\n    <meta http-equiv="Content-Type" content=
"text/html; charset=utf-8">\n    <meta http-equiv="X-UA-Compatible" content="IE=edge">\n\n
<meta http-equiv="Pragma" c
...
```

取得資料的內容，剩下的事情就是將網頁原始碼進行解析，這時就可以將網頁原始碼丟入 BeautifulSoup 函數進行解析。

以上是 Selenium 套件的基本操作，而若是要使用無圖形介面操作，則必須使用 headless 模式，這種模式下的執行速度會更有效率，執行的程式碼如下：

```python
# 載入套件
from selenium import webdriver
from selenium.webdriver.chrome.service import Service
from selenium.webdriver.support.ui import Select
from selenium.webdriver.common.by import By

# 指定 ChromeDriver 路徑
chrome_driver_path = r"chromedriver.exe"
service = Service(executable_path=chrome_driver_path)
```

```
# 設定 Chrome 選項（視需要開啟無頭模式）
chrome_options = webdriver.ChromeOptions()
chrome_options.add_argument('--headless')   # 無頭模式（如需隱藏瀏覽器畫面則取消註解）
chrome_options.add_argument('--disable-gpu')

# 啟動瀏覽器
browser = webdriver.Chrome(service=service, options=chrome_options)
```

執行後不會有畫面產出，可以執行 Selenium 套件來開啟 Webdriver，就可以對指定網站中的元素去執行動作。以下列出常見的 Selenium 套件的函數：

函數	說明
get()	開啟網頁。
quit()	離開網頁。
back()	上一頁。
forward()	下一頁。
refresh()	重新整理。
find_element()	針對網頁元素進行定位函數。
clear()	清除網頁。
send_keys()	針對元素填入內容。
click()	點擊該元素。
submit()	送出表單。

以上函數是常用的 selenium 函數，在之後的技巧中，會依據每個網頁的情況來選擇以哪種方式進行爬蟲套件的選擇。

技巧 33 【觀念】何謂 K 線（開高低收量）

K 線是閱讀金融市場的指標，由原始的成交價、成交量統整而來，K 線表示出一個時間區段的四個價位的資訊：「開盤價」（Open）、「最高價」（High）、「最低價」（Low）、「收盤價」（Close），這四個價位資訊簡稱為「OHLC」。

一般常見的時間區段包括「分」、「時」、「日」、「週」、「月」、「季」，因此我們在 K 線之前會加上時間單位，如「日 K 線」，代表以日為單位的開高低收四個價格。時間區段越短，精準度越高，但以量化交易而言，越小的時間單位意味著交易判斷需要處理的雜訊越多，如果沒有處理掉交易雜訊，則有可能導致交易次數過多，無法真正從市場中獲利。

在 K 線中，我們會透過類似蠟燭的圖形來表示這四個資訊，除了蠟燭圖以外，也有 OHLC 圖，我們可以想像一個直立的蠟燭，上下都有燭心，蠟燭本體的部分為開盤與收盤的範圍，而上面燭心的頂端是最高價，而下面燭心的頂端為最低價，如圖 3-23 所示。

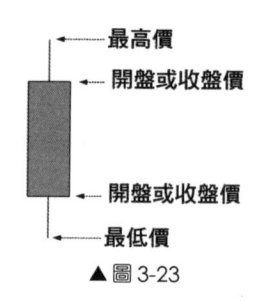

▲圖 3-23

如果收盤價高於開盤價，代表趨勢往上，會以紅色（我們用紅色表示上漲，而歐美相反，會以綠色表示安全）表示，這時開盤價就在下方，收盤價在上方；如果收盤價低於開盤價，代表趨勢往下，會以綠色（我們用綠色表示下跌，而歐美相反，會以紅色表示警告）表示，這時開盤價就在上方，收盤價在下方，如圖 3-24 所示。

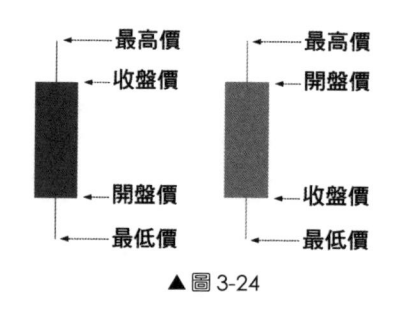

▲圖 3-24

了解 K 線圖的組成後，讀者必須要了解怎樣的走勢圖會組成 K 線圖，以圖 3-25 為例，這樣的走勢圖轉換成 K 線圖是怎樣的交易訊號，以及其他的走勢圖會繪製成哪種 K 線型態等，都可以試著去了解看看。

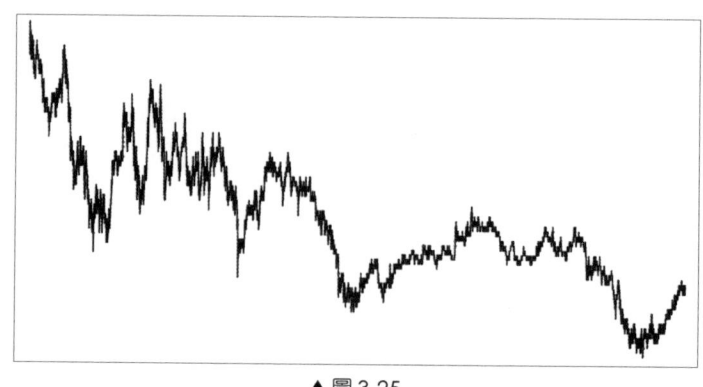

▲圖 3-25

K線是目前交易指標中最常被用來觀察價格變化的圖表，依照每個投資人交易頻率的不同會關注不同週期的K線。若是操作長時間的投資人，就會看月K、日K；若是短波段的交易人，則會看30分K、1分K等，我們會依據K線棒不同的呈現，帶來許多不同的解讀。

技巧34 【實作】抓取證券公開資訊

本技巧將介紹Python如何取得歷史K線資料的公開資訊。這裡將介紹兩個常用的公開資訊，一個是「Yahoo Finance」，另一個是「FinMind」，這兩個公開資料API都可以直接從Python安裝套件使用，在本書中兩個API都可以使用，兩者對於台灣讀者的使用來說，優缺點如下：

- yfinance套件：是國內外商品資料很多的一款API，有提供除權息調整後價格，若要仔細鑽研海外商品的讀者，可以使用這一個API。
- FinMind套件：主打國內公開資料，也有提供完整的還原股價，適合做國內證券的資料分析。

以下我們就來介紹這兩個Python套件的使用方法。

❖ Yahoo Finance 套件－yfinance

要取得歷史K線資訊，可以透過yfinance套件。想知道yfinance有提供哪些商品的資訊及內容，可以到yahoo財經的官方網站：URL https://hk.finance.yahoo.com/quote/0050.TW/history?p=0050.TW&.tsrc=fin-srch，如圖3-26所示。

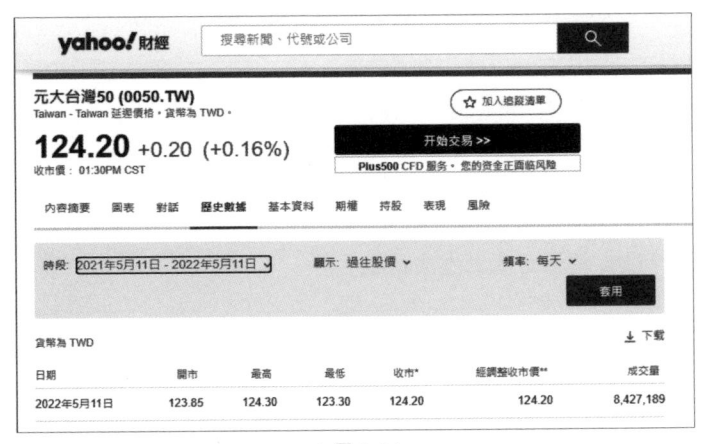

▲ 圖3-26

yfinance 套件需要透過 CMD 執行安裝（詳情請參考第 1 章的使用外部套件部分），安裝指令如下：

py - 版本 - 位元 -m pip install yfinance --upgrade

> 🚀 **說明**　本書所使用的 yfinance 套件，版本是 0.2.58，讀者若使用 yfinance 版本與本書不同，則容易出現操作結果上的落差，安裝時請注意套件版本。

安裝完 yfinance 套件以後，可以進入 Python 命令列來載入該套件，若是沒有出現錯誤訊息，則代表成功。進入 Python 命令列後，操作如下：

```
>>> import yfinance as yf
>>>
```

歷史 K 線需要底下的 download 函數，接著介紹一下取得 K 線 download 函數的參數：

參數	說明
symbol	商品代碼（台灣的金融商品後方要加上「.TW」字串，台積電：2330.TW；0050 則是 0050.TW）。
start	起始日。
end	結束日。

回傳的 K 線物件型態是 pandas.dataframe，欄位總共有兩層（level），第一層是股價（Price），第二層是商品代碼（Ticker），而索引值為「時間」（time），股價欄位分別如下列 5 個欄位：

項目	說明
Open	開盤價。
High	最高價。
Low	最低價。
Close	收盤價。
Volume	總量。

接著，取得證券日 K 資訊，範例程式碼如下：

```
# 載入 yfinance 套件
import yfinance as yf
```

```
# 下載 0050 ETF，從 2020 至 2021 年底
a=yf.download('0050.tw',start='2020-01-01',end='2022-01-01')
```

Python 操作如下：

```
>>> import yfinance as yf
>>> data=yf.download('2330.TW',start='2020-01-01',end='2022-01-01')
YF.download() has changed argument auto_adjust default to True
[*********************100%***********************]  1 of 1 completed
>>> data

Price           Close       High        Low        Open     Volume
Ticker         2330.TW    2330.TW    2330.TW    2330.TW    2330.TW
Date
2020-01-02   305.257324 305.257324 299.404308 299.404308  31754120
2020-01-03   305.707520 310.660071 302.105664 309.759607  41811268
2020-01-06   298.954102 301.205262 298.954102 299.854566  45343057
2020-01-07   296.702881 299.854505 294.001489 299.404273  50879181
2020-01-08   296.702881 299.854505 292.650793 292.650793  37567748
...              ...        ...        ...        ...        ...
2021-12-24   569.118958 573.830207 569.118958 571.003457  11059689
2021-12-27   571.003540 574.772540 569.119040 569.119040  16259872
2021-12-28   579.483765 579.483765 574.772515 574.772515  33892718
2021-12-29   580.426025 583.252776 578.541525 579.483775  24518766
2021-12-30   579.483765 584.195015 579.483765 583.252765  19681276
```

🚀 **說明** 這個版本中的 yfinance 預設的價格是經過除權息還原的股價，若讀者想要抓取原始股價，可以透過「auto_adjust=False」這個參數去取得原始股價。

接著，我們可以透過 Period 參數來取得不同時間週期的 K 線。

```
# 載入 yfinance 套件
import yfinance as yf

# 下載 00632R ETF ，期間是前 7 天，頻率為 1 分 K
a=yf.download('00632R.tw',period='7d',interval='1m')
```

上述的程式碼，透過 Python 執行完成如下：

```
>>> import yfinance as yf
>>> data=yf.download('00632R.tw',period='7d',interval='1m')
[*********************100%***********************]  1 of 1 completed
>>>
>>> data.head()
Price                            Close       High        Low       Open      Volume
Ticker                        00632R.TW  00632R.TW  00632R.TW  00632R.TW  00632R.TW
Datetime
2025-04-25 01:02:00+00:00     25.059999  25.090000  25.040001  25.040001          0
2025-04-25 01:03:00+00:00     25.070000  25.100000  25.040001  25.080000    5001000
2025-04-25 01:04:00+00:00     25.030001  25.080000  25.020000  25.059999    5049000
2025-04-25 01:05:00+00:00     25.010000  25.049999  25.000000  25.049999    3622000
2025-04-25 01:06:00+00:00     25.030001  25.040001  24.980000  25.010000    7473000
```

接著，我們要將 yfinance 套件轉換為我們之後章節可以操作的格式，我們撰寫一個函數 getData，放置在 Data.py 的範例檔中。本書會介紹兩種取得交易資料的套件，讀者可以自行決定要使用那種 API，程式碼如下：

▌檔名：Data.py

```python
# 載入 yahoo finance 套件
import yfinance as yf
datapath = "data"  # 資料存放路徑

def getData(prod, st, en):  # 更新資料源為 yahoo finance
    bakfile = f'data//YF_{prod}_{st}_{en}_stock_daily_adj.xlsx'
    if os.path.exists(bakfile):
        data = pd.read_excel(bakfile, header=[0, 1], index_col=0)
    else:
        data = yf.download(f"{prod}.TW", start=st, end=en)
        # 除錯 如果沒有資料
        if data.shape[0] == 0:
            print('沒有資料')
            return pd.DataFrame()
        # 將資料寫入備份檔
        data.to_excel(bakfile, merge_cells=True)
    # 將欄位結構調整成一層欄位
    data.columns = data.columns.droplevel(1)
    # 將欄位名稱字母改成小寫
    data.columns = [ i.lower() for i in data.columns ]
```

```
return data
```

在 Python 中，操作如下：

```
>>> from Data import getData
>>> getData('0050','2023-01-01','2023-03-01')
[*********************100%***********************]  1 of 1 completed
                close        high         low        open     volume
Date
2020-01-02  82.745827   83.042405   82.237405   82.237405    4882015
2020-01-03  82.745827   83.635563   82.195034   83.296619    6813547
2020-01-06  81.686615   82.279772   81.686615   82.237408    9321768
2020-01-07  81.432411   81.940833   80.839254   81.728990    6328602
2020-01-08  81.051094   81.517145   80.542672   80.669773    8516995
                  ...         ...         ...         ...        ...
2020-12-25 104.826050  105.398871  104.517610  104.958240    2801317
2020-12-28 105.751381  105.751381  104.914185  104.914185    3407442
2020-12-29 105.663261  105.927636  105.178565  105.795452    3093979
2020-12-30 107.161400  107.161400  105.663258  105.751383    5368204
2020-12-31 107.734222  107.866413  107.249526  107.646098    5741338
```

❖ FinMind 套件－ FinMind

FinMind 除了提供股價以外，也有提供其他證券盤後資料。本技巧將介紹如何將 FinMind 的資料整理成本書內需要運用的格式。FinMind 套件需要透過 CMD 執行安裝（詳情請參考第 1 章的使用外部套件部分），安裝指令如下：

py - 版本 - 位元 -m pip install FinMind

安裝完 FinMind 套件以後，可以進入 Python 命令列來載入該套件，若是沒有出現錯誤訊息，則代表成功。進入 Python 命令列後，操作如下：

```
>>> import FinMind
>>>
```

FinMind 取得歷史 K 線會使用到 taiwan_stock_daily，分別是一般的股價及除權息還原股價，參數如下：

參數	說明
stock_id	商品代碼。
start_date	起始日。
end_date	結束日。

回傳的資料物件型態是 pandas.dataframe，主要有 10 組欄位（欄位可參考證交所日成交資料的網站：URL https://www.twse.com.tw/zh/page/trading/exchange/STOCK_DAY.html），而索引值從 0 開始排序，欄位分別如下：

項目	說明
date	開盤日。
stock_id	股票代碼。
trading_Volume	交易股數。
trading_money	成交金額。
open	開盤價。
max	最高價。
min	最低價。
close	收盤價。
spread	漲跌。
Trading_turnover	成交筆數。

接著，取得證券日 K 資訊，範例程式碼如下：

```
# 載入 FinMind 套件
from FinMind.data import DataLoader

# 下載 0050 ETF，從 2020 至 2021 年底
FM=DataLoader()
FM.taiwan_stock_daily(stock_id='0050',start_date='2020-01-01',end_date='2022-01-01')
```

Python 操作如下：

```
>>> from FinMind.data import DataLoader
>>> FM=DataLoader()
>>> FM.taiwan_stock_daily(stock_id='0050',start_date='2020-01-01',end_date='2022-01-01')
        date  stock_id  Trading_Volume  ...  close  spread  Trading_turnover
0  2020-01-02      0050         4882015  ...  97.65    0.70              2421
1  2020-01-03      0050         6813547  ...  97.65    0.00              3080
2  2020-01-06      0050         9321768  ...  96.40   -1.25              4809
3  2020-01-07      0050         6328602  ...  96.10   -0.30              4116
```

4	2020-01-08	0050	8516995	...	95.65	-0.45	5033
..	...	...	...	...	...	...	...
484	2021-12-24	0050	12807935	...	143.05	0.40	8437
485	2021-12-27	0050	6838963	...	144.15	1.10	8693
486	2021-12-28	0050	22888176	...	145.30	1.15	9328
487	2021-12-29	0050	22807731	...	145.95	0.65	7510
488	2021-12-30	0050	6421410	...	145.50	-0.45	5369

建構策略分析框架

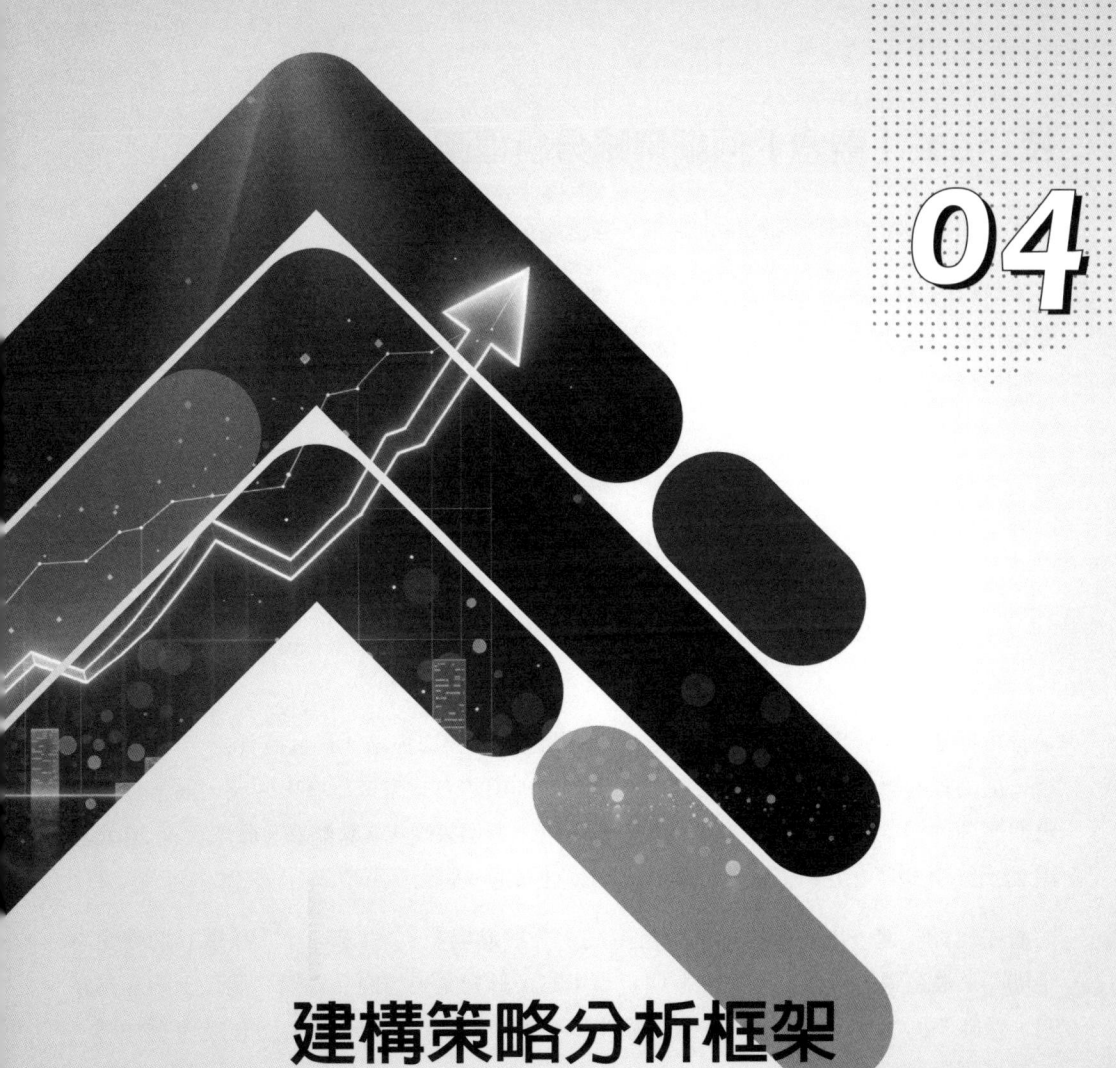

完整的投資計畫主要分為兩個部分,第一個是交易策略,第二個是資金分配,只要我們能夠找到權益曲線夠穩定、期望值為正的交易策略,接著就是思考資金分配的範疇,這兩大領域都是相當重要的。本書主要是以建構交易策略為主,本章將介紹我們該如何建構一個交易策略的原型,並且透過 Python 從 0 到 1 打造出一個回測架構。

在本書的後面章節中,將會依循著本章所介紹的架構去延伸出不同的交易策略,透過本書的範例流程介紹,我們可以循序了解交易策略的建構方法,接著去延伸開發自己的交易邏輯。

技巧 35 【觀念】何謂策略分析框架

本書將會介紹如何透過 Python 建構一套策略分析框架。

本技巧將介紹何謂「策略分析框架」，簡單來說，我們想從歷史的金融資料中，找出一套過往可以在市場上獲利的交易方法，而「策略分析框架」就是量化者建構交易方法的一種規格。

金融交易分析框架

▲圖 4-1

分析框架主要分為兩種，第一種是「策略開發」，第二種是「資金控管」，如圖 4-1 所示，這兩者的概念是我們的策略普遍採用一進一出的方式來進行歷史回測，通常我們歷史回測評估損益的方法都是採用一個交易單位。舉例來說，A 策略在 a 股票買進 20 元賣出 22 元，共賺了 2 元，這就是一進一出，並且採用一個交易單位。

而如何從一進一出的交易規則中衍生為「分批進場」、「加碼」、「減碼」這種交易規則呢？最普遍的方法就是建構多個交易策略，針對某一檔商品建構二個以上的交易策略，這時不同的進場、出場點，就會產生不同的交易部位，自然而然，也就會有加碼、減碼這類的交易動作出現。

而「資金控管」則是延伸交易策略之外，依照不同的資金方法來管理每次交易部位的大小，最核心的宗旨就是透過既有的交易策略增加自己的資金管控效率，最常見的資金控管就是在獲利時增加自己的交易部位，在虧損時減少自己的交易部位，增加長期存活在市場的機會。資金控管與計算績效指標息息相關，關於本書計算績效指標的詳細資訊，可以參考技巧 44。

技巧 36 【觀念】何謂交易策略

簡單來說，「交易策略」就是建構一個金融商品進出場的交易邏輯。而交易策略在量化的領域中，交易邏輯必須是精確且不含糊的。

「交易策略」就是投資人在金融市場上操作的方法，研擬好交易策略後，我們就可以在投資市場上遵守交易方針進行操作，而「歷史回測」就是將某個交易策略在歷史的交易市場上模擬執行，並確保在歷史中可以有著正期望值的報酬。

本書將會著重在建構交易策略，也就是「尋找對於特定商品的投資策略」，而透過 Python 的輔助，讓我們可以在廣闊的交易市場中找到適合的商品及策略。

對於上述的「尋找對於特定商品的投資策略」，本章又分為「策略構想」、「策略撰寫」、「評估績效」，讀者可以透過本章循序漸進地建構屬於自己的交易策略。

接著，我們將介紹交易的流程，步驟如下：

- 選擇交易標的。
- 進場判斷。
- 出場判斷

若要建構交易策略，就必須具備這幾點交易的步驟，所以當讀者想要建構自己的交易策略時，不妨從這個角度去切入。除此之外，選擇交易標的時，建議搭配自己的資金程度、風險承受力去做考量，才不會產生無法負擔的財務危機，不過現在有零股交易，可以讓我們更加彈性運用資金。

接下來會介紹如何透過 Python 建構交易策略的方法，我們可以選擇所想要的投資方式，一切都操之在己。

技巧 37 【觀念】回測要注意的事情

建構交易策略以前，必須要先了解市場的基本觀念，以及該金融商品開盤、收盤時間，除權息規則等，這些是不會在歷史資料上顯示的資訊，但卻是我們量化者必須要了解的功課，才不會讓我們辛苦這麼久，結果卻是沒有意義的。

建構策略時，需要注意幾個項目，以讓自己不用再遇到相同的問題，以下將會針對幾個常見的回測問題來介紹。

❖ 當沖交易制度

當沖交易制度在現在的證券市場中經常被運用，當沖的交易成本因為法規的關係有減少，所以許多人會透過當沖來降低交易成本，如此也導致許多投資人濫用槓桿進行交

易,但實際上投資風險更高。在撰寫回測時,必須在當沖交易策略中檢查策略的最大連續虧損及最大資金回落(下個章節中會介紹到),需要準備足夠的投資本金,才不會導致部位被強制斷頭的危機。

另外,我們設計當沖交易的交易策略時,有沒有辦法執行開盤買收盤賣的策略呢?答案是「可以」,由於證交所最後一個成交盤是採用集中競價,也就是我們在13:25時,用漲停價買、跌停價賣,13:30是有很大的機會成交的,前提是該交易商品有足夠的流動性。

❖ 進出場時點

回測程式所判斷的進出場時點,必須是當前的下一筆資料。以市價單為例,開盤當下的1分K線是9:00至9:01,當這一根K線產生交易訊號時,必須要以下一根K線的開盤價作為進場,也就是9:01至9:02的K線。

若是預期以限價單為主的話,就需要判斷進場訊號後的K線是否有觸及到限價單的價格,但這一部分還要考慮到市場當下的委買委賣情況,由於這部分沒有辦法完全透過歷史資料模擬,所以在回測的時候,我們通常會採用市價單去進行回測演練。透過以上的方式,運用到實單交易時,交易時點才會正確。

❖ 手續費及稅金

回測的手續費及稅金也是相當重要的一環,許多人直接參考盈虧的點數作為回測的績效,但若是沒有考慮手續費及稅金,當回測較長時間,交易次數增加,所累計下來的交易成本也是相當可觀。

證券的手續費率是0.1425%(買進賣出需各計算一次)、ETF證交稅率是0.10%,股票交易稅率是0.30%(只需要記錄賣出的稅率),而通常券商會給投資人手續費率的折扣,所以「股票價值 × 手續費率 × 券商提供的折數 = 手續費」,而交易稅率是沒有折扣的,所以「出場當下股票價值 × 交易稅率 = 股票的交易稅」。在之後的技巧中,會詳細介紹到如何在策略當中去計算手續費及稅金。

❖ 股票除權息日

大多數的證券都有除權息日,通常除權息日價格會跳水。舉例來說,我們透過Yahoo股市檢視0050的價格,如圖4-2所示,我們可以看到紅框中有價格跳水的現象,也就是2022/01/21是ETF 0050的除息交易日。

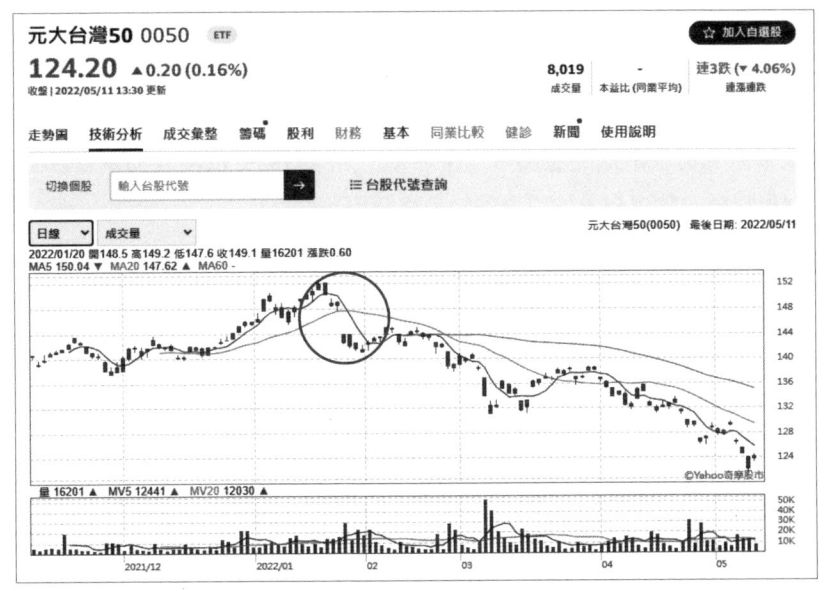

▲圖 4-2

我們為什麼要規避掉這些影響價格的因素呢？有兩個層面需要考量，第一是「我們需要連續的價格來進行技術指標的計算」，如果價格因為除權息突然跳水，技術指標也會失真；第二是「考量到歷史回測的進出場點位是否失真」。

那麼，如何去規避掉這些除權息跳水的日子呢？我們可以透過還原股價，來讓股價還原到正常的基準。而還原股價是怎麼來的呢？其實就是將「除權」、「除息」的部分進行還原，將股價變成合理連續的。

但是這裡必須要注意到，一旦使用還原股價，我們計算報酬的方式就只能透過報酬率（比率）去計算，若是透過還原股價直接換算成價值，事實上會出現錯誤。

我們若要透過報酬率去進行回測，則當我們交易策略產出績效淨值時，就必須要使用比例的方式去解讀。實際在投資市場交易時，最簡單的資金配置方式就是將每個交易策略（by 交易商品）都計算好固定的部位（請善用零股制度），這樣在實際交易時，才會最符合我們回測的情況。

技巧 38 【觀念】如何發想交易策略

而如何發想交易策略呢？簡單來說，就是試圖去找出某種角度與金融商品的價量產生關聯，甚至是將其與金融商品波動率產生關聯（某些商品會依照波動率去訂價），了解這些價量關係以後，就可以延伸成我們的策略發想。

建構投資策略時，我們可以朝著不同的角度去研發策略，而我們通常會創造某些議題，從不同的角度切入。舉例來說，從籌碼面切入，我們可以檢視大股東及小股東的動向，是否會對股價有一定比例的影響，進而去切入交易方法，尋找正期望值的策略；也有人喜歡技術面分析，甚至有人從 Google 的關鍵字流量分析去找出交易策略，每個角度都可能潛藏著影響市場的因素，身為量化分析者，就是發揮想像力來找出關聯性，再從關聯性中去找出交易策略。

不管是以哪一種思維去切入投資策略，最終的目的都是達到獲利的目標，所以我們要尋找正期望值的策略，必須先了解到會正期望報酬的策略大概是長得什麼樣子。

❖ 我們需要打破美好的幻想

世界上沒有完美的策略是能夠 100% 勝率且都剛好抓到大波段，所以我們不需要過度執著策略在每個時刻都可以獲利，而是找出某個交易邏輯，大賺小賠，資產淨值曲線是好看的，長期正期望值就好，如圖 4-3 所示。

交易策略

良好淨值曲線　　正期望值

▲圖 4-3

當我們找到一個好的交易想法，我們可以快速去驗證，但請不要過分執著自己的想法，歷史回測會告訴你答案，或許你的交易邏輯很好，但因為某些因素而導致整體回測績效不佳，也不用全盤否認自己的交易想法，而是必須從中找出優劣並改善。

❖ 思考一下自己要追求的獲利模式

以量化交易的思維來說，除了參考資產淨值曲線、期望值外，有幾個部分也要注意到：

1. 考量交易次數

我們需要考量到執行面的問題，通常我們會預期每筆交易執行成功，所以我們在實單交易時會選擇讓點而非偷點（讓點代表我們會成交在比較差的價位，讓下單成交率高一點），而我們會有一定額度的交易消耗成本，俗稱「交易成本」，所以我們需要先假設總平均獲利扣除交易成本後，才有可能真的獲利。我們的交易要儘可能減少交易次數，在幾次的回測當中，如果發現訊號太頻繁，反而會沒有效率，就算可以抓到行情，但是由於交易次數過多，導致整體的績效下滑，所以如果回測結果不好，也可以試著去過濾掉某些交易機會。

2. 選擇交易標的

這部分需要依照自己回測的商品屬性來做歸類，由於我們的主軸是策略。以證券來說，可以回測股票、ETF 等商品，以股票來看通常是做多為主，而做空則需要考量借券、標借等因素，甚至是透過衍生性商品（個股期、權證等），探討下去會過於複雜，所以本書不另外介紹，而目前也有許多 ETF 反向商品，這些反向商品就可以針對市場去進行空方操作，如圖 4-4 所示。

多方交易　　　空方交易

股票　ETF　　反向ETF

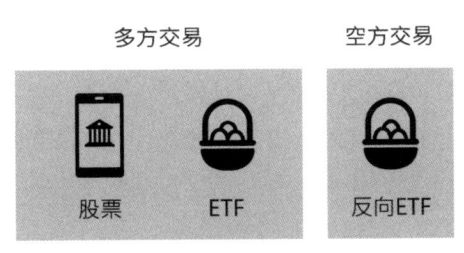

▲圖 4-4

3. 找到適當的獲利模式

許多人會過度將某些指標的重要性放大，像是勝率，雖然時常賺錢很好，但是如果小賺大賠，那就不是這麼明智了，所以我們會透過期望值去判斷。期望值的算法是透過勝率與賺賠比去做計算，所以我們要找到正期望值，換句話說，就是找到勝率、賺賠比複合計算以後是正的一種交易模型，期望值公式如下：

*期望值 = (勝率 * 賺賠比) - ((1- 勝率) * 1)*

期望值計算方式在後面技巧會詳細介紹，我們在這裡只要知道如何推導出該公式即可，現在請各位讀者計算一下，就可以知道哪些類型的策略是擁有較高的期望值，如圖 4-5 所示。

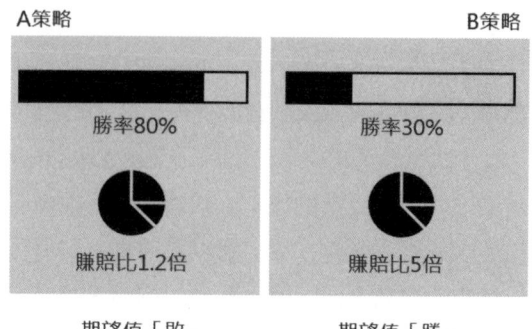

```
                A策略                    B策略

            勝率80%                  勝率30%




           賺賠比1.2倍                賺賠比5倍

          期望值「敗」              期望值「勝」
```
▲圖 4-5

圖 4-5 可以看到：

- A 績效：勝率 80%，賺賠比 1.2 倍。
- B 績效：勝率 35%，賺賠比 5 倍。

看到上述的這兩個績效，我們用以上公式來計算期望值：

- A 績效：（0.8 * 1.2）– 0.2，期望值為 0.76。
- B 績效：（0.35 * 5）– 0.65，期望值為 1.1。

從這個計算來說，我們可以知道即使是常常賺錢的策略，也不一定會勝過大賺小賠但勝率不高的策略，接著我們再將策略的交易次數進行時間區間的統計。舉例來說，統計每年、每季平均交易次數，若每年平均為 10 次，則交易次數乘上期望值，就是我們實際可以評估的總期望值。

技巧 39 【觀念】回測流程介紹

從前面幾個技巧中，可了解到交易策略及需要注意的事項，本技巧將概述我們建構歷史交易回溯測試的框架流程。「歷史回溯測試」是將歷史資料作為基礎，所以我們必須非常了解回溯測試的資料正確性。

接著，可以看到回溯測試的架構圖，如圖 4-6 所示，我們將會針對歷史回測的交易策略進行介紹。

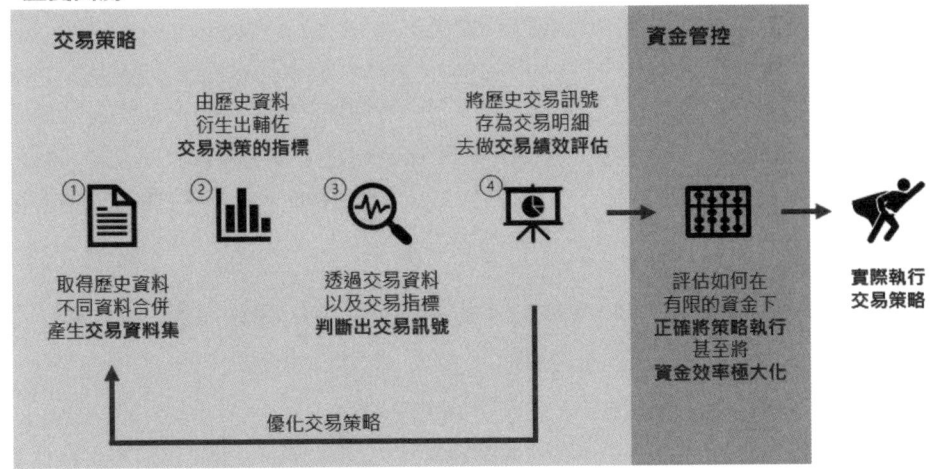

▲圖 4-6

「回測架構」就是透過不同的歷史資料當作基礎,並且進行資料合併、交易指標的運算,然後進行交易判斷,來決定是否進場、出場,並獲得進出場點的紀錄,最後進行歷史績效的評估,檢視我們的交易邏輯是否能夠在市場上獲利。計算完績效指標後,又會回到最原本的步驟,透過績效指標的評量,我們可以找出策略中的不足,並透過調整策略架構、參數來試圖優化結果,這樣的過程又稱為「策略優化」。

❖ 取得歷史回溯資料集

本書中所提到的歷史資料分析、圖形建構、歷史回測,資料都是公開資料 API 去取得,而我們需要做的就是將不同的資料彙整起來,建構不同面向的交易策略。

❖ 計算輔助交易決策的指標

轉換交易指標最常見的就是「透過價格資料去轉換為技術指標」,例如:均線、布林通道、相對強弱指標等。轉換指標的部分,會在之後不同的章節中計算不同的指標。

❖ 交易邏輯設計

設計交易邏輯流程如下:

- 通常資料圖形化之後,透過人眼來進行閱讀並研究,從中找出適合交易的方法。
- 接著將交易邏輯列出,可以試著打在記事本中或是寫在紙上,例如:「A 線高於 B 線」且「C 值高於 2000」時買進,並在「半小時」後出場。

- 最後是將交易邏輯透過程式碼量化,這部分可以參考之後的章節,裡面有將策略量化的程式碼,讀者可以從中找出相似範例來取用。

❖ 歷史交易明細回傳

回測交易格式的設計,是希望完整保存回測交易紀錄,並且忠實表達交易事件的細節,最後讓這些交易紀錄能夠被分析,產出可讀的績效指標。以下是交易紀錄常見的格式:

多空、商品代碼、進場日期、時間、價格、數量、平倉日期、時間、價格、稅金、手續費、策略名稱

❖ 績效計算工具

取得交易紀錄後,就可以依照交易回傳的資料加以計算分析。績效不單單可以從盈虧去觀察,也可以從買賣、交易次數、交易時間點來進行分析。某些策略會符合某些時期的趨勢條件,但不代表那些策略會符合長期市場的走勢,畢竟交易市場是瞬息萬變的,若要校調出一個長期穩定獲利的策略,必須要經過長期回測的測試。

技巧40 【實作】將資料圖像化

本書中將會透過 mplfinance 來介紹金融圖表的繪製,選擇該套件的原因,是因為該套件繪製 K 線圖相當簡單。該套件是由常見的 matplotlib 套件所衍生而來,專門為了呈現金融圖形的套件,例如:開高低收、蠟燭圖等。

❖ 安裝繪圖套件

安裝套件的詳細介紹,可以參考第 1 章中的使用外部套件技巧。安裝該套件的指令如下:

py - 版本 - 位元 -m pip install --upgrade mplfinance

mplfinance 套件必須相依兩個套件,分別是 matplotlib、pandas 套件,而這兩個關聯套件在安裝 mplfinance 的時候,就會依序被安裝了。

安裝指令執行結束後,看見「Successfully installed mplfinance-(當前版本號)」的文字,就代表成功安裝,接著進入 Python 命令列並執行「import mplfinance」,若沒有出現錯誤訊息,代表安裝以及使用上都沒問題。操作畫面如下:

```
>>> import mplfinance
>>>
```

❖ 繪圖基本介紹

接著介紹如何繪製 K 線。將 K 線資料帶入線圖當中，首先我們先了解 mplfinance 套件所需要帶入的資料型態，該資料型態剛好與 yfinance 套件所取得的資料格式相同，是 pandas 的 dataframe。

讀者若還不了解 pandas 套件，可以閱讀第 1 章的技巧。繪圖之前，讀者必須先詳閱取得證券公開資訊的技巧，我們將使用 getData 函數來進行操作。繪圖操作的步驟依序如下：

|STEP| **01** 載入必要模組。

```
>>> import pandas as pd
>>> from Data import getData
>>> import mplfinance as mpf
```

|STEP| **02** 取得需要繪圖的資料。

```
>>> data=getData('0050','2020-01-01','2021-01-01')
>>> data.head()
                close       high        low       open    volume
Date
2020-01-02  82.745827  83.042405  82.237405  82.237405   4882015
2020-01-03  82.745827  83.635563  82.195034  83.296619   6813547
2020-01-06  81.686615  82.279772  81.686615  82.237408   9321768
2020-01-07  81.432411  81.940833  80.839254  81.728990   6328602
2020-01-08  81.051094  81.517145  80.542672  80.669773   8516995
```

|STEP| **03** 開始繪圖。

透過 mplfinance 套件的 Plot 函數去執行圖形繪製，預設的繪製方式是 ohlc 圖。

```
>>> mpf.plot(data)
```

執行後，圖片顯示如圖 4-7 所示，而該畫面粗框內的按鈕可進行圖片的放大縮小及移動。

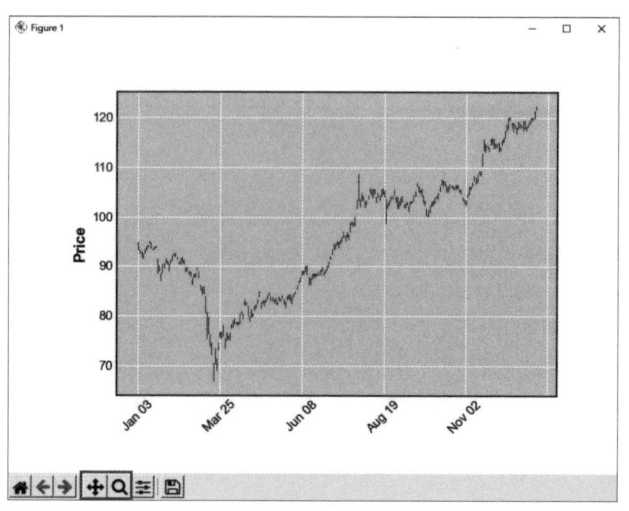

▲圖 4-7

|STEP| **04** 繪製蠟燭圖。

新增一個 type 參數,並指定為「candle」,繪製蠟燭圖。

```
>>> mpf.plot(data,type='candle')
```

執行後,圖片顯示如圖 4-8 所示。

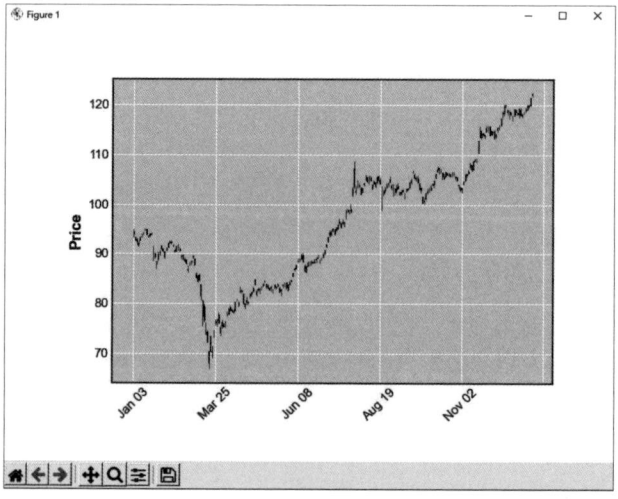

▲圖 4-8

|STEP| **05** 選擇適合的樣式。

新增一個 style 參數，並指定特定的樣式，樣式種類有 classic、charles、mike、blueskies、starsandstripes、brasil、yahoo。筆者喜好 yahoo 樣式，所以選用它來進行範例介紹。

```
>>> mpf.plot(data,type='candle',style='yahoo')
```

執行後，圖片顯示如圖 4-9 所示。

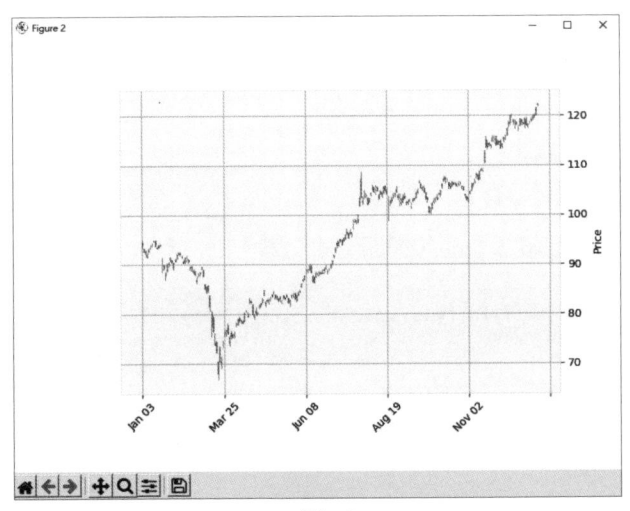

▲圖 4-9

|STEP| **06** 將特定樣式變為基底，再進行喜好調整。

我們可以發現 yahoo 樣式是屬於歐美的 K 線畫法「漲綠跌紅」，要將它改為亞洲畫法「漲紅跌綠」的話，可以透過 make_marketcolors、make_mpf_style 這兩個函數來自訂 K 線的樣式，操作如下：

```
>>> mcolor=mpf.make_marketcolors(up='r',down='g',inherit=True)
>>> mstyle=mpf.make_mpf_style(base_mpf_style='yahoo',marketcolors=mcolor)
>>> mpf.plot(data,style=mstyle,type='candle')
```

執行後，圖片顯示如圖 4-10 所示。

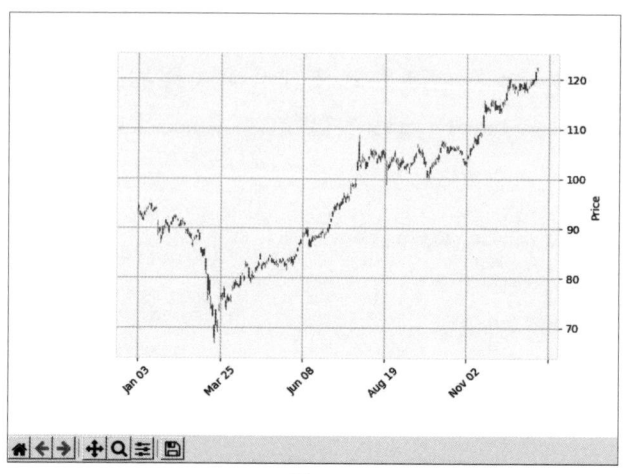

▲ 圖 4-10

|STEP| **07** 選擇是否要顯示成交量。

新增一個參數 volume 值為 True，即顯示成交量。

```
>>> mpf.plot(data,style=mstyle,type='candle',volume=True)
```

執行後，圖片顯示如圖 4-11 所示。

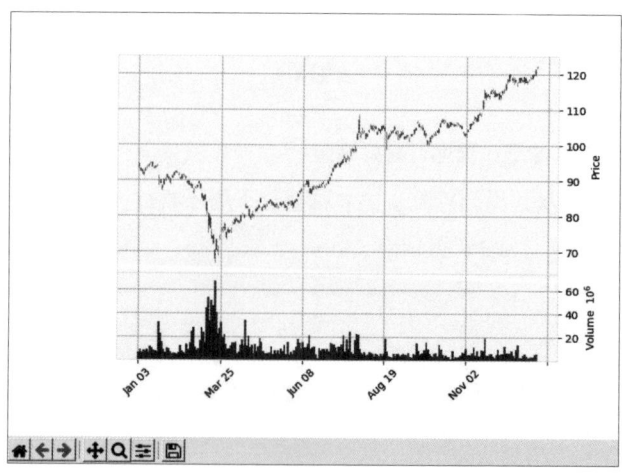

▲ 圖 4-11

以上就是繪製基本 K 線圖表的方法，而為了方便我們之後取用以上這些程式碼，筆者將繪圖寫成一個函數，程式碼如下：

▌檔名：BackTest.py

```
# 載入必要套件
import mplfinance as mpf

# 繪製蠟燭圖
def ChartCandle(data,addp=[]):
    mcolor=mpf.make_marketcolors(up='r',down='g',inherit=True)
    mstyle=mpf.make_mpf_style(base_mpf_style='yahoo',marketcolors=mcolor)
    mpf.plot(data,addplot=addp,style=mstyle,type='candle',volume=True)
```

我們可以看到該函數中有一個 addp 參數，該函數可以用在繪製副圖的時候，在後面的技巧中會介紹到繪製副圖。

取用 BackTest.py，操作如下：

```
>>> from Data import getData
>>> from BackTest import ChartCandle
>>> data=getData('0056','2020-01-01','2021-01-01')
>>> ChartCandle(data)
```

結果如圖 4-12 所示。

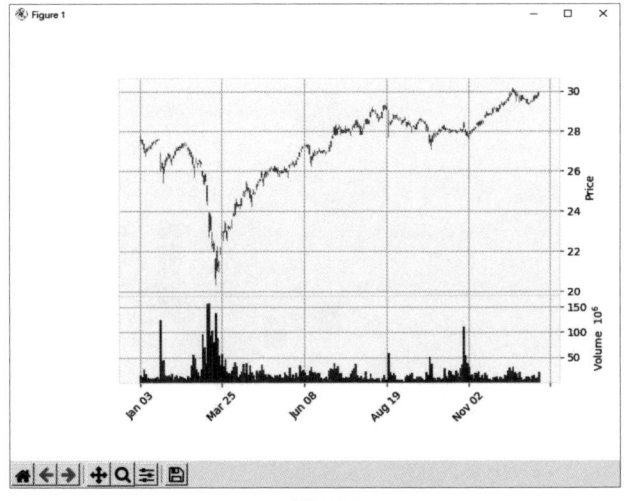

▲圖 4-12

了解如何繪製 K 線圖表以後，我們就可以開始了解該檔金融商品的走勢。

技巧 41 【實作】撰寫基本進出場邏輯

本技巧將介紹當我們已經有了過去的歷史資料，我們應該如何從歷史資料去進行進出場分析。

首先，我們必須要有「部位」的概念。在資料集的第一筆，就是我們進入投資市場的第一天，第一天不會有任何的交易部位，所以我們只擁有初始資金，而沒有交易部位。隨著交易的歷史資料逐漸往後推延，得到進場訊號以後，這時我們就擁有了第一個「交易部位」，接著我們會將該部位選擇適當的時機出場，這樣一個循環造就了一次回測交易的紀錄，而這樣的循環會一直到資料執行結束。

透過這樣建構策略的方式，我們只需要記錄「進出場的紀錄」就可以了。關於策略資金的運用，策略執行是否有可能被斷頭的考量呢？這部分被考量在下一個階段「資金控管」的層面了，而本書將會專注在「策略開發」部分（詳細資訊可以參考本章的技巧35）。

我們在一開始建構策略時，先單純用 K 線去進行策略的判斷，畢竟在 K 線上，就已經透露了許多市場資訊。首先定義好我們的進出場策略：

- 標的：以 0050 為例，讀者可自行修正。
- 進場：當天 K 線是紅 K，並且下引線是實體紅 K 的兩倍。
- 出場：最低持有時間三日，三日過後只要當日紅 K 則出場。

進場理想的進場狀況，如圖 4-13 中的框選處。

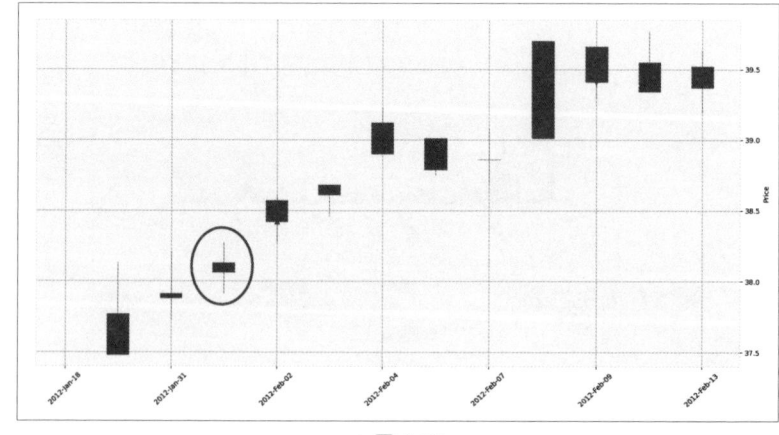

▲圖 4-13

我們用純 K 線制定好交易邏輯後，就可以開始進行程式碼的撰寫。本技巧將分段解說每段程式碼的用意，讀者可以再自行參考範例程式碼（檔名：4-1.py），程式碼解說如下：

▍檔名：4-1.py

```
# 載入必要套件
from Data import getData

# 取得回測資料
prod='0050'
data=getData(prod,'2013-01-01','2022-05-01')
```

如上程式碼，取得資料集是回測基本的動作，接著會透過資料集來進行回測。

```
# 初始部位
position=0
```

如上程式碼，定義初始部位，剛開始是現金，但沒有交易部位，接著透過迴圈來逐筆進行交易邏輯判斷。

```
# 開始回測
for i in range(data.shape[0]-1):
    # 取得策略會應用到的變數
    c_time=data.index[i]
    c_low=data.loc[c_time,'low']
    c_high=data.loc[c_time,'high']
    c_close=data.loc[c_time,'close']
    c_open=data.loc[c_time,'open']
    # 取下一期資料作為進場資料
    n_time=data.index[i+1]
    n_open=data.loc[n_time,'open']
```

上列的程式碼是在每次迴圈開始時，將之後會用到的資料定義為變數。以這個交易邏輯來說，我們會用到「開盤、收盤、最低價」，並且取得 T+1 下期資料，因為進場後我們會以下一個開盤價作為進場價基準，理由可以參考「技巧 37 回測要注意的事情」，接著開始進行策略判斷。

```
    # 進場程序
    if position ==0  :
        # 進場邏輯
```

105

```
        if c_close > c_open and (c_close - c_open) * 2 < (c_open - c_low) :
            position = 1
            order_i=i
            order_time=n_time
            order_price=n_open
            order_unit=1
            print(c_time,'觸發進場訊號 隔日進場',order_time,'進場價',order_price,'進場',order_unit,'單位')
```

上列的程式碼是在迴圈中（注意縮排），當變數 position 為 0，代表沒有交易部位（空手），接著開始判斷進場邏輯。進場邏輯分為兩個，一個是「收盤價大於開盤價」，代表有實體紅 K 線；另一個是「實體紅 K 的長度小於下引線的一半」，代表當天走勢呈現 V 轉，價格可能會反彈，因此我們做多。

```
    # 出場程序
    elif position ==1 :
        # 出場邏輯
        if i > order_i +3 and c_close > c_open :
            position = 0
            cover_time=n_time
            cover_price=n_open
            print(c_time,'觸發出場訊號 隔日出場',order_time,'出場價',order_price)
```

接著是出場邏輯，當進場後 position 為 1，則我們判斷持有 3 天後只要有紅 K 則出場。以上就是我們基本的交易策略回測撰寫方法，執行該範例操作如下：

```
> python 4-1.py
2013-01-31 00:00:00 觸發進場訊號 隔日進場 2013-02-01 00:00:00 進場價 54.70000076293945
進場 1 單位
2013-02-06 00:00:00 觸發出場訊號 隔日出場 2013-02-18 00:00:00 出場價 55.5
2013-03-13 00:00:00 觸發進場訊號 隔日進場 2013-03-14 00:00:00 進場價 55.5 進場 1 單位
2013-03-27 00:00:00 觸發出場訊號 隔日出場 2013-03-28 00:00:00 出場價 54.70000076293945
2013-04-10 00:00:00 觸發進場訊號 隔日進場 2013-04-11 00:00:00 進場價 53.95000076293945
進場 1 單位
2013-04-16 00:00:00 觸發出場訊號 隔日出場 2013-04-17 00:00:00 出場價 54.0
2013-06-05 00:00:00 觸發進場訊號 隔日進場 2013-06-06 00:00:00 進場價 56.20000076293945
進場 1 單位
...
```

如果理解如何撰寫回測了，我們就往下一個技巧閱讀。

技巧 42 【實作】記錄回測交易明細

從上一個技巧中,我們可以得知如何去撰寫我們的回測交易策略,但是回測執行結束之後,我們應該如何儲存我們的交易紀錄呢?其實作法很簡單,我們定義一個 DataFrame,接著將交易紀錄記錄進去。

以下是本書中會放置的交易明細欄位:

- 商品代碼。
- 買賣。
- 進場時間。
- 進場價格。
- 出場時間。
- 出場價位。
- 交易單位。

請注意,這裡的交易單位並非是交易量,由於這個回測的架構可能延伸至多商品多策略,並且有可能策略中每次下注的單位都不同,因此我們放置了「交易單位」這個欄位。本書的回測架構是專注在「交易策略」,與「資金控管」分開,可以由之後的資金控管來決定每次投注交易的金額,而策略面的探討就是找出好的進出場時機,當然讀者可以依照自己想法去調整,這並沒有絕對答案。

接著我們就來看看如何記錄交易明細,我們將 4-1.py 的範例檔(技巧 41)延伸出來,程式碼如下:

檔名:4-2.py

```
# 載入必要套件
from Data import getData
import pandas as pd
```

如上程式碼,多了 pandas 套件,我們需要定義儲存交易紀錄的容器。

```
# 取得回測資料
prod='0050'
data=getData(prod,'2013-01-01','2022-05-01')
```

如上程式碼，我們將商品代碼另存為變數，方便記錄交易明細時用到。

```python
# 初始部位
position=0
trade=pd.DataFrame()
```

如上程式碼，定義交易明細的容器變數。

```python
# 開始回測
for i in range(data.shape[0]-1):
    # 取得策略會應用到的變數
    c_time=data.index[i]
    c_low=data.loc[c_time,'low']
    c_high=data.loc[c_time,'high']
    c_close=data.loc[c_time,'close']
    c_open=data.loc[c_time,'open']
    # 取下一期資料作為進場資料
    n_time=data.index[i+1]
    n_open=data.loc[n_time,'open']
    
    # 進場程序
    if position ==0  :
        # 進場邏輯
        if c_close > c_open and (c_close - c_open) * 2 < (c_open - c_low) :
            position = 1
            order_i=i
            order_time=n_time
            order_price=n_open
            order_unit=1
    # 出場程序
    elif position ==1 :
        # 出場邏輯
        if i > order_i + 3 and c_close > c_open :
            position = 0
            cover_time=n_time
            cover_price=n_open
            # 交易紀錄
            trade=pd.concat([trade,pd.DataFrame([[
                            prod,
                            'Buy',
                            order_time,
```

```
            order_price,
            cover_time,
            cover_price,
            order_unit
        ]])],ignore_index=True)
```

如上粗體字,出場時透過 append 函數進行交易明細的紀錄。

```
# 顯示交易紀錄
print(trade)
```

如上程式碼,我們將交易紀錄顯示。

接著我們執行該範例程式,操作過程如下:

```
> python 4-2.py
        0     1       2           3           4           5      6
0     0050   Buy   2013-02-01   38.128127   2013-02-18   38.685756   1
1     0050   Buy   2013-03-14   38.685756   2013-03-28   38.128117   1
2     0050   Buy   2013-04-11   37.605341   2013-04-17   37.640195   1
3     0050   Buy   2013-06-06   39.173677   2013-06-18   38.441787   1
4     0050   Buy   2013-06-27   37.675044   2013-07-05   38.511498   1
..     ...   ...      ...         ...          ...         ...     ..
125   0050   Buy   2021-10-25  122.776753   2021-11-02  123.498968   1
126   0050   Buy   2021-11-12  126.297563   2021-11-18  127.967688   1
127   0050   Buy   2021-12-08  129.186431   2021-12-16  127.606574   1
128   0050   Buy   2022-01-13  135.009308   2022-01-21  132.757904   1
129   0050   Buy   2022-02-14  132.804031   2022-02-18  132.388865   1

[130 rows x 7 columns]
```

了解如何進行交易明細的紀錄後,我們朝下一個技巧閱讀。

技巧 43 【實作】繪製 K 線圖及交易紀錄

前兩個技巧都是介紹如何撰寫交易策略,通常我們遇到的最大問題是如何驗證我們的交易邏輯無誤。本技巧將介紹如何驗證我們的邏輯正確性,我們要有一套方式去確認「量化邏輯」符合我們的設想,除了驗證正確性以外,也可以順便了解我們的交易策略在交易層面上是否合理。

而繪製下單點位圖是一個非常好的辦法，一方面可以檢查邏輯是否正確，一方面也可以檢查交易邏輯是否有改善的空間。顧名思義，「下單點位圖」就是我們要在 K 線圖上記錄進出場的點位，接著我們就來介紹一下如何繪製下單點位圖，而繪製下單點位圖需要用到副圖的概念。

要將 plot 函數加入其他的圖表，我們必須透過 addplot 參數來加入（參考繪製 K 線的技巧）。而加入指標進入 K 線圖的方式，我們會透過 mplfinance 套件底下的 make_addplot 函數來產生指標圖表的物件。帶入指標圖的函數如下：

mplfinance.make_addplot(指標陣列 ,color= 指定顏色)

這裡要注意的是，指標圖表中的陣列長度必須要和 K 線圖的陣列長度一樣。例如：100根 K 棒，必須對應 100 個值的陣列（如果是空值，則必須帶 numpy.nan 或 None），所以最簡單的作法是我們將要繪製的副圖與原本的 K 線 DataFrame 彙整。如果有多個 addplot 物件，必須透過 list 存起來。

接著我們延續技巧 40 的函數，來繪製 K 線圖及下單點位的副圖。本技巧新增了一個 ChartTrade 函數，其需要帶入的三個參數分別如下：

- K 線資料。
- 交易紀錄變數（參考上個技巧）。
- 副圖變數（非必要）。

範例檔程式碼如下：

┃ 檔名：BackTest.py

```python
# 繪製交易紀錄圖
def ChartTrade(data,trade=pd.DataFrame(),addp=[],v_enable=True):
    addp=addp.copy()
    data1=data.copy()
    # 如果有交易紀錄，則把交易紀錄與K線彙整
    if trade.shape[0] > 0:
        # 將物件複製出來，不影響原本的交易明細變數
        trade1=trade.copy()
        # 取出進場明細，透過時間索引將資料合併
        buy_order_trade=trade1[[2,3]]
        buy_order_trade=buy_order_trade.set_index(2)
        buy_order_trade.columns=['buy_order']
        buy_order_trade=buy_order_trade.drop_duplicates()
```

```
# 取出出場明細，透過時間索引將資料合併
buy_cover_trade=trade1[[4,5]]
buy_cover_trade=buy_cover_trade.set_index(4)
buy_cover_trade.columns=['buy_cover']
buy_cover_trade=buy_cover_trade.drop_duplicates()
# 將交易紀錄與K線資料彙整
data1=pd.concat([data1,buy_order_trade,buy_cover_trade],axis=1)

# 將交易紀錄透過副圖的方式繪製
addp.append(mpf.make_addplot(data1['buy_order']
                ,type='scatter',color='#FF4500'
                ,marker='^',markersize=50))
addp.append(mpf.make_addplot(data1['buy_cover']
                ,type='scatter',color='#16982B'
                ,marker='v',markersize=50))
# 繪製圖表
mcolor=mpf.make_marketcolors(up='r',down='g',inherit=True)
mstyle=mpf.make_mpf_style(base_mpf_style='yahoo',marketcolors=mcolor)
mpf.plot(data1,addplot=addp,style=mstyle,type='candle',volume=v_enable)
```

繪製交易明細的方法很簡單，就是將交易明細與 K 線物件彙整成一起，彙整完成以後，就可以進行副圖繪製了。

接著，我們將範例檔 4-2.py 延伸為 4-3.py，其實只是將最後一行新增繪圖的函數而已，範例程式碼如下：

▌檔名：4-3.py

```
# 載入必要套件
from Data import getData
from BackTest import ChartTrade
import pandas as pd
```

如上程式碼，我們載入 BackTest 套件中的 ChartTrade 函數來繪製交易明細圖。

接著我將中間的程式碼全部省略，因為與 4-2.py 一樣。

```
# 繪製K線圖與交易明細
ChartTrade(data,trade)
```

在程式碼的最後，我們新增一行程式碼，以進行交易明細圖的繪製。

接著，我們執行 4-3.py，結果如圖 4-14 所示。

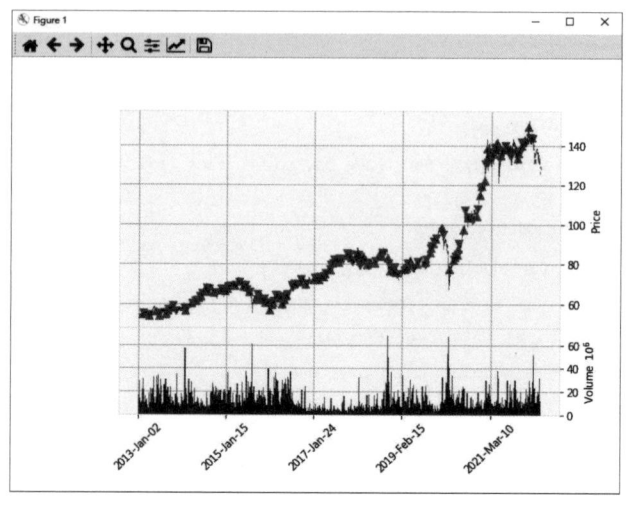

▲ 圖 4-14

可以看到 K 線圖上佈滿密密麻麻的下單點位，接著我們可以放大圖片來看到我們實際的下單點位，如圖 4-15 所示。

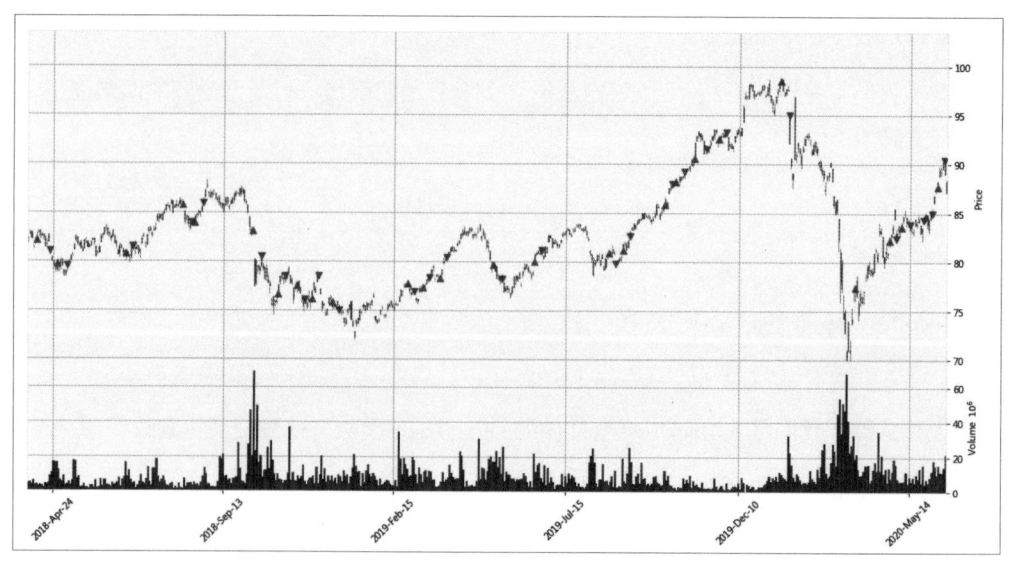

▲ 圖 4-15

技巧 44 【觀念】分析回測交易紀錄

分析回測交易紀錄的方式相當多種，從任何角度都可以針對交易明細進行分析。而本書將介紹最常見的交易明細分析，Python 最大的好處就是我們可以不用依賴套裝軟體的績效分析報告，只要有任何疑問，自己動手產出分析報告。

我們將介紹常見的分析交易紀錄方法，常見的兩類方式是「權益曲線」及「績效指標」（KPI）。我們來發揮想像力，如果把交易策略當成是一支 NBA 球隊，要怎麼評估這支球隊的績效呢？通常 NBA 每個球員都有屬於自己的數據，如三分球命中率、罰球命中率，而球探會依照這些數據去分析球員的價值，換句話說，交易策略也可以依照過去的表現去評定它的價值。

當我們了解這些分析數據以後，可以預測未來嗎？答案是「不行」，我們只能知道透過數據回測的方式去找出相對好的交易邏輯，就像我們知道 Lebron James 是 NBA 最好的球員之一，但是他可以贏得每場比賽嗎？沒辦法，交易策略也是一樣的道理，我們可以找出好的交易策略，接著開始投入資金。

首先介紹「權益曲線圖」，權益曲線是由過去制定初始資金，並透過報酬逐漸增加的一條曲線，但由於本書內容並沒有包含資金控管，再加上我們多數是採用證券除權息還原資料來進行回測，所以會採用報酬率，本書中的權益曲線是透過報酬率組成的一條線。

權益曲線圖包含「資金回落」及「資金創新高」的點圖，圖 4-16 是只有幾筆交易資料所繪製的權益曲線圖，其中藍線是報酬率曲線圖、綠線是資金回落圖、紅點是資金創高點（當權益創新高時，則會有紅點）。

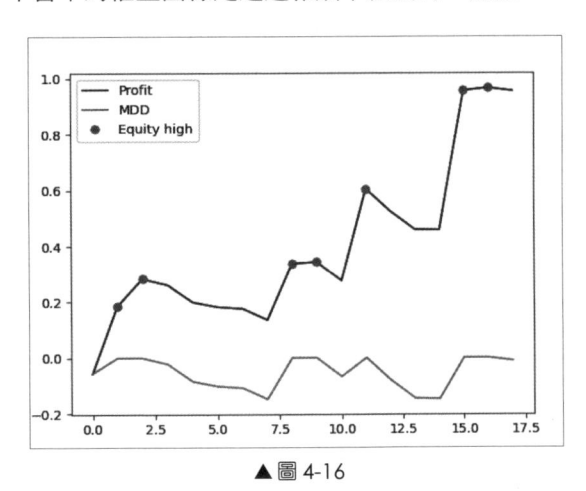

▲圖 4-16

接著介紹績效指標,本書將針對特定交易指標,讀者可自行增加,指標依序如下:

交易指標	說明
總報酬率	整個回測期間的總報酬率(扣除交易成本後)。
總交易次數	代表回測的交易紀錄筆數。
平均報酬率	平均報酬率(扣除交易成本後)。
平均持有時間	代表平均每筆交易的持有時間。
勝率	代表在交易次數中獲利次數的占比(扣除交易成本後)。
平均獲利	代表平均每一次獲利的金額(扣除交易成本後)。
平均虧損	代表平均每一次虧損的金額(扣除交易成本後)。
賺賠比	代表平均獲利 / 平均虧損。
期望值	代表每投入的金額,可能會回報多少倍的金額。
獲利平均持有時間	代表獲利平均每筆交易的持有時間。
虧損平均持有時間	代表虧損平均每筆交易的持有時間。
最大連續虧損	代表連續虧損的最大幅度。
最大資金回落	代表資金從最高點回落至最低點的幅度。

技巧 45 【實作】績效指標實作

本技巧將介紹如何去製作績效指標,分為三個部分:①將回測的交易紀錄進行績效計算(扣除交易成本);②計算績效指標;③繪製權益曲線圖。

本技巧會建構一個專門分析績效的 Performance 函數,方便未來不同策略進行取用。以下將會透過分段的方式來解釋函數內的績效分析,程式碼如下:

▌檔名:BackTest.py

```
# 計算交易績效指標
def Performance(trade=pd.DataFrame(),prodtype='ETF'):
    # 如果沒有交易紀錄 則不做接下來的計算
    if trade.shape[0]==0:
        print('沒有交易紀錄')
        return False

    # 交易成本 手續費 0.1425% * 2(券商打折請自行計算)
    if prodtype=='ETF':
        cost=0.001 + 0.00285    # ETF 稅金 0.1%
    elif prodtype=='Stock':
        cost=0.003 + 0.00285    # 股票的稅金 0.3%
    else:
```

```
        return False

# 將物件複製出來,不影響原本的變數內容
trade1=trade.copy()
trade1=trade1.sort_values(2)
trade1=trade1.reset_index(drop=True)
```

如上程式碼,我們在 Performance 函數中新增一個 prodtype 參數,由於目前 ETF 與股票的手續費是不同的(詳細資訊可以參考前面的技巧),所以我們額外帶入一個參數,該參數是決定這次回測需要使用哪種商品去計算交易成本,並且複製交易明細的物件,以避免在函數中修改到原本的物件。

```
# 給交易明細定義欄位名稱
trade1.columns=['product','bs','order_time','order_price','cover_time','cover_price','order_unit']
```

如上程式碼,我們將交易明細的 DataFrame 進行欄位命名,方便之後的運算處理。

```
# 計算出每筆的報酬率
trade1['ret']=(((trade1['cover_price']-trade1['order_price'])/trade1['order_price'])-cost)*trade1['order_unit']
```

如上程式碼,每次交易的報酬率計算公式如下:

報酬率＝(出場價位－進場價位)/進場價位－交易成本率

```
# 1. 總報酬率:整個回測期間的總報酬率
print('總績效 %s '%( trade1['ret'].sum().round(4) ))
```

如上程式碼,我們將所有交易報酬加總為總報酬率,這裡是查看簡單的總報酬,並沒有計算獲利再投入的幾何報酬率,檢視幾何報酬率可以在後面的權益曲線中觀察。

```
# 2. 總交易次數:代表回測的交易紀筆數
print('交易次數 %s '%( trade1.shape[0] ))
```

如上程式碼,我們將所有交易報酬計算出交易次數。

```
# 3. 平均報酬率:平均報酬率(扣除交易成本後)
print('平均績效 %s '%( trade1['ret'].mean().round(4) ))
```

如上程式碼,我們將所有交易報酬算出平均報酬率。

```
# 4.  平均持有時間:代表平均每筆交易的持有時間
onopen_day=(trade1['cover_time']-trade1['order_time']).mean()
print('平均持有天數 %s 天 '%( onopen_day.days ))
# 判斷是否獲利跟虧損都有績效
earn_trade=trade1[trade1['ret'] > 0]
loss_trade=trade1[trade1['ret'] <= 0]
if earn_trade.shape[0]==0 or loss_trade.shape[0]==0:
    print('交易資料樣本不足（樣本中需要賺有賠的)')
    return False
```

如上程式碼,由於接下來的績效指標需要獲利與虧損的交易明細,所以若有缺少獲利、虧損的交易明細,則判斷接下來的交易績效不計算。

```
# 5.  勝率:代表在交易次數中,獲利次數的占比(扣除交易成本後)
earn_ratio=earn_trade.shape[0]/trade1.shape[0]
print('勝率 %s '%( round(earn_ratio ,2) ))
```

如上程式碼,我們將勝利的次數(報酬率>0)除上全部交易次數來得到勝率。

```
# 6.  平均獲利:代表平均每一次獲利的金額(扣除交易成本後)
avg_earn=earn_trade['ret'].mean().round(4)
print('平均獲利 %s '%( avg_earn ))
```

如上程式碼,我們將所有勝利的交易樣本去算出平均報酬率。

```
# 7.  平均虧損:代表平均每一次虧損的金額(扣除交易成本後)
avg_loss=loss_trade['ret'].mean().round(4)
print('平均虧損 %s '%( avg_loss ))
```

如上程式碼,我們將所有損失的交易樣本去算出平均報酬率。

```
# 8.  賺賠比:代表平均獲利 / 平均虧損
odds=abs(avg_earn/avg_loss)
print('賺賠比 %s '%( odds.round(4) ))
```

如上程式碼,我們將平均獲利除上平均損失來得到賺賠比,實際的意義代表獲利一次可以虧損幾次。

```
# 9.  期望值:代表每投入的金額,可能會回報的多少倍的金額
print('期望值 %s '%( ((earn_ratio*odds)-(1-earn_ratio)).round(4) ))
```

如上程式碼，我們將勝率及賺賠比去推算出期望值，期望值公式為如下：

期望值 = (勝率 * 賺賠比) / (1 – 勝率)

```
# 10. 獲利平均持有時間：代表獲利平均每筆交易的持有時間
earn_onopen_day=(earn_trade['cover_time']-earn_trade['order_time']).mean()
print('獲利平均持有天數 %s 天'%( earn_onopen_day.days ))
```

如上程式碼，計算平均獲利的時間。

```
# 11. 虧損平均持有時間：代表虧損平均每筆交易的持有時間
loss_onopen_day=(loss_trade['cover_time']-loss_trade['order_time']).mean()
print('虧損平均持有天數 %s 天'%( loss_onopen_day.days ))
```

如上程式碼，計算平均虧損的時間。

```
# 12. 最大連續虧損：代表連續虧損的最大幅度
tmp_accloss=0
max_accloss=0
for ret in trade1['ret'].values:
    if ret <= 0:
        tmp_accloss *= ret
        max_accloss=min(max_accloss,tmp_accloss)
    else:
        tmp_accloss=0
```

如上程式碼，最大連續虧損的計算方式就是透過報酬率依序去判斷是否為虧損，接著判斷是否連續虧損，最後判斷是否為歷史最大的連續虧損的回檔。

```
# 優先計算累計報酬率 並將累計報酬率的初始值改為 1 繪圖較容易閱讀
trade1['acc_ret']=(1+trade1['ret']).cumprod()
trade1.loc[-1,'acc_ret']=1
trade1.index=trade1.index+1
trade1.sort_index(inplace=True)

# 13. 最大資金回落：代表資金從最高點回落至最低點的幅度
trade1['acc_max_cap']=trade1['acc_ret'].cummax()
trade1['dd']=(trade1['acc_ret']/trade1['acc_max_cap'])
trade1.loc[trade1['acc_ret']==trade1['acc_max_cap'],'new_high']=trade1['acc_ret']
print('最大資金回落',round(1-trade1['dd'].min(),4))
```

如上程式碼，最大資金回落的計算方式，就是透過當前累計報酬除上歷史最大報酬率，來查看當前的累計報酬率回檔的比例。如果歷史最高報酬率為200%，當前報酬率為150%，則當前回檔的水準是75%，代表整體資金回落25%（1-75%），而當資金回落等於1時，則代表權益創新高。

```
# 14. 繪製資金曲線圖（用幾何報酬計算）
ax=plt.subplot(111)
ax.plot(trade1['acc_ret'],'b-',label='Profit')
ax.plot(trade1['dd'],'-',color='#00A600',label='MDD')
ax.plot(trade1['new_high'],'o',color='#FF0000',label='Equity high')
ax.legend()
plt.show()
```

如上程式碼，繪製資金曲線圖時，是透過matplotlib函數進行繪製，共繪製三個圖形，分別為「權益曲線圖」、「權益創高圖」、「資金回落圖」。

接著我們將範例檔4-3.py延伸為4-4.py，其實只是新增最後一行的函數而已，範例程式碼如下：

▌檔名：4-4.py

```
# 載入必要套件
from BackTest import ChartTrade,Performance
from Data import getData
import pandas as pd
```

如上程式碼，我們載入BackTest套件中的Performance函數來計算交易績效。

接著我將中間的程式碼全部省略，因為與4-3.py一樣。

```
# 績效分析
Performance(trade,'ETF')
# 繪製K線圖與交易明細
ChartTrade(data,trade)
```

在程式碼的後面，我們新增一行程式碼來進行交易績效計算。

我們執行4-4.py，以0050為例，操作過程如下：

```
> python 4-4.py
總績效 0.0026
```

```
交易次數 130
平均績效 0.0
平均持有天數 7 天
勝率 0.48
平均獲利 0.0151
平均虧損 -0.0141
賺賠比 1.0665
期望值 0.0014
獲利平均持有天數 7 天
虧損平均持有天數 8 天
最大連續虧損 -0.0394
最大資金回落 0.1977
```

而權益曲線圖,如圖 4-17 所示。

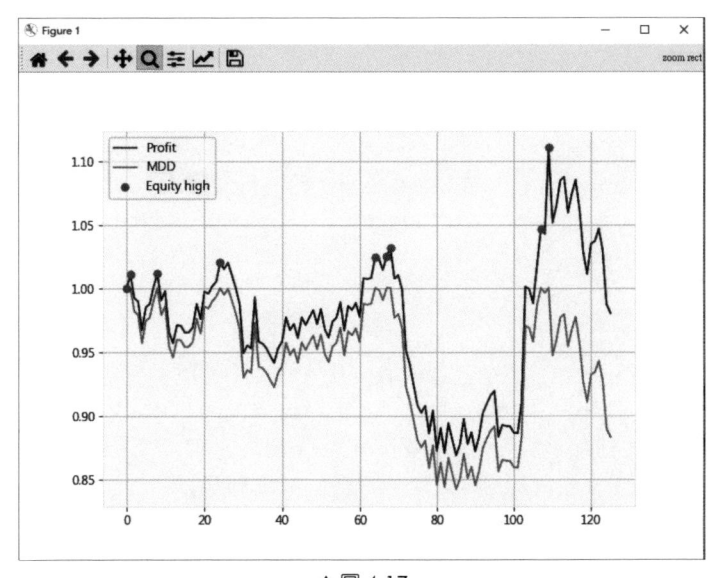

▲ 圖 4-17

經典交易策略建構

本章將介紹經典的趨勢突破策略用在台股、ETF 交易商品上，本章也會說明一般投資人常見的處置效應，以及交易策略設定停損停利的一些作法。

技巧46 【觀念】趨勢突破交易策略介紹

本技巧將介紹交易策略中很常見的**趨勢突破策略**,也是經典的海龜策略其中一種。海龜策略是由一群不懂交易的玩家,透過培養特定的金融操作手法來操作金融商品,由於不懂金融市場的來龍去脈,只了解特定的情況下要進行進出場操作,沒有太多雜亂的想法,而最後的交易績效卻超越熟悉金融領域的經理人。

「**趨勢突破策略**」這個交易策略的原理,是指價格會呈現**趨勢性**的發展,**趨勢**有可能向上發展、向下發展、橫盤發展,利用這個原理我們就可以去發展策略。**趨勢性**的交易策略,最簡單的方式就是設定支撐及壓力,當突破以後就代表**趨勢**發生,如圖 5-1 所示。

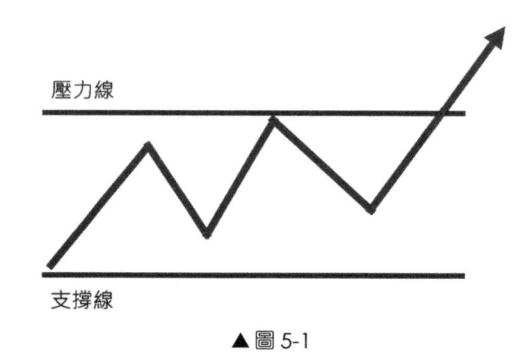

▲圖 5-1

而壓力與支撐要如何設定呢?有非常多的設定方式,舉例來說,我們可以透過爆量的位置設定為壓力或支撐,或是三大法人交易量最高的那幾天列出不同的壓力、支撐,而我們也可以透過前 N 天的 K 線高低點範圍去設定壓力、支撐線。不論有任何的方法,我們都可以拿來作為量化的支撐或壓力的基準。

技巧47 【實作】趨勢突破策略圖像化觀察

本技巧是將突破策略的支撐及壓力量化,並且繪圖出來,通常建構策略時,會搭配線圖觀察去衍生策略。

由於本書中我們都是以做多為主,所以這裡我們會定義壓力線,讀者也可以試試看將支撐及壓力都繪製出來。

接著,我們來了解如何定義壓力線,這裡的定義方式是透過前 N 根 K 線的最高點去作為壓力值,如圖 5-2 所示。

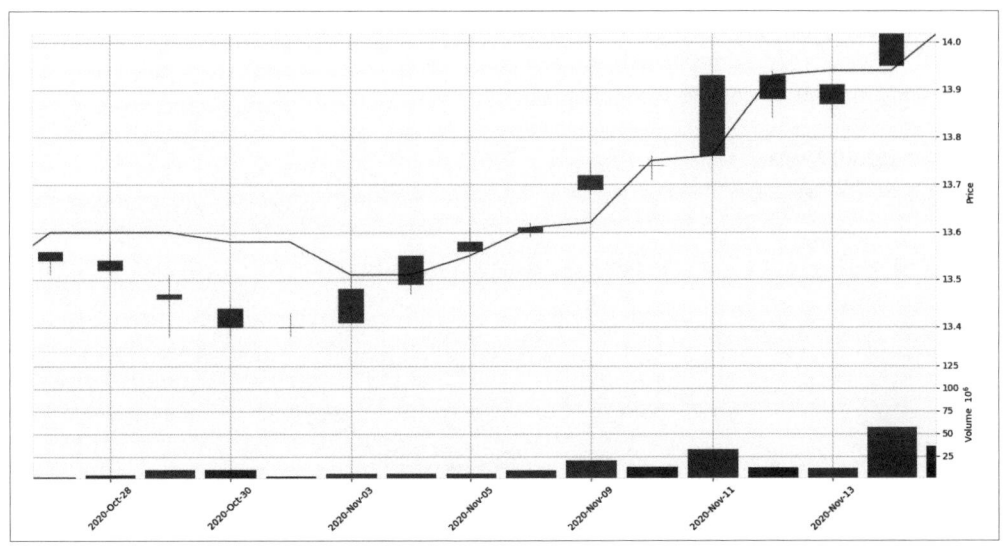

▲ 圖 5-2

可以看到圖 5-2 的直線，是依循「前三根 K 線的最高點」為基準，這裡要注意「前三 K」並不包含當前的 K 線。

而如何透過 Python 計算 N 個 K 線的值呢？DataFrame 有一個函數是 rolling，也是滾動處理的方法，可以滾動處理 N 筆資料，並做平均數、最大值、最小值等數值運算。而我們會透過這樣的方式去計算 N 根 K 線的最大值，再將資料往後平移一單位，就會與下一筆資料對齊，而可以將「這根 K 線」與「前 N 根 K 線的結果」對齊了。

接下來介紹「繪製 K 線圖與壓力線」的程式碼，程式碼如下：

┃ 檔名：5-1.py

```
# 載入必要套件
from Data import getData
from BackTest import ChartTrade,Performance
import mplfinance as mpf

# 取得回測資料
prod='00878'
data=getData(prod,'2020-01-01','2022-05-01')

# 計算前N根K最高價
data['ceil']=data.rolling(3)['high'].max().shift()
```

```
# 繪製副圖
addp=[]
addp.append(mpf.make_addplot(data['ceil']))

# 繪製K線圖與交易明細
ChartTrade(data,addp=addp)
```

本範例的預設標的為「00878（國泰永續高股息）」，執行程式碼，結果如圖 5-3 所示。

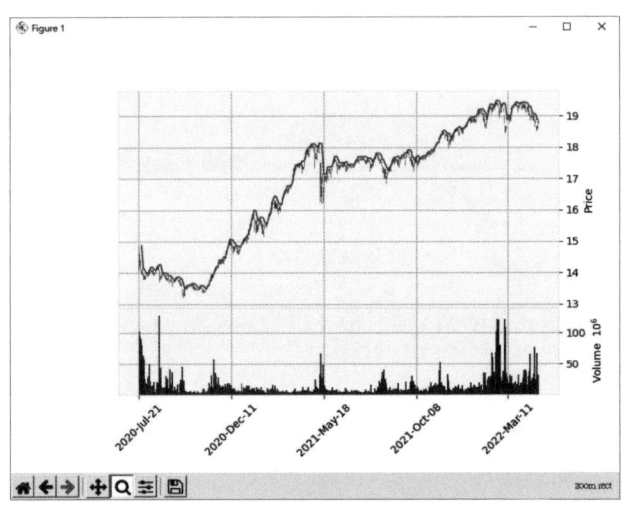

▲圖 5-3

放大K線圖形，如圖 5-4 所示。

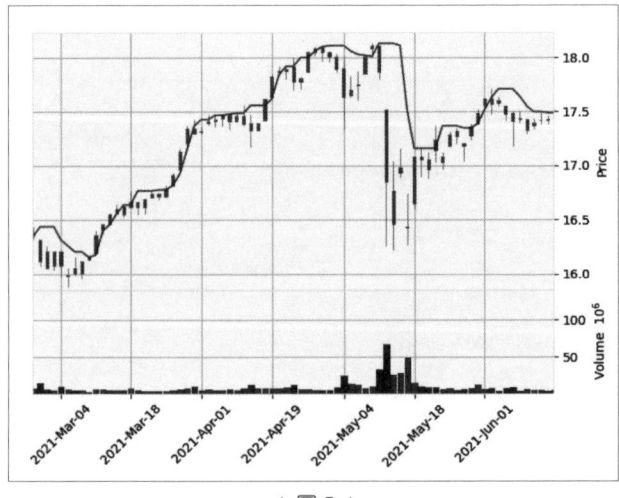

▲圖 5-4

技巧48　【實作】趨勢突破策略撰寫

本技巧將介紹趨勢突破策略應該如何透過程式碼撰寫。策略的發想是當天若有行情發生，則當價格突破設定的壓力線，就順勢進行多方交易。

本策略的進出場邏輯如下：

項目	策略內容
進場	當收盤價突破前 3 根 K 線的最高價，則進場。
出場	當進場後的最高價脫離（小於）壓力線，則出場。

出場的用意相當簡單，由於該策略是當交易行情出現以後，開始追逐行情，當市場行情冷卻，也就是當價格動能不足時，就是該出場的時候了。而我們將動能定義為「每天的最高價至少要維持在前三天的最高價水準」。

接下來介紹「**趨勢突破策略**」的程式碼，程式碼如下：

▎檔名：5-2.py

```python
# 載入必要套件
import pandas as pd
from Data import getData
from BackTest import ChartTrade,Performance
import mplfinance as mpf

# 取得回測資料
prod='00878'
data=getData(prod,'2020-01-01','2022-05-01')

# 計算前 N 根 K 最高價
data['ceil']=data.rolling(3)['high'].max().shift()
```

如上程式碼，取得資料集並計算策略內容相關的指標變數。

```python
# 初始部位
position=0
trade=pd.DataFrame()
# 開始回測
for i in range(data.shape[0]-1):
    # 取得策略會應用到的變數
    c_time=data.index[i]
```

```python
        c_high=data.loc[c_time,'high']
        c_close=data.loc[c_time,'close']
        c_ceil=data.loc[c_time,'ceil']
        # 取下一期資料作為進場資料
        n_time=data.index[i+1]
        n_open=data.loc[n_time,'open']

        # 進場程序
        if position ==0  :
            # 進場邏輯
            if c_close > c_ceil :
                position = 1
                order_i=i
                order_time=n_time
                order_price=n_open
                order_unit=1
```

如上程式碼，策略判斷的迴圈內，進場判斷是當前收盤價大於壓力值，則進場。

```python
        # 出場程序
        elif position ==1 :
            # 出場邏輯
            if  c_high < c_ceil :
                position = 0
                cover_time=n_time
                cover_price=n_open
                # 交易紀錄
                trade=pd.concat([trade,pd.DataFrame([[
                            prod,
                            'Buy',
                            order_time,
                            order_price,
                            cover_time,
                            cover_price,
                            order_unit
                        ]])],ignore_index=True)
```

如上程式碼，策略判斷的迴圈內，出場判斷是當前最高價低於壓力值，則出場。

```python
# 繪製副圖
addp=[]
addp.append(mpf.make_addplot(data['ceil']))
```

```
# 績效分析
Performance(trade,'ETF')
# 繪製K線圖與交易明細
ChartTrade(data,trade,addp=addp)
```

本範例的預設標的為「00878（國泰永續高股息）」，執行程式碼，操作過程如下：

```
> python 5-2.py
總績效 -0.0225
交易次數 42
平均績效 -0.0005
平均持有天數 4 天
勝率 0.45
平均獲利 0.0105
平均虧損 -0.0096
賺賠比 1.0877
期望值 -0.0556
獲利平均持有天數 6 天
虧損平均持有天數 3 天
最大連續虧損 -0.0175
最大資金回落 0.0728
```

權益曲線圖，如圖 5-5 所示。

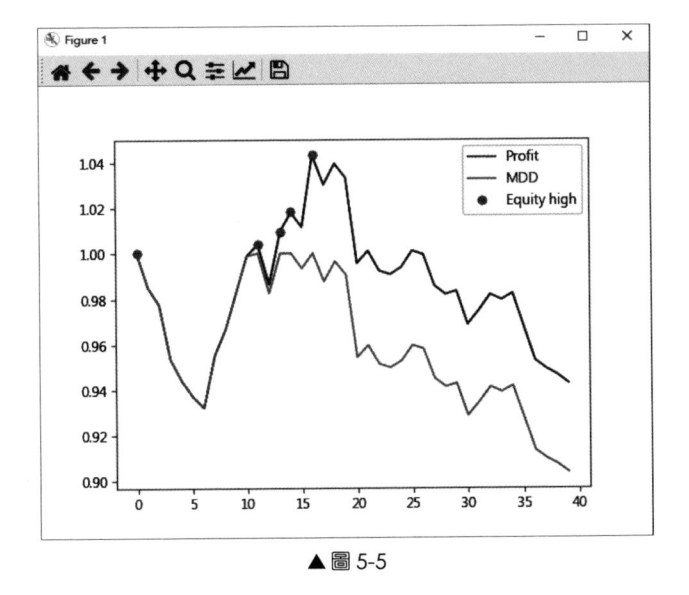

▲圖 5-5

交易明細圖，如圖 5-6 所示。

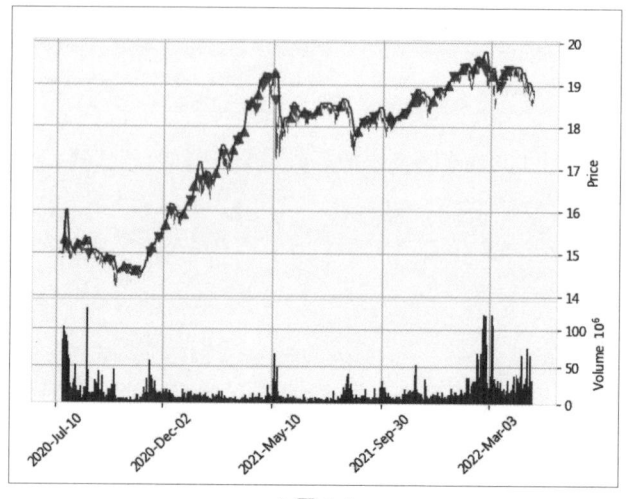

▲ 圖 5-6

技巧 49 【觀念】處置效應介紹

圖 5-7 的「處置效應」是一種投資人心理，由於投資人害怕面對虧損，所以會將正在損失的投資持續維持（俗稱「凹單」），並且會快速將有獲利的股票了結，處置效應是一個非常常見的非理性行為。

▲ 圖 5-7

一般的投資人相較於基金經理人來說，由於操作的部位可能是自己的存款，更容易受到處置效應的影響。

要從哪些部分去檢視我們到底有沒有受到處置效應的影響呢？可從最簡單的角度去檢視，看我們的平均獲利是否大於平均虧損，如果沒有的話，代表賺賠比是小於 1。如果要長期獲利的話，而我們的勝率有多少呢？如果勝率為 5 成，賺賠比又小於 1，那長期來說

期望值是負的，基本上是無法在金融市場存活的策略，該交易方法可以現在就罷手了，好好檢視自己的交易方法吧！

而我們怎麼樣可以抓到好的期望值，來找到勝率與賺賠比之間的甜蜜點呢？讀者可以去參考上一個章節的技巧，有介紹期望值的內容。

接著，最後一個問題是我們應該要如何避免處置效應的影響？很簡單，制定好一個交易策略，並且依照策略去執行。制定好的交易策略，也就是找到正期望值的策略，依照策略去執行交易計畫。

技巧 50 【觀念】停利停損觀念

上一個技巧介紹了處置效應，對於量化分析者而言，「停損停利」是一個控制報酬、風險的極佳方法，雖然停損停利是一個相當好的方法，但也要思考停損停利是否會造成策略績效的限制。

如圖 5-8 所示，價格的停損與停利是出場很常使用的條件，站在一個投資的角度，不僅要考慮到獲利，也要考慮到投資風險。作為一個程式交易者，當然要運用程式的優勢來進行精準的停損與停利，以控制投資的獲利及風險。

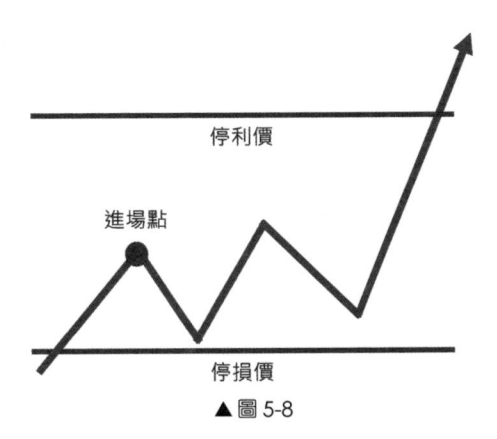

▲圖 5-8

策略的出場並非一定是價格的因素，有可能是某個事件觸發，但是所有出場條件中，「價格」這個指標必須考慮，因為價格是金錢的增加或損失，所以在任何策略中，站在控制最大風險的角度，通常我們會加上停損判斷。

技巧51 【實作】趨勢突破策略加上停利停損

上一個技巧介紹到停損停利,而本技巧將介紹停損停利應該如何實作。本技巧將延續技巧 48 的交易策略,將停損停利的元素加入,進出場邏輯如下:

項目	策略內容
進場	當收盤價突破前 3 根 K 線的最高價,則進場。
出場	當價格下降超過進場價的 5%,則停損出場;當價格上升超過進場價的 12%,則停利出場。

通常我們這樣設定策略時,停損的 % 數不能低於停利的 % 數,依照不同的金融商品,這個比例可以自行調整。

接下來介紹「加上停損停利」的程式碼,程式碼如下:

▌檔名:5-3.py

```
# 載入必要套件
import pandas as pd
from Data import getData
from BackTest import ChartTrade,Performance
import mplfinance as mpf

# 取得回測資料
prod='0050'
data=getData(prod,'2013-01-01','2022-05-01')

# 計算前N根K最高價
data['ceil']=data.rolling(3)['high'].max().shift()
# 停損停利%數
takeprofit=0.12
stoploss=0.05
```

如上程式碼,取得資料集及計算相關指標,並且制定停損停利 % 數變數(粗體字)。

```
# 初始部位
position=0
trade=pd.DataFrame()
# 開始回測
for i in range(data.shape[0]-1):
    # 取得策略會應用到的變數
```

```
        c_time=data.index[i]
        c_high=data.loc[c_time,'high']
        c_close=data.loc[c_time,'close']
        c_ceil=data.loc[c_time,'ceil']
        # 取下一期資料作為進場資料
        n_time=data.index[i+1]
        n_open=data.loc[n_time,'open']
        
        # 進場程序
        if position ==0  :
            # 進場邏輯
            if c_close > c_ceil :
                position = 1
                order_i=i
                order_time=n_time
                order_price=n_open
                order_unit=1
        # 出場程序
        elif position ==1 :
            # 出場邏輯
            if c_close > order_price * (1+takeprofit) or c_close < order_price * (1-stoploss) :
                position = 0
                cover_time=n_time
                cover_price=n_open
                # 交易紀錄
                trade=pd.concat([trade,pd.DataFrame([[
                            prod,
                            'Buy',
                            order_time,
                            order_price,
                            cover_time,
                            cover_price,
                            order_unit
                        ]])],ignore_index=True)
```

如上程式碼，出場邏輯為收盤價大於停利價格、小於停損價格。

```
# 繪製副圖
addp=[]
addp.append(mpf.make_addplot(data['ceil']))
```

```
# 績效分析
Performance(trade,'ETF')
# 繪製K線圖與交易明細
ChartTrade(data,trade,addp=addp)
```

本範例的預設標的為「0050」,執行程式碼,操作過程如下:

```
> python 5-3.py
總績效 1.0092
交易次數 31
平均績效 0.0326
平均持有天數 100 天
勝率 0.52
平均獲利 0.125
平均虧損 -0.066
賺賠比 1.8932
期望值 0.4933
獲利平均持有天數 147 天
虧損平均持有天數 49 天
最大連續虧損 -0.1107
最大資金回落 0.1758
```

權益曲線圖,如圖 5-9 所示。

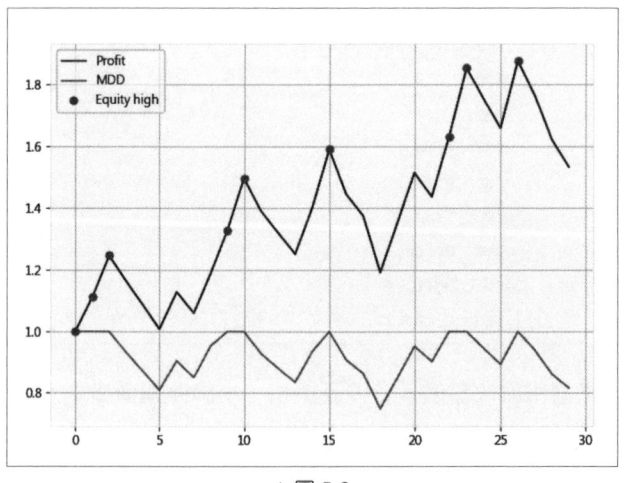

▲ 圖 5-9

交易明細圖，如圖 5-10 所示。

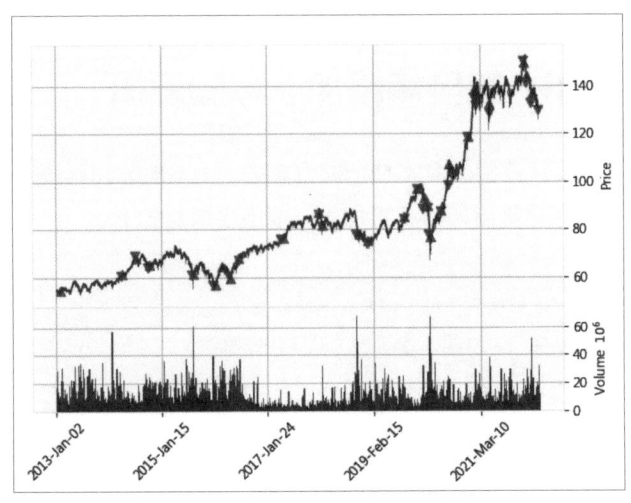

▲圖 5-10

技巧 52 【觀念】移動停損觀念

從前兩個技巧延伸，如果我們換一個角度思考，停損、停利出場不是固定，而是可以依市場價格狀況去彈性調整，這種方式是「移動停損」。

如圖 5-11 所示，移動停損是隨著市場波動而調整停損點的一個停損機制，從字面上的意思來看，就是停損點會隨著價格的波動來進行「移動」。若是多單進場，則移動停損會「追漲不追跌」，代表價格上漲，停損點也會跟著上調；而價格下跌的話，停損點則不會修正。

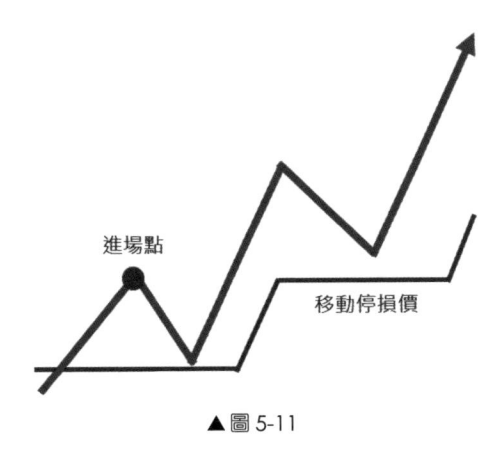

▲圖 5-11

移動停損可以充當停利條件的一部分，因為若進場後獲利已經超越移動停損的幅度，則回檔後還是獲利出場。

技巧53 【實作】突破策略加上移動停損

上一個技巧介紹了移動停損，而本技巧將介紹移動停損應該如何實作。本技巧將延續技巧48的交易策略，將移動停損的元素加入，進出場邏輯如下：

項目	策略內容
進場	當收盤價突破前3根K線的最高價，則進場。
出場	當價格下降超過進場價「最高的收盤價」回落的5%，則停損出場；依照進場後的最高價調整。

通常我們這樣設定策略，依照不同的金融商品，這個比例可以自行調整。

接下來介紹「加上移動停損」的程式碼，程式碼如下：

▌檔名：5-4.py

```
# 載入必要套件
import pandas as pd
from Data import getData
from BackTest import ChartTrade,Performance
import mplfinance as mpf

# 取得回測資料
prod='0050'
data=getData(prod,'2013-01-01','2022-05-01')

# 計算前N根K最高價
data['ceil']=data.rolling(3)['high'].max().shift()
# 移動停損%數
movestoploss=0.05
```

取得資料集以及計算策略相關的指標變數，並且定義移動停損的%數。

```
# 初始部位
position=0
trade=pd.DataFrame()
# 開始回測
for i in range(data.shape[0]-1):
```

134

```python
# 取得策略會應用到的變數
c_time=data.index[i]
c_high=data.loc[c_time,'high']
c_close=data.loc[c_time,'close']
c_ceil=data.loc[c_time,'ceil']
# 取下一期資料作為進場資料
n_time=data.index[i+1]
n_open=data.loc[n_time,'open']

# 進場程序
if position ==0 :
    # 進場邏輯
    if c_close > c_ceil :
        position = 1
        order_i=i
        order_time=n_time
        order_price=n_open
        order_unit=1
        stoploss=order_price*(1-movestoploss)
# 出場程序
elif position ==1 :
    # 計算移動停損
    stoploss = max(stoploss,c_close*(1-movestoploss))
    # 出場邏輯
    if c_close < stoploss :
        position = 0
        cover_time=n_time
        cover_price=n_open
        # 交易紀錄
        trade=pd.concat([trade,pd.DataFrame([[
                    prod,
                    'Buy',
                    order_time,
                    order_price,
                    cover_time,
                    cover_price,
                    order_unit
                ]])],ignore_index=True)
```

出場判斷的部分，會在每次更新最近的收盤價，若收盤價有破進場後的最高，我們也會將移動停損點跟著上調。

```
# 繪製副圖
addp=[]
addp.append(mpf.make_addplot(data['ceil']))

# 績效分析
Performance(trade,'ETF')
# 繪製K線圖與交易明細
ChartTrade(data,trade,addp=addp)
```

本範例的預設標的為「0050」，執行程式碼，操作過程如下：

```
> python 5-4.py
總績效 1.1887
交易次數 32
平均績效 0.0371
平均持有天數 95 天
勝率 0.5
平均獲利 0.1109
平均虧損 -0.0366
賺賠比 3.0285
期望值 1.0143
獲利平均持有天數 154 天
虧損平均持有天數 36 天
最大連續虧損 -0.0491
最大資金回落 0.1758
```

權益曲線圖，如圖 5-12 所示。

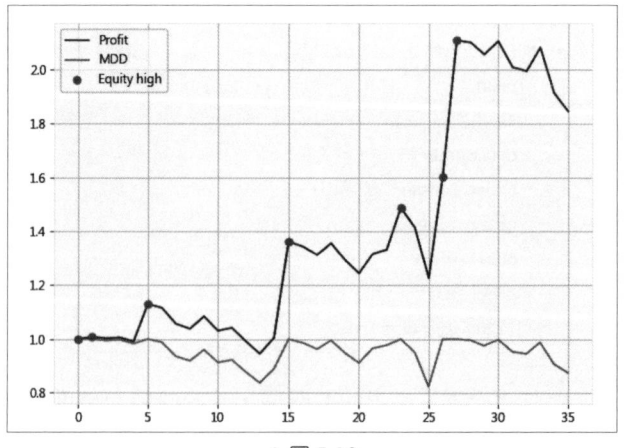

▲ 圖 5-12

交易明細圖，如圖 5-13 所示。

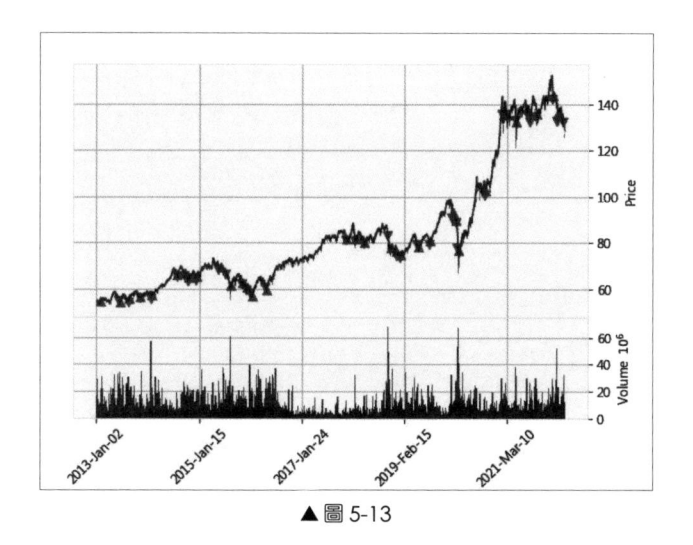

▲圖 5-13

技術分析交易策略

本章將簡要介紹技術分析,以及說明如何計算技術分析的指標,並了解技術指標所帶來的統計意涵,最後發展成交易策略。

技巧54 【觀念】技術分析的介紹

技術分析理論是由 K 線理論進行延伸的,透過開高低收四個價位來進行不同公式的運算,算出不同的技術分析指標以後,就可以與 K 線指標搭配進行判斷。

從統計學的角度上來看,技術分析就是「分類」金融市場走勢的方法。舉例來說,均線之上買進、均線之下賣出,就是認為目前價格均線之上的金融商品漲幅會比均線之下的漲幅還要更好。

知道技術分析的本質後,以量化分析的角度,把「市場的動向」進行分類,就可以抓到某些特徵的市場走勢裡面蘊含較佳的上漲機會、期望值,再透過我們所找到的特徵去進行策略的開發。舉例來說,我們找到某些技術指標集合,當條件具備時,確保未來走勢是容易上漲的,那我們就買入持有,在特徵消失時,我們賣出現有部位。

技巧55 【觀念】技術分析套件介紹

提到技術分析,就必須知道技術分析所使用的工具包。如果我們將技術分析從頭開發到尾,那勢必是非常耗時的,技術分析已經行之有年,我們要善用工具,而在 Python 內有許多技術分析的套件。

本書中所採用的套件是 Talib 套件,Talib 是一款技術分析的套件包,裡面有高達百餘種技術分析功能函數,共可分為八大項,分類如下:

- 重疊研究(Overlap Studies)。
- 動量指標(Momentum Indicators)。
- 量能指標(Volume Indicators)。
- 波動率指標(Volatility Indicators)。
- 價格轉換(Price Transform)。
- 週期指標(Cycle Indicators)。
- 模式識別(Pattern Recognition)。
- 統計函數(Statistic Functions)。

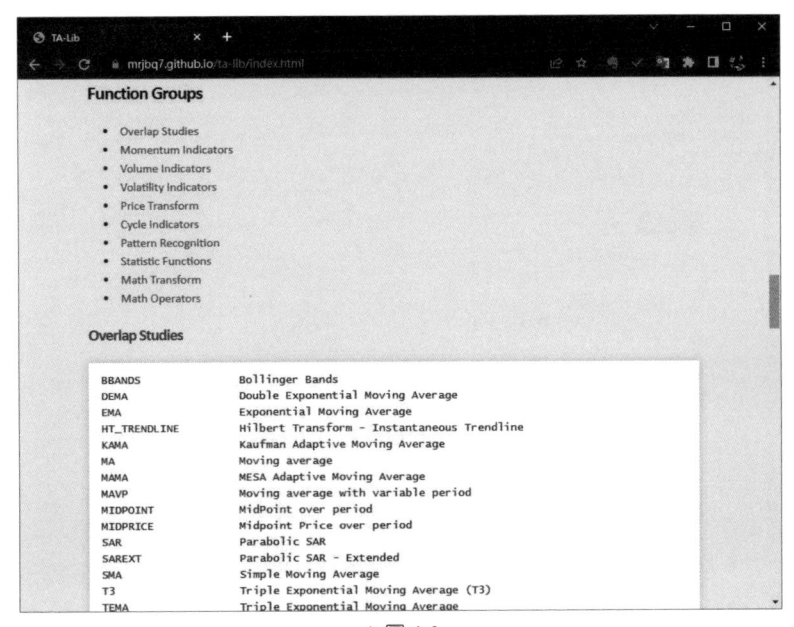

而移動平均線被歸類在「重疊研究」當中，某些需要累計成交量的指標被歸類在「量能指標」當中，有興趣的讀者可以到 Talib 的介紹網頁中去查看所有的函數功能，網址：URL https://mrjbq7.github.io/ta-lib/index.html，如圖 6-1 所示。

▲圖 6-1

由於篇幅的關係，本書僅會介紹幾個常見的指標。

技巧 56 【實作】Talib 套件安裝

本技巧將介紹如何去安裝 Talib 函數，由於 Talib 套件並沒有公布在 Python 的官方套件庫當中，所以我們必須去非官方套件中，才有辦法執行安裝步驟，其相較於一般套件安裝較為繁瑣，接下來依照下列步驟來進行安裝。

|STEP| **01** 首先，先至 CMD 確認環境下的 Python 的版本號及位元。

指令如下：

py -0

操作如下：

```
C:\Users\User>py -0
Installed Pythons found by py Launcher for Windows
 -3.10-64 *
```

|STEP| *02* 至 Python Talib 的 github 專案抓取 whl 套件安裝檔案,網址:URL https://github.com/cgohlke/talib-build/releases,該網站畫面如圖 6-2 所示。

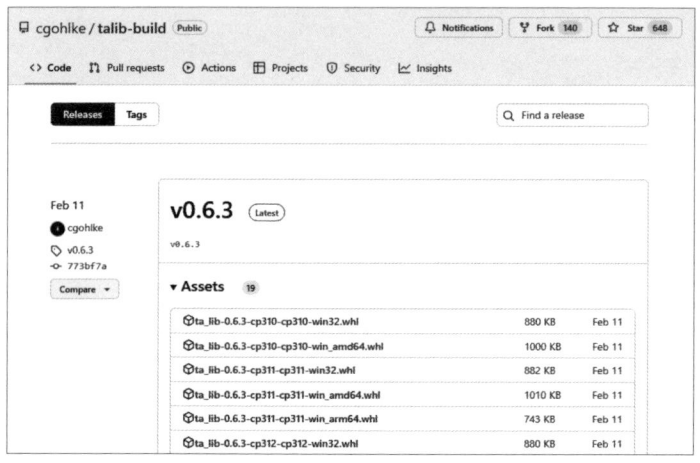

▲ 圖 6-2

|STEP| *03* 接著找到對應自己主機 Python 版本的安裝檔(.whl)進行下載,假設 Python 的版本為 3.10 版 64 位元,就下載 cp310 的版本,完整檔名為「ta_lib-0.6.3-cp310-cp310-win_amd64.whl」。

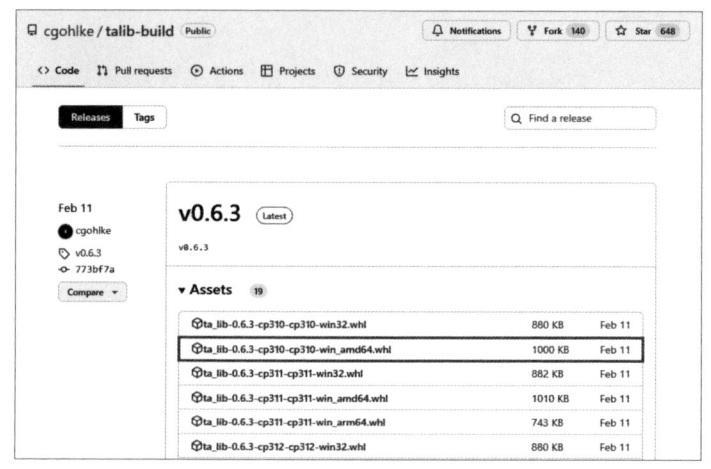

▲ 圖 6-3

|STEP| **04** 下載完成後,開啟 CMD 並切換到瀏覽器下載的目錄(預設是在 Downloads 目錄,如果有修改下載目錄的讀者記得自行切換到該目錄)。

切換指令如下:

cd Downloads

如果下載檔案在不同磁碟分割區,可以透過以下指令切換分割區,例如:要切換到 D 槽,指令如下:

D:

|STEP| **05** 進行安裝套件,筆者的電腦是 Python3.10 64 位元版本,若有安裝多個 Python 版本,可以透過「py - 版號 - 位元 -m pip install」指令去指定 Python 版本安裝。

安裝指令如下:

pip install 套件安裝檔案

操作過程如下:

```
C:\Users\User\Downloads>pip install ta_lib-0.6.3-cp311-cp311-win_amd64.whl
Processing c:\users\liuchengyan\downloads\ta_lib-0.6.3-cp311-cp311-win_amd64.whl
Requirement already satisfied: setuptools in c:\users\liuchengyan\anaconda3\lib\site-
packages (from ta-lib==0.6.3) (68.0.0)
Requirement already satisfied: numpy in c:\users\liuchengyan\anaconda3\lib\site-packages
(from ta-lib==0.6.3) (1.24.3)
Installing collected packages: ta-lib
Successfully installed ta-lib-0.6.3
```

若發生錯誤,常見原因有以下幾種:
- 安裝時,路徑下並沒有 whl 檔,必須確保安裝路徑底下有那個套件安裝檔。
- 套件安裝檔的 Python 版本與位元不符,可以透過「py -0」檢視自己的當前版本及位元。

|STEP| **06** 安裝完成後,進入 Python 命令列中輸入「import talib」,若沒有跳出錯誤訊息,則代表安裝成功。

操作如下:

```
>>> import talib
>>>
```

技巧 57 【實作】Talib 套件基本操作

使用 Talib 套件之前，我們需要先了解該套件的架構，以避免在使用上發生錯誤。Talib 的架構主要分為兩種使用方法：

- Function API（函數 API）：Function 用法。
- Abstract API（抽象 API）：Class 用法。

這兩種 API 的差異，就整體來說，Function API 提供每一種指標的功能函數，有特定的輸入值（input）及輸出值（output），偏向一次性的取用函數；而 Abstract API 是 Talib 進階的用法，它是將每個「指標」定義為一個「Class」，並且每個 Class 所需要的 init 值（初始屬性）相同，而 Talib 的 Abstract API 所需要的 init 屬性，就是一個 OHLC 的 pandas.dataframe 物件，也就是 yfinance 回傳的 K 線資料。

❖ Function API 與 Abstract API 兩者差異

關於 Function API 與 Abstract API 兩者差異，首先介紹載入時的差異，範例程式碼如下：

```
# 載入 Function API
from talib import SMA as func_sma

# 載入 Abstract API
from talib.abstract import SMA as abs_sma
```

Python 執行結果如下：

```
>>> from talib import SMA as func_sma
>>> from talib.abstract import SMA as abs_sma
>>> func_sma                                       宣告後明確發現這是 function
<function SMA at 0x000001EF4FCD28C0>
>>> abs_sma                                        宣告後明確發現這是 class
{'name': 'SMA', 'group': 'Overlap Studies', 'display_name': 'Simple Moving Average', 'function_
flags': ['Output scale sa
me as input'], 'input_names': OrderedDict([('price', 'close')]), 'parameters': OrderedDict([
('timeperiod', 30)]), 'outpu
t_flags': OrderedDict([('real', ['Line'])]), 'output_names': ['real']}
```

透過操作，我們可以發現到 Abstract API 的物件宣告後，它會顯示相關的屬性，屬性介紹如下：

屬性	說明
name	名稱、代號。
group	群組。
display_name	全稱、全名。
function_flags	功能標籤。
input_names	輸入值名稱。
parameters	參數。
output_flags	輸出標籤。
output_names	輸出名稱。

這兩種 API 在用法上也會有差異，Function API 只接受需要的參數陣列，而 Abstract API 則可以接受參數陣列及 DataFrame。由於 Abstract API 的用法接受度較廣，所以本書後面的操作會採用 Abstract API 來做介紹。

❖ Talib 套件所需的資料格式

而 Talib 所需要的 K 線格式是 dataframe 的格式，必要的欄位有「open」、「high」、「low」、「close」、「volume」這五種。

這裡須注意到幾個重點：

- Talib 中的 Key 皆為小寫，不得大小寫混雜。
- OHLC 值必須使用 float，不得使用 int，否則計算上會有錯誤。

這裡應該有些讀者已經注意到了，yfinance 取出來的資料欄位名稱的頭一個字母都是大寫，我們必須將這些欄位轉換為全小寫才有辦法使用，以下簡單介紹 yfinance 取得的資料如何套進 Talib 當中。

操作過程如下：

```
>>> from talib.abstract import *
>>> from Data import getData
>>>
>>> prod = '0050'
>>> data = getData(prod, '2013-01-01', '2022-05-01')
[*********************100%***********************]  1 of 1 completed

>>> SMA(a)
Date
2013-01-02              NaN
```

```
2013-01-03             NaN
2013-01-04             NaN
2013-01-07             NaN
2013-01-08             NaN
                       ...
2022-04-25        124.290245
2022-04-26        124.131871
2022-04-27        123.890465
2022-04-28        123.750541
2022-04-29        123.644446
Length: 2279, dtype: float64
>>>
```

技巧 58 【實作】技術指標介紹－均線（MA）介紹及計算

「移動平均線」的英文名為「Moving Average」，英文簡寫為「MA」，是將一段期間的價格進行平均計算，由於金融資料是時間序列的資料，所以隨著時間的推移，會有不同的移動平均值，因此該指標稱為「移動平均線」。

我們在講移動平均線時，通常會先講週期，再講 MA。舉例來說，如果由 10 和 K 線所計算出來的平均價，我們稱為「10MA」，以日 K 來說，通常一個月交易日有 20 天（扣除假日）左右，所以我們如果要算月均線，就使用 20MA，如果要算季均線，就使用 60MA。

移動平均線（MA）有分為多個種類，常見的有 SMA、EMA、WMA，Talib 裡面也有高達八種均線的算法，最常見到的是「SMA」，全名為「Simple Moving Average」，意思為「簡單移動平均」，也就是透過所有時間單位的收盤價進行平均；「EMA」全名為「Exponential Moving Average」，意思為「指數移動平均」，與 SMA 的規則不同在於，EMA 認為時間較近的值相對於時間較遠的值更為重要，所以給予較重的指數權值。相比起來，若漲幅較大的商品，EMA 指數反應較快，但對於比較震盪的交易商品而言，也有可能因為反應過度靈敏，導致均線頻繁交錯，無法辨識當前價格趨勢。

接著我們進行移動平均線的計算，而本技巧將透過 talib.abstract 底下的 class 來計算技術指標。

talib.abstract.MA 的參數如下：

參數	說明
timeperiod	MA 的週期。
matype	MA 計算方式，預設 SMA，分為八種（0=SMA, 1=EMA, 2=WMA, 3=DEMA, 4=TEMA, 5=TRIMA, 6=KAMA, 7=MAMA, 8=T3）。

talib.abstract.MA 的回傳值只有一個，就是 MA。

了解這些物件的屬性之後，我們將完整實作一次如何計算技術指標，操作如下：

```
>>> from Data import getData
>>> from talib.abstract import EMA
>>> prod='0050'
>>> data=getData(prod,'2007-01-01','2022-05-01')  ── 取得資料
>>> EMA(data,timeperiod=120)
date
2007-01-03          NaN
2007-01-04          NaN
2007-01-05          NaN
2007-01-08          NaN
2007-01-09          NaN
                   ...
2022-04-25     137.082136
2022-04-26     136.952679
2022-04-27     136.780734
2022-04-28     136.620722
2022-04-29     136.490628
Length: 3775, dtype: float64
>>> type(EMA(data))
<class 'pandas.core.series.Series'>
```

接著，筆者習慣將轉換出來的技術指標值（pandas.Series 型態）進行定義，回到原本的 K 棒資料（pandas.DataFrame 型態）當中，這樣操作的原因是歷史回測時方便被取用，而數值序列直接在原本的 K 線物件（pandas.DataFrame 型態）中定義新欄位即可，操作如下：

```
>>> data['ema']=EMA(data,timeperiod=120)  ── 再將 MA 的 dataframe 附加到原本的 K 棒物件中
>>> data                                   ── 再查看一次 K 棒物件，最後一個欄位就是 MA
>>> data
            open    high    low    close    volume    ema
date
```

```
2007-01-03    36.63    36.88    36.57    36.72    6811000.0      NaN
2007-01-04    36.63    36.82    36.54    36.69    8554000.0      NaN
2007-01-05    36.60    36.66    36.10    36.22    8675000.0      NaN
2007-01-08    35.78    35.85    35.53    35.69    5904440.0      NaN
2007-01-09    35.69    35.97    35.66    35.85    7785200.0      NaN
...           ...      ...      ...      ...      ...            ...
2022-04-25   130.00   130.05   128.65   129.25   35058202.0   137.082136
2022-04-26   129.75   129.80   128.85   129.25   10361395.0   136.952679
2022-04-27   127.00   127.00   126.05   126.55   31244250.0   136.780734
2022-04-28   127.35   127.40   125.95   127.10   12311754.0   136.620722
2022-04-29   128.90   129.50   128.25   128.75   12271215.0   136.490628

[3775 rows x 6 columns]
>>>
```

技巧 59 【實作】MA 策略圖像化觀察

透過上個技巧了解如何計算 MA 技術指標以後，本技巧將介紹如何將 MA 指標與 K 線圖同時繪製。MA 指標與 K 線圖重新透過疊圖的方式呈現，疊圖代表該技術指標是與 K 線圖繪製在一起的，如圖 6-4 所示。

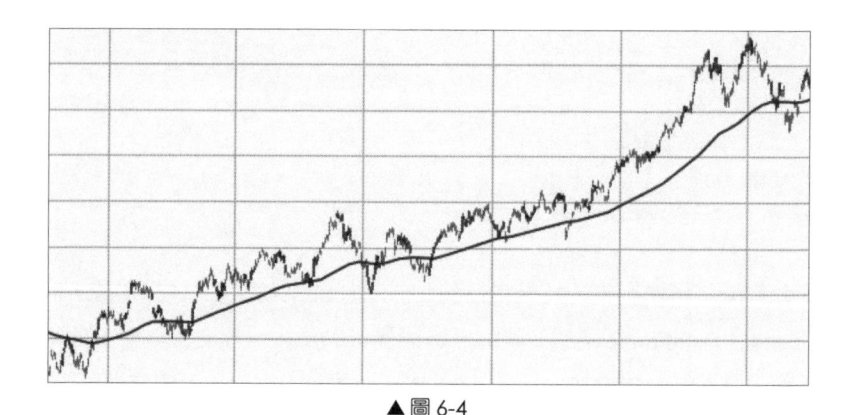

▲圖 6-4

Mplfinance 套件是透過 plot 函數繪製 K 線圖，若要加上其他的圖表，我們必須透過 mplfinance 套件底下的 make_addplot 函數來產生指標圖表的物件，這裡要注意的是指標圖表中的陣列長度必須要和 K 線圖的陣列長度一樣，以下是帶入指標圖的函數方式：

mplfinance.make_addplot(指標陣列 , type= 指定圖樣 , color= 指定顏色)

若產生多個 addplot 物件,則必須透過一個 list 變數統整起來,筆者習慣將該 list 變數稱為「容器」。

接下來,使用 ChartTrade 函數作為基礎,來進行均線指標圖的繪製。

▍檔名:6-1.py

```
# 載入必要套件
from Data import getData
from BackTest import ChartTrade,Performance
import pandas as pd
import mplfinance as mpf
from talib.abstract import EMA

# 取得回測資料
prod='0050'
data=getData(prod,'2013-01-01','2022-05-01')

# 計算指數移動平均線
data['ema']=EMA(data,timeperiod=120)

# 繪製副圖
addp=[]
addp.append(mpf.make_addplot(data['ema']))

# 繪製 K 線圖與交易明細
ChartTrade(data,addp=addp)
```

6-1.py 當中,介紹如何取用資料,並將資料帶入,進行指標運算及繪製成圖片。以「0050」作為範例,我們將透過 CMD 去執行 6-1.py,執行過程如下:

```
>python 6-1.py
```

執行後,產生的畫面如圖 6-5 所示。

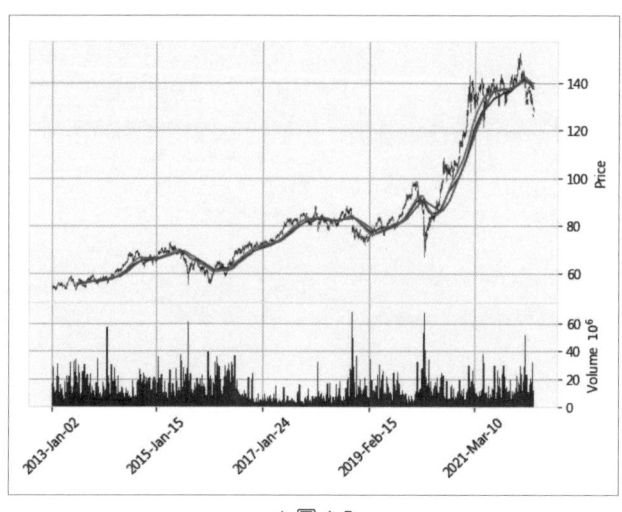

▲ 圖 6-5

技巧 60 【實作】突破均線交易策略

本技巧將介紹均線交易策略應該如何透過程式碼撰寫。策略的發想是如果價格大於均線，代表目前是有買盤在支撐價格的，我們就進場順勢進行多方交易。

本策略的進出場邏輯如下：

項目	策略內容
進場	當收盤價大於「均線加上 1%」，則進場。
出場	當收盤價小於「均線減去 0.5%」，則出場。

進出場加減特定值的用意相當簡單，若該策略單純是收盤價與均線判斷的話，有可能遇到反覆出場的狀態，進出場加上特定值則可以避免這樣的情況。

接下來介紹均線策略的程式碼，程式碼如下：

▌檔名：6-2.py

```
# 載入必要套件
from Data import getData
from BackTest import ChartTrade,Performance
import pandas as pd
import mplfinance as mpf
from talib.abstract import EMA
```

```python
# 取得回測資料
prod='0050'
data=getData(prod,'2013-01-01','2022-05-01')

# 計算指數移動平均線
data['ema']=EMA(data,timeperiod=120)
```

如上程式碼，取得回測資料集以後，接著開始去計算策略所需要的技術指標，移動平均線的時間週期設為 120 日，半年線。

```python
# 初始部位
position=0
trade=pd.DataFrame()
# 開始回測
for i in range(data.shape[0]-1):
    # 取得策略會應用到的變數
    c_time=data.index[i]
    c_high=data.loc[c_time,'high']
    c_close=data.loc[c_time,'close']
    c_ema=data.loc[c_time,'ema']
    # 取下一期資料作為進場資料
    n_time=data.index[i+1]
    n_open=data.loc[n_time,'open']

    # 進場程序
    if position ==0  :
        # 進場邏輯
        if c_close > c_ema * 1.01 :
            position = 1
            order_i=i
            order_time=n_time
            order_price=n_open
            order_unit=1
```

如上程式碼，進場我們將均線加上 1%，確定市場價格穩定在均線之上，則進場。

```python
    # 出場程序
    elif position ==1 :
        # 出場邏輯
        if c_close < c_ema * 0.995 :
            position = 0
```

```
            cover_time=n_time
            cover_price=n_open
        # 交易紀錄
        trade=pd.concat([trade,pd.DataFrame([[
                prod,
                'Buy',
                order_time,
                order_price,
                cover_time,
                cover_price,
                order_unit
            ]])],ignore_index=True)
```

如上程式碼,進場我們將均線減去 0.5%,確定市場價格穩定在均線之下,則出場。

```
# 繪製副圖
addp=[]
addp.append(mpf.make_addplot(data['ema']))

# 績效分析
Performance(trade,'ETF')
# 繪製K線圖與交易明細
ChartTrade(data,trade,addp=addp)
```

本範例的預設標的為「0050」,執行程式碼,操作過程如下:

```
> python 6-2.py
總績效 0.8344
交易次數 24
平均績效 0.0348
平均持有天數 103 天
勝率 0.42
平均獲利 0.1221
平均虧損 -0.0276
賺賠比 4.425
期望值 1.2604
獲利平均持有天數 195 天
虧損平均持有天數 37 天
最大連續虧損 -0.0557
最大資金回落 0.1181
```

權益曲線圖,如圖 6-6 所示。

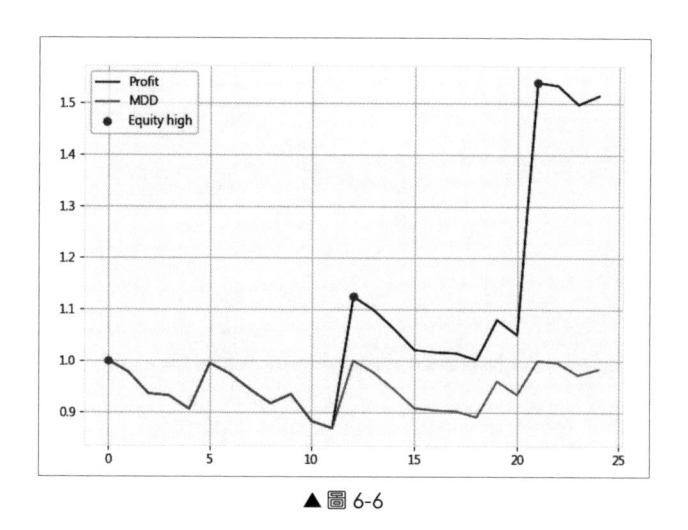

▲圖 6-6

交易明細圖,如圖 6-7 所示。

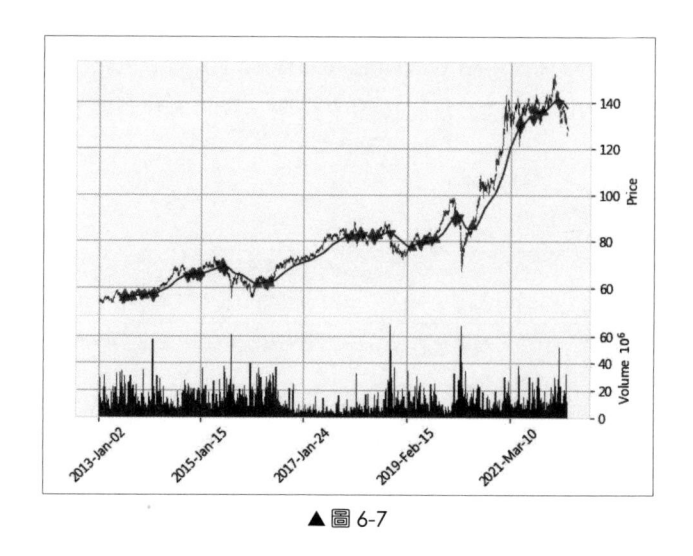

▲圖 6-7

仔細檢視每個進出場點位,都是均線之上進場,均線之下出場,如圖 6-8 所示。

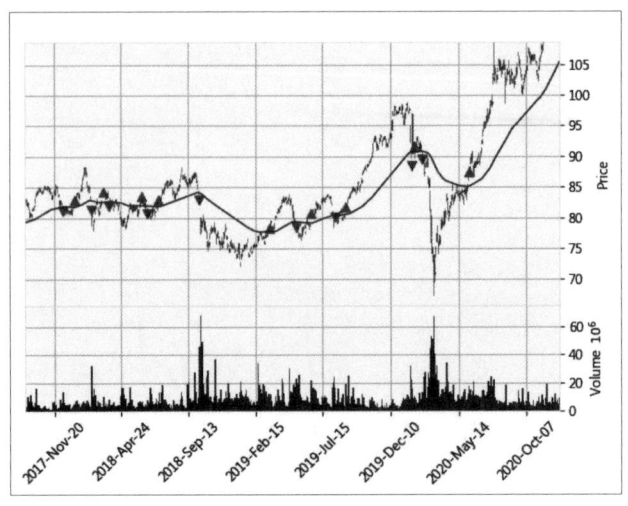

▲ 圖 6-8

技巧 61 【實作】均線排列策略

本技巧將介紹均線排列交易策略應該如何透過程式碼撰寫。策略的發想是當均線呈現依序排列時，代表目前市場的趨勢是呈現短中長期一致的，我們就進場順勢進行多方交易。

本策略的進出場邏輯如下：

項目	策略內容
進場	當「短週期均線」大於「中週期均線」大於「長週期均線」，則進場。
出場	當「短週期均線」大於「中週期均線」大於「長週期均線」沒有成立時，則出場。

該策略的進出場是完全的反向條件，進場是當排列一致，出場則是當沒有符合進場情況則出場。

接下來介紹均線排列策略的程式碼，程式碼如下：

▌檔名：6-3.py

```
# 載入必要套件
from Data import getData
from BackTest import ChartTrade,Performance
import pandas as pd
import mplfinance as mpf
```

```python
from talib.abstract import SMA

# 取得回測資料
prod='0050'
data=getData(prod,'2013-01-01','2022-05-01')

# 計算簡單移動平均線
data['ma1']=SMA(data,timeperiod=90)
data['ma2']=SMA(data,timeperiod=120)
data['ma3']=SMA(data,timeperiod=150)
```

如上程式碼,取得回測資料集後,計算三個不同週期的均線,本範例將透過簡單平均線來進行策略判斷。

```python
# 初始部位
position=0
trade=pd.DataFrame()
# 開始回測
for i in range(data.shape[0]-1):
    # 取得策略會應用到的變數
    c_time=data.index[i]
    c_high=data.loc[c_time,'high']
    c_close=data.loc[c_time,'close']
    c_ma1=data.loc[c_time,'ma1']
    c_ma2=data.loc[c_time,'ma2']
    c_ma3=data.loc[c_time,'ma3']
    # 取下一期資料作為進場資料
    n_time=data.index[i+1]
    n_open=data.loc[n_time,'open']

    # 進場程序
    if position ==0  :
        # 進場邏輯
        if c_ma1 > c_ma2 > c_ma3 :
            position = 1
            order_i=i
            order_time=n_time
            order_price=n_open
            order_unit=1
```

進場判斷是當「短週期均線」大於「中週期均線」大於「長週期均線」,則進場。

```python
# 出場程序
elif position ==1 :
    # 出場邏輯
    if not c_ma1 > c_ma2 > c_ma3:
        position = 0
        cover_time=n_time
        cover_price=n_open
        # 交易紀錄
        trade=pd.concat([trade,pd.DataFrame([[
                    prod,
                    'Buy',
                    order_time,
                    order_price,
                    cover_time,
                    cover_price,
                    order_unit
                    ]])],ignore_index=True)
```

出場判斷是當「短週期均線」大於「中週期均線」大於「長週期均線」，則不成立，所以我們只要將進場的判斷邏輯加上 not 即可，不需要額外建構其他出場條件。

```python
# 繪製副圖
addp=[]
addp.append(mpf.make_addplot(data['ma1']))
addp.append(mpf.make_addplot(data['ma2']))
addp.append(mpf.make_addplot(data['ma3']))

# 績效分析
Performance(trade,'ETF')
# 繪製 K 線圖與交易明細
ChartTrade(data,trade,addp=addp)
```

本範例的預設標的為「0050」，執行程式碼，操作過程如下：

```
> python 6-3.py
總績效 0.8528
交易次數 13
平均績效 0.0656
平均持有天數 159 天
勝率 0.54
平均獲利 0.1621
```

平均虧損 -0.0469
賺賠比 3.4526
期望值 1.3975
獲利平均持有天數 224 天
虧損平均持有天數 84 天
最大連續虧損 -0.0617
最大資金回落 0.156

權益曲線圖，如圖 6-9 所示。

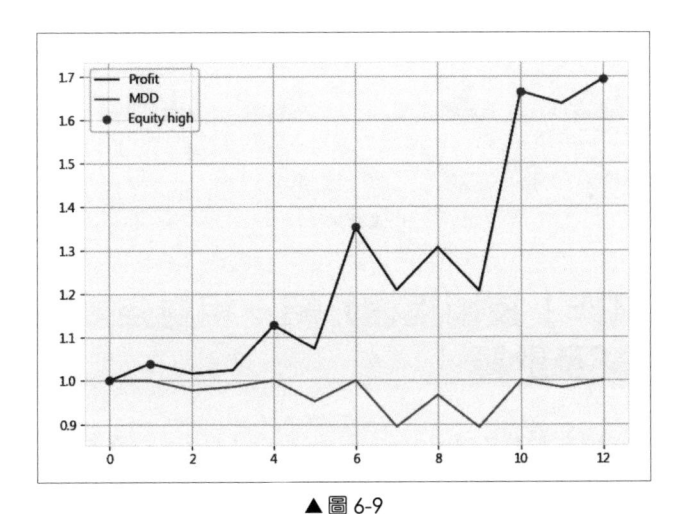

▲ 圖 6-9

交易明細圖，如圖 6-10 所示。

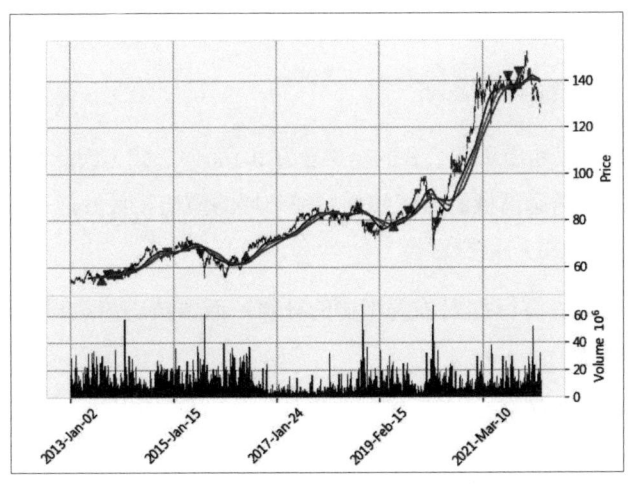

▲ 圖 6-10

仔細檢視每個進出場點位，都是均線排列後進場，排列打散則出場，如圖 6-11 所示。

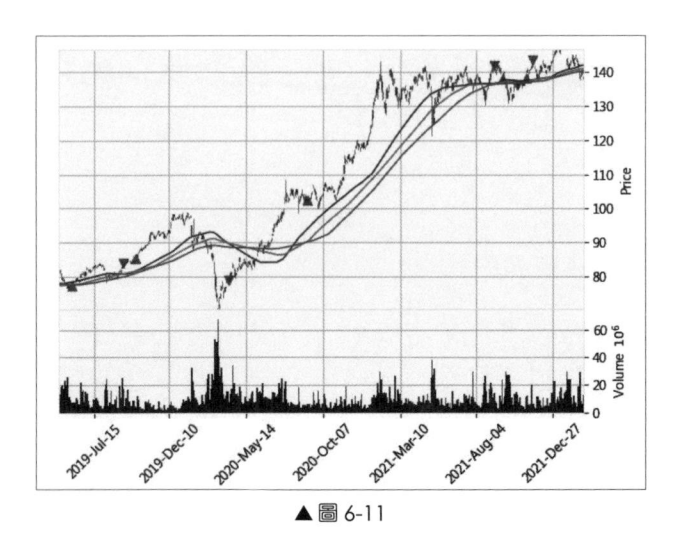

▲圖 6-11

技巧 62　【實作】技術指標介紹－相對強弱指標（RSI）介紹及計算

「相對強弱指標」的英文全名為「Relative Strength Index」，英文簡寫為「RSI」，也是程式交易中常見的指標。RSI 是透過一段期間內的漲幅與跌幅來進行計算的方式，由於金融資料是時間序列，所以每一個時間點會計算出前一段時間的相對強弱指標，然後隨著時間的推移，產生出每個時間點的指標值。

RSI 的計算方式，K 棒的「漲幅」與「跌幅」是計算的因素，公式如下：

RSI =「漲幅」/「漲幅」+「跌幅」

看到這個公式就可以知道，該公式的結果會在 0-100% 之間，因此稱為「相對」強弱指標，該指標的意涵是透過這樣的方式知道目前市場的價格相較於前一段期間來看，相對位置在哪，這也就是 RSI 的指標意義。

本技巧將介紹如何去進行相對強弱指標的計算，而本技巧將透過 talib.abstract 底下的 class 來計算技術指標。

talib.abstract.RSI 的參數如下：

參數	說明
timeperiod	RSI 的週期。

talib.abstract.RSI 的回傳值只有一個，就是 RSI。

了解這些物件的屬性之後，我們將完整實作一次如何計算技術指標，操作如下：

```
>>> from Data import getData
>>> from talib.abstract import RSI
>>> prod='0050'
>>> data=getData(prod,'2007-01-01','2022-05-01')    ── 取得資料
>>> RSI(data,timeperiod=120)
date
2007-01-03        NaN
2007-01-04        NaN
2007-01-05        NaN
2007-01-08        NaN
2007-01-09        NaN
                  ...
2022-04-25    48.229739
2022-04-26    48.229739
2022-04-27    47.229355
2022-04-28    47.453243
2022-04-29    48.119131
Length: 3775, dtype: float64
>>> type(RSI(data))
<class 'pandas.core.series.Series'>
```

接著，筆者習慣將轉換出來的技術指標值（pandas.Series 型態）進行定義，回到原本的 K 棒資料（pandas.DataFrame 型態）中，這樣操作的原因是歷史回測時方便被取用，而數值序列直接在原本的 K 線物件（pandas.DataFrame 型態）中定義新欄位即可，操作如下：

```
>>> data['rsi']=RSI(data,timeperiod=120)   ── 再將 RSI 的 dataframe 附加到原本的 K 棒物件中
>>> data                                   ── 再查看一次 K 棒物件，最後一個欄位就是 MA
>>> data
>>> data
              open   high    low  close    volume       rsi
date
2007-01-03   36.63  36.88  36.57  36.72  6811000.0      NaN
2007-01-04   36.63  36.82  36.54  36.69  8554000.0      NaN
```

```
2007-01-05   36.60   36.66   36.10   36.22    8675000.0        NaN
2007-01-08   35.78   35.85   35.53   35.69    5904440.0        NaN
2007-01-09   35.69   35.97   35.66   35.85    7785200.0        NaN
...           ...     ...     ...     ...          ...         ...
2022-04-25  130.00  130.05  128.65  129.25   35058202.0   48.229739
2022-04-26  129.75  129.80  128.85  129.25   10361395.0   48.229739
2022-04-27  127.00  127.00  126.05  126.55   31244250.0   47.229355
2022-04-28  127.35  127.40  125.95  127.10   12311754.0   47.453243
2022-04-29  128.90  129.50  128.25  128.75   12271215.0   48.119131

[3775 rows x 6 columns]
>>>
```

技巧 63 【實作】RSI 策略圖像化觀察

本技巧將介紹 RSI 指標與 K 線圖同時繪製，RSI 指標與 MA 指標不同，RSI 所計算出來的值會介於 0 至 100，所以 RSI 與 K 線圖無法透過疊圖的方法呈現，必須透過「副圖」的方式去繪製 RSI。

本技巧將介紹如何透過副圖的方式帶入圖表。make_addplot 函數其中有一個參數 panel，是代表該副圖所在的圖片定位，索引值是 0 至 9，panel 代表主圖（K 線圖），1 代表第一個副圖（通常是成交量），所以最多可以有 9 個副圖，依照是否有繪製成交量（如果有的話，panel=1 就會是成交量，副圖就要從 2 開始），我們將 RSI 指標定義在相對應的副圖就好了。

而通常繪製 RSI 圖，會另外繪製「買超」、「賣超」的邊界線，之後策略會介紹到。程式碼如下：

▎檔名：6-4.py

```
# 載入必要套件
from Data import getData
from BackTest import ChartTrade,Performance
import pandas as pd
import mplfinance as mpf
from talib.abstract import RSI

# 取得回測資料
prod='0050'
```

```
data=getData(prod,'2013-01-01','2022-05-01')

# 計算相對強弱指標
data['rsi']=RSI(data,timeperiod=10)

# 繪製副圖
addp=[]
addp.append(mpf.make_addplot(data['rsi'],panel=2,secondary_y=False))
addp.append(mpf.make_addplot([80]*len(data['rsi']),panel=2,secondary_y=False))
addp.append(mpf.make_addplot([40]*len(data['rsi']),panel=2,secondary_y=False))

# 繪製K線圖與交易明細
ChartTrade(data,addp=addp)
```

6-4.py 當中，介紹如何取用資料，並且將資料帶入 ChartTrade 函數並繪製成圖片。我們將透過 CMD 去執行，以「0050」為例，RSI 買賣超值設定為 80、40（讀者可自行修改），執行過程如下：

```
>python 6-4.py
```

執行後，產生的畫面如圖 6-12 所示。

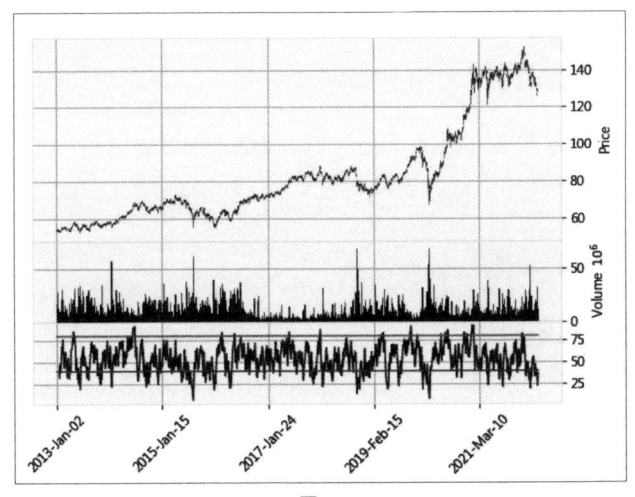

▲圖 6-12

技巧 64 【實作】強勢回檔策略

本技巧將介紹強勢回檔交易策略應該如何透過程式碼撰寫。策略的發想是當 RSI 靠近極端值時，通常市場會回歸均值，而這個策略就是當市場產生極端賣的力道時，我們就逆勢進場做多。

本策略的進出場邏輯如下：

項目	策略內容
進場	當 RSI 低於 40 的賣超值時，開始偵測進場訊號，如果 RSI 在 3 根 K 線上升 10，代表市場反彈，則進場。
出場	當 RSI 高於 80 的買超值時，則出場。

本策略的進場條件比較繁瑣，分為兩個階段，原因是不要在市場正在下跌時進場，容易買在不好的位置，而是挑在反彈的位置進場，出場的部分就是當市場呈現過熱時，獲利了結。

接下來介紹均線排列策略的程式碼，程式碼如下：

▌檔名：6-5.py

```
# 載入必要套件
from Data import getData
from BackTest import ChartTrade,Performance
import pandas as pd
import mplfinance as mpf
from talib.abstract import RSI

# 取得回測資料
prod='0050'
data=getData(prod,'2013-01-01','2022-05-01')

# 計算相對強弱指標 以及 買超 賣超
data['rsi']=RSI(data,timeperiod=10)
over_buy=80
over_sell=40
```

如上程式碼，取得回測資料集後，計算 RSI 以及定義超買與超賣的界線。

```
# 初始部位
position=0
```

```python
trade=pd.DataFrame()
rsi_min,rsi_min_time=100,0
# 開始回測
for i in range(data.shape[0]-1):
    # 取得策略會應用到的變數
    c_time=data.index[i]
    c_high=data.loc[c_time,'high']
    c_close=data.loc[c_time,'close']
    c_rsi=data.loc[c_time,'rsi']
    # 取下一期資料作為進場資料
    n_time=data.index[i+1]
    n_open=data.loc[n_time,'open']

    # 進場程序
    if position ==0  :
        if c_rsi < over_sell :
            # 如果當前 rsi 等於最小值 則變動
            if rsi_min > c_rsi:
                rsi_min = c_rsi
                rsi_min_time = i
                continue # 直接換隔天
        # 判斷今天在最低點近三日 RSI 反彈 10
        if i<=rsi_min_time+3 and c_rsi>rsi_min+10:
            rsi_min = 100
            position = 1
            order_time=n_time
            order_price=n_open
            order_unit=1
```

如上程式碼，進場判斷分為兩個，當 RSI 低於超賣區，則開始判斷反彈，反彈的條件是在 3 根 K 線當中，RSI 反彈 10，則我們做多進場。

```python
    # 出場程序
    elif position ==1 :
        # 出場邏輯
        if c_rsi > over_buy :
            position = 0
            cover_time=n_time
            cover_price=n_open
            # 交易紀錄
            trade=pd.concat([trade,pd.DataFrame([[
```

```
                    prod,
                    'Buy',
                    order_time,
                    order_price,
                    cover_time,
                    cover_price,
                    order_unit
                ]])],ignore_index=True)
```

如上程式碼,出場判斷分為,當 RSI 高於超買區,則我們出場。

```
# 繪製副圖
addp=[]
addp.append(mpf.make_addplot(data['rsi'],panel=2,secondary_y=False))
addp.append(mpf.make_addplot([over_buy]*len(data['rsi']),panel=2,secondary_y=False))
addp.append(mpf.make_addplot([over_sell]*len(data['rsi']),panel=2,secondary_y=False))

# 績效分析
Performance(trade,'ETF')
# 繪製K線圖與交易明細
ChartTrade(data,trade,addp=addp)
```

本範例的預設標的為「0050」,執行程式碼,操作過程如下:

```
> python 6-5.py
總績效 1.0695
交易次數 11
平均績效 0.0972
平均持有天數 184 天
交易資料樣本不足 ( 樣本中需要賺有賠的 )
```

權益曲線圖的曲線非常漂亮,但回落有一點高,導致期望值偏低,如圖 6-13 所示。

▲圖 6-13

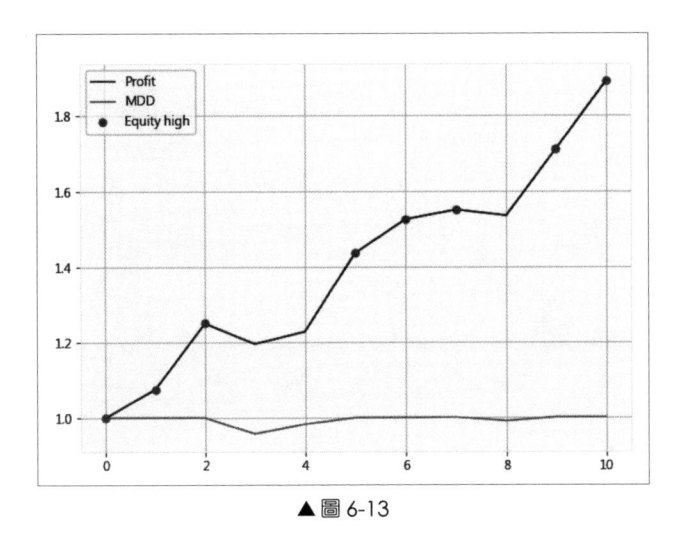

交易明細圖,如圖 6-14 所示。

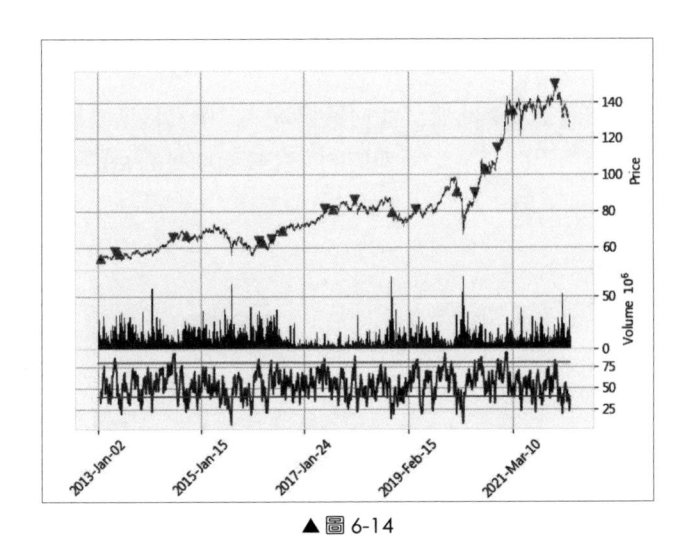

▲圖 6-14

仔細檢視每個進出場點位,都是在低點買進,高點賣出,如圖 6-15 所示。

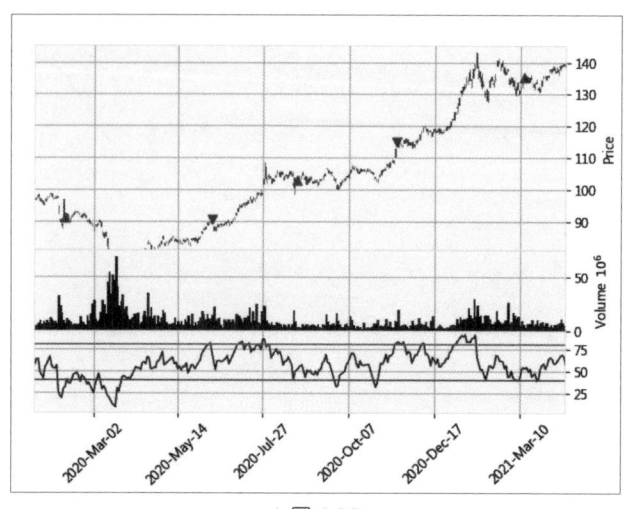

▲ 圖 6-15

技巧 65 【實作】RSI 突破策略

本技巧將介紹 RSI 突破交易策略應該如何透過程式碼撰寫。策略的發想是將兩條不同時間週期的 RSI 來判斷相對關係，當週期短的 RSI 較週期長的 RSI 大時，則代表價格相對較高，市場買盤足夠則進場。

本策略的進出場邏輯如下：

項目	策略內容
進場	當短週期 RSI 大於長週期 RSI，則進場。
出場	當短週期 RSI 小於長週期 RSI 減去 0.1%，則出場。

與均線策略很像，這邊進出場判斷模式不能是完全相對的，否則會造成頻繁進出場。

接下來介紹 RSI 突破策略的程式碼，程式碼如下：

▌檔名：6-6.py

```
# 載入必要套件
from Data import getData
from BackTest import ChartTrade,Performance
import pandas as pd
import mplfinance as mpf
from talib.abstract import RSI
```

```python
# 取得回測資料
prod='0050'
data=getData(prod,'2013-01-01','2022-05-01')

# 計算相對強弱指標
data['rsi1']=RSI(data,timeperiod=120)
data['rsi2']=RSI(data,timeperiod=150)
```

如上程式碼,取得資料集後,計算兩個不同時間週期的 RSI。

```python
# 初始部位
position=0
trade=pd.DataFrame()
# 開始回測
for i in range(data.shape[0]-1):
    # 取得策略會應用到的變數
    c_time=data.index[i]
    c_high=data.loc[c_time,'high']
    c_close=data.loc[c_time,'close']
    c_rsi1=data.loc[c_time,'rsi1']
    c_rsi2=data.loc[c_time,'rsi2']
    # 取下一期資料作為進場資料
    n_time=data.index[i+1]
    n_open=data.loc[n_time,'open']

    # 進場程序
    if position == 0 :
        if c_rsi1 > c_rsi2 :
            position = 1
            order_i=i
            order_time=n_time
            order_price=n_open
            order_unit=1
    # 出場程序
    elif position ==1 :
        # 出場邏輯
        if c_rsi1 < c_rsi2 * 0.999 :
            position = 0
            cover_time=n_time
            cover_price=n_open
            # 交易紀錄
```

```
                    trade=pd.concat([trade,pd.DataFrame([[
                            prod,
                            'Buy',
                            order_time,
                            order_price,
                            cover_time,
                            cover_price,
                            order_unit
                        ]])],ignore_index=True)
```

如上程式碼,出場必須要與進場的條件判斷有區別。

```
# 繪製副圖
addp=[]
addp.append(mpf.make_addplot(data['rsi1'],panel=2,secondary_y=False))
addp.append(mpf.make_addplot(data['rsi2'],panel=2,secondary_y=False))

# 績效分析
Performance(trade,'ETF')
# 繪製K線圖與交易明細
ChartTrade(data,trade,addp=addp)
```

本範例的預設標的為「0050」,執行程式碼,操作過程如下:

```
> python 6-6.py
總績效 0.9645
交易次數 33
平均績效 0.0292
平均持有天數 55 天
勝率 0.27
平均獲利 0.1462
平均虧損 -0.0146
賺賠比 9.9942
期望值 1.9984
獲利平均持有天數 160 天
虧損平均持有天數 15 天
最大連續虧損 -0.0287
最大資金回落 0.1566
```

權益曲線圖的曲線非常漂亮，甚至會比均線的策略還漂亮，可以思考看看原因，如圖 6-16 所示。

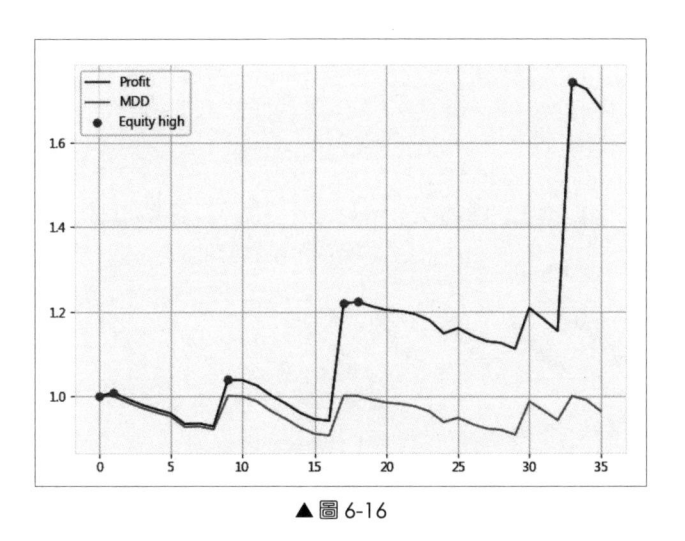

▲圖 6-16

交易明細圖，如圖 6-17 所示。

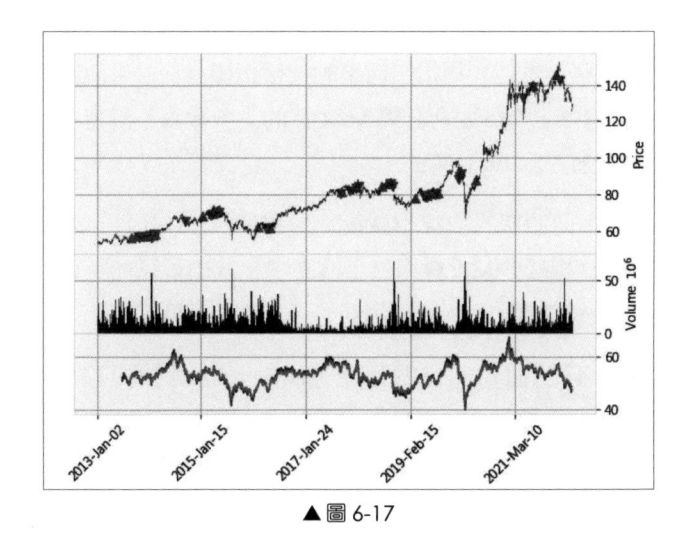

▲圖 6-17

仔細檢視每個進出場點位，如圖 6-18 所示。

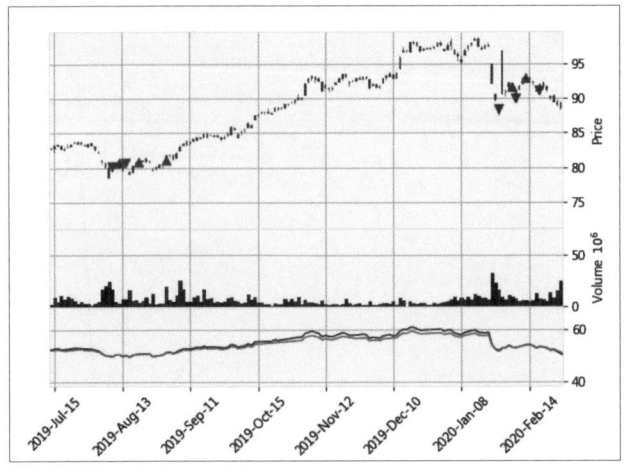

▲圖 6-18

技巧66 【實作】技術指標介紹－平滑移動曲線指標（MACD）介紹及計算

「指數平滑異同移動平均線」的英文全名為「Moving Average Convergence / Divergence」，簡稱為「MACD」，這是一款從均線衍生而來的技術指標。一般來說，許多投資人都認識 MACD 這個指標，但實際上對於如何計算 MACD 的，多數都不清楚，所以我們首先要來介紹何謂 MACD，以及它是如何計算的。

MACD 是透過兩條不同週期的均線相減後，得到差值（Diff），並且再將差值進行再次的平均，所以 MACD 相較於 MA 會相對平滑許多。我們可以從計算方式中找到三個必要的參數，分別是「快線週期」、「慢線週期」、「指標週期」。

MACD 計算出來會有三個值，一個值為「DIF」（就是快慢線的差值），一個為「MACD」（也就是 DIF 去進行移動平均），最後是「OSC」（DIF-MACD），常見的用法是看 OSC 位於 0 軸之上還是之下。

接著來介紹如何進行 MACD 的計算，而本技巧將透過 talib.abstract 底下的 class 來計算技術指標。

talib.abstract.RSI 的參數如下：

參數	說明
fastperiod	快線週期。
slowperiod	慢線週期。
signalperiod	指標週期

talib.abstract.MACD 的回傳值有三個，分別是「macd」、「macdsignal」、「macdhist」。我們來完整實作一次如何計算技術指標，操作如下：

```
>>> from Data import getData
>>> from talib.abstract import MACD
>>> prod='0050'
>>> data=getData(prod,'2007-01-01','2022-05-01')    ———— 取得資料
>>> MACD(data,fastperiod=20,slowperiod=40,signalperiod=20)
              macd  macdsignal  macdhist
date
2007-01-03     NaN         NaN       NaN
2007-01-04     NaN         NaN       NaN
2007-01-05     NaN         NaN       NaN
2007-01-08     NaN         NaN       NaN
2007-01-09     NaN         NaN       NaN
...            ...         ...       ...
2022-04-25 -1.838483   -1.426456 -0.412027
2022-04-26 -1.952293   -1.476535 -0.475758
2022-04-27 -2.166607   -1.542257 -0.624350
2022-04-28 -2.315434   -1.615892 -0.699541
2022-04-29 -2.356106   -1.686389 -0.669717

[3775 rows x 3 columns]
>>> type(MACD(data))
<class 'pandas.core.frame.DataFrame'>
```

接著我們將指標加入原本 K 線物件當中，這裡需要注意到 Talib 套件回傳多欄位的資料是透過 pandas.DataFrame，與單一欄位的資料格式 pandas.Serie 不同，將指標值加回原本 K 線物件時，方法不一樣，需要透過 join 函數來操作，操作如下：

```
>>> data.join(MACD(data))
            open   high    low  close     volume  macd  macdsignal  macdhist
date
2007-01-03  36.63  36.88  36.57  36.72  6811000.0   NaN         NaN       NaN
```

```
2007-01-04   36.63   36.82   36.54   36.69    8554000.0    NaN        NaN       NaN
2007-01-05   36.60   36.66   36.10   36.22    8675000.0    NaN        NaN       NaN
2007-01-08   35.78   35.85   35.53   35.69    5904440.0    NaN        NaN       NaN
2007-01-09   35.69   35.97   35.66   35.85    7785200.0    NaN        NaN       NaN
...          ...     ...     ...     ...      ...          ...        ...       ...
2022-04-25   130.00  130.05  128.65  129.25   35058202.0  -1.668149  -1.381071 -0.287078
2022-04-26   129.75  129.80  128.85  129.25   10361395.0  -1.811958  -1.467248 -0.344710
2022-04-27   127.00  127.00  126.05  126.55   31244250.0  -2.119365  -1.597672 -0.521694
2022-04-28   127.35  127.40  125.95  127.10   12311754.0  -2.292184  -1.736574 -0.555610
2022-04-29   128.90  129.50  128.25  128.75   12271215.0  -2.269838  -1.843227 -0.426611

[3775 rows x 8 columns]
```

技巧 67 【實作】MACD 策略圖像化觀察

本技巧要介紹如何將 MACD 圖像化。MACD 常見的圖像化方式比較特別，由於 MACD 總共有三個值，分別是「macd」、「macdsignal」、「macdhist」，MACD 的值已經偏離 K 線圖的範圍值了，所以必須透過副圖來繪製。

以下將介紹如何進行繪製 K 線圖與 MACD，繪圖的程式碼如下：

檔名：6-7.py

```python
# 載入必要套件
from Data import getData
from BackTest import ChartTrade, Performance
import pandas as pd
import mplfinance as mpf
from talib.abstract import MACD

# 取得回測資料
prod='0050'
data=getData(prod,'2013-01-01','2022-05-01')

# 計算 MACD
data=data.join(MACD(data,40,120,60))

# 繪製副圖
addp=[]
addp.append(mpf.make_addplot(data['macdhist'],type='bar',panel=2,secondary_y=False))
```

```
# 繪製 K 線圖與交易明細
ChartTrade(data,addp=addp)
```

執行後,產生的畫面如圖 6-19 所示。

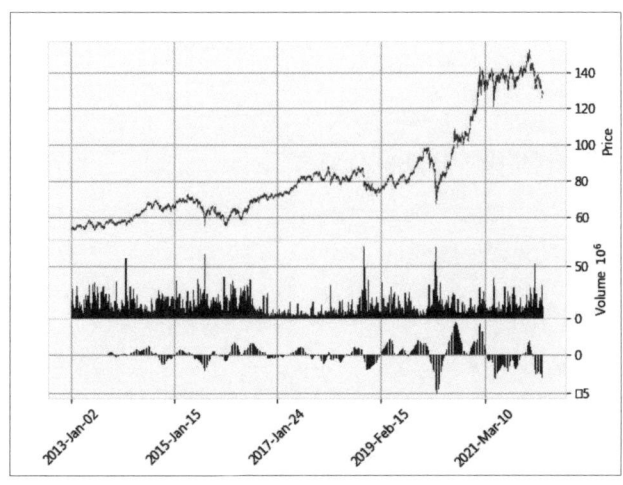

▲圖 6-19

技巧 68 【實作】MACD 策略

本技巧將介紹 MACD 交易策略應該如何透過程式碼撰寫。MACD 指標本身的計算方式就有統計意涵在裡面,策略的發想是當 MACD 大於 0 時,代表市場趨勢為多方,順勢做多。

本策略的進出場邏輯如下:

項目	策略內容
進場	MACD 大於 0,則進場。
出場	MACD 小於 -0.005,則出場。

接下來介紹 MACD 的程式碼,程式碼如下:

檔名:6-8.py

```
# 載入必要套件
from Data import getData
from BackTest import ChartTrade,Performance
import pandas as pd
```

```python
import mplfinance as mpf
from talib.abstract import MACD

# 取得回測資料
prod='0050'
data=getData(prod,'2013-01-01','2022-05-01')

# 計算 MACD
data=data.join(MACD(data,40,120,60))
```

如上程式碼，取得資料集後，計算 MACD。

```python
# 初始部位
position=0
trade=pd.DataFrame()
# 開始回測
for i in range(data.shape[0]-1):
    # 取得策略會應用到的變數
    c_time=data.index[i]
    c_high=data.loc[c_time,'high']
    c_close=data.loc[c_time,'close']
    c_macd=data.loc[c_time,'macdhist']
    # 取下一期資料作為進場資料
    n_time=data.index[i+1]
    n_open=data.loc[n_time,'open']

    # 進場程序
    if position == 0 :
        if c_macd >0 :
            position = 1
            order_i=i
            order_time=n_time
            order_price=n_open
            order_unit=1
    # 出場程序
    elif position ==1 :
        # 出場邏輯
        if c_macd < -0.005 :
            position = 0
            cover_time=n_time
            cover_price=n_open
```

```
# 交易紀錄
trade=pd.concat([trade,pd.DataFrame([[
                prod,
                'Buy',
                order_time,
                order_price,
                cover_time,
                cover_price,
                order_unit
            ]])],ignore_index=True)
```

如上程式碼,出場建議與進場有差別性,否則會造成頻繁進出場。

```
# 繪製副圖
addp=[]
addp.append(mpf.make_addplot(data['macdhist'],type='bar',panel=2,secondary_y=False))

# 績效分析
Performance(trade,'ETF')
# 繪製 K 線圖與交易明細
ChartTrade(data,trade,addp=addp)
```

本範例的預設標的為「0050」,執行程式碼,操作過程如下:

```
> python 6-8.py
總績效 0.9645
交易次數 33
平均績效 0.0292
平均持有天數 55 天
勝率 0.27
平均獲利 0.1462
平均虧損 -0.0146
賺賠比 9.9942
期望值 1.9984
獲利平均持有天數 160 天
虧損平均持有天數 15 天
最大連續虧損 -0.0287
最大資金回落 0.1566
```

權益曲線圖，如圖 6-20 所示。

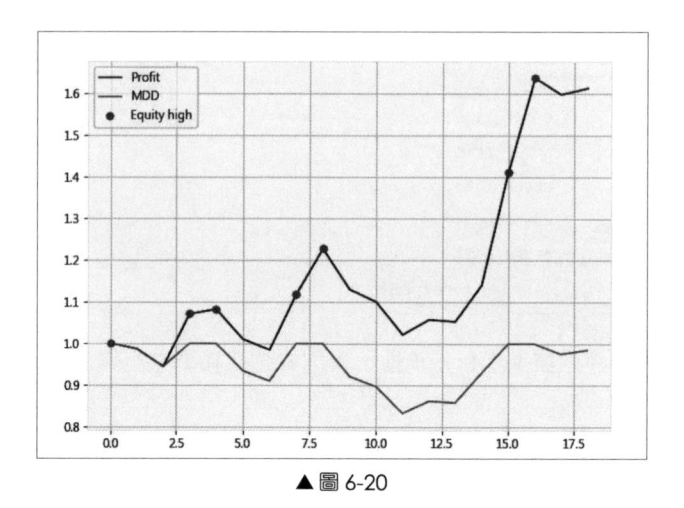

▲ 圖 6-20

交易明細圖，如圖 6-21 所示。

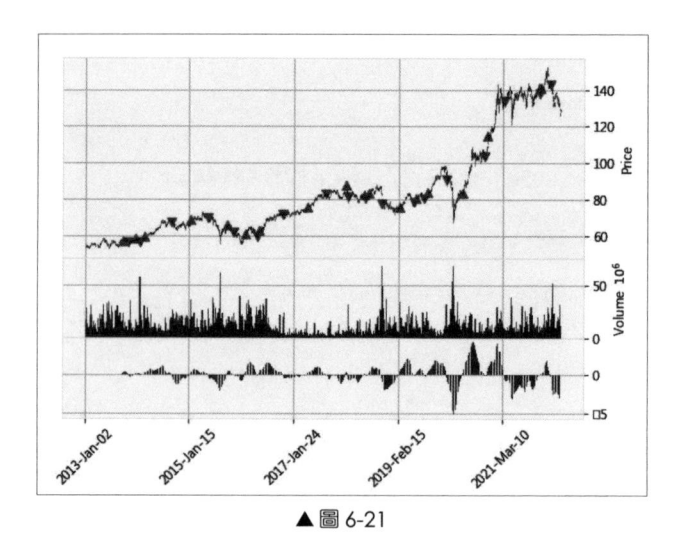

▲ 圖 6-21

仔細檢視每個進出場點位，如圖 6-22 所示。

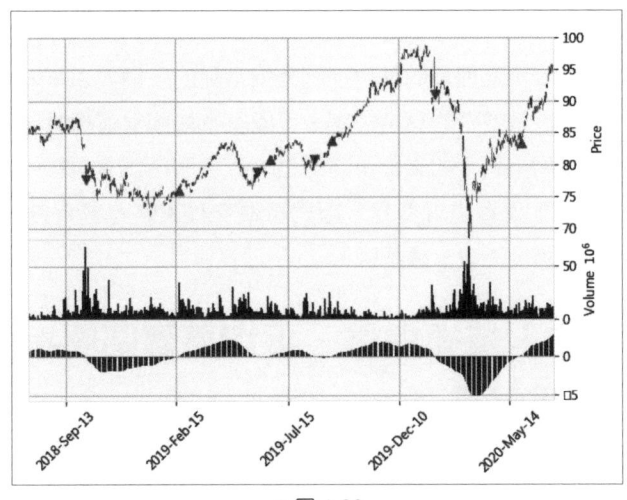

▲ 圖 6-22

技巧 69 【觀念】建構交易策略的濾網

本技巧要介紹交易策略的濾網，通常濾網的概念是我們可以針對一組交易訊號去進行過濾及篩選，這是最常見的方式。舉例來說，某策略有 2000 個交易機會，我們透過特定的指標濾網，將交易次數過濾到 500 次，而讓交易策略有更優質的表現。

交易濾網要如何設定，有幾個方向可以參考，分別如下：

1. 技術指標

通常我們會用技術指標去定義價格的趨勢，最典型的方式就是透過長週期的均線，當價格在均線之上，則視為多頭；當價格在均線之下，則視為空頭，藉此去過濾掉多餘的交易訊號。

2. 時間濾網

常見的時間濾網就是週間日，或是在特定季節時有不同的交易方式。舉例來說，通常每週三是大盤指數選擇權的結算日，或是在聖誕節前夕是外資提前休假的的日子，這些日子都會有不同的市場表現，我們可以透過不同的濾網去過濾交易。

3. 大盤過濾、衍生性商品

大盤指數的漲跌、衍生性商品的漲跌，也都可以成為交易濾網的一環。舉例來說，當加權指數低於月平均時，我們選擇不再買進新的交易部位。

4. 資金控管濾網

資金控管的層面較廣，不過簡單的部位控制是很常見的，例如：一天只進行一次買賣，出場後不再進場，那如果是進階的資金控管，可能就牽涉到當前總體資產的未平倉損益、當前的資金回落等。舉例來說，如果該策略的最大資金回落為 30000，而當策略已經突破最大資金回落後，我們才選擇進行交易，因為看準交易策略有資金谷底反彈的特性（一個交易策略不會永遠都賠，不會永遠都賺）。

技巧 70 【觀念】技術指標－平均真實區間指標（ATR）介紹及計算

「平均真實區間指標」的英文全名為「Average True Rage」，簡稱為「ATR」，目的是測量金融商品的價格波動性，而非找出趨勢的方向。

ATR 計算的方式是以三個值的最大值為主，分別為「一段期間最高最低價差」、「前收與最高的差」、「前收與最低的差」。當 ATR 放大時，代表這三個值的最大值越大，市場的波動放大，反之亦然。

ATR 的用處與前面三個技術指標有些微的不同，由於 ATR 指標本身沒有多空方向性，所以不適合用來作為交易策略的主要指標（若是以波動率為主的交易商品，則不在此限），但是若可以透過 ATR 來進行輔助，作為交易濾網則是相當好的一款指標。

接著來介紹如何去進行 ATR 的計算，而本技巧將透過 talib.abstract 底下的 class 來計算技術指標。

talib.abstract.RSI 的參數如下：

參數	說明
timeperiod	時間週期。

我們來完整實作一次如何計算技術指標，操作如下：

```
>>> from Data import getData
>>> from talib.abstract import ATR
>>> prod='0050'
>>> data=getData(prod,'2007-01-01','2022-05-01')    ── 取得資料
>>> ATR (data,timeperiod=20)
```

```
date
2007-01-03        NaN
2007-01-04        NaN
2007-01-05        NaN
2007-01-08        NaN
2007-01-09        NaN
                  ...
2022-04-25        1.777781
2022-04-26        1.736392
2022-04-27        1.809572
2022-04-28        1.791594
2022-04-29        1.822014
Length: 3775, dtype: float64
>>> type(ATR(data))
<class 'pandas.core.series.Series'>
```

接著,筆者習慣將轉換出來的技術指標值(pandas.Series 型態)進行定義回到原本的 K 棒資料(pandas.DataFrame 型態)當中,這樣操作的原因是歷史回測時方便被取用,而數值序列直接在原本的 K 線物件(pandas.DataFrame 型態)中定義新欄位即可,操作如下:

```
>>> data['atr']=ATR(data,timeperiod=120)       再將 RSI 的 dataframe 附加到原本的 K 棒物件中
>>> data                                        再查看一次 K 棒物件,最後一個欄位就是 MA
            open    high    low     close   volume       atr
date
2007-01-03  36.63   36.88   36.57   36.72   6811000.0    NaN
2007-01-04  36.63   36.82   36.54   36.69   8554000.0    NaN
2007-01-05  36.60   36.66   36.10   36.22   8675000.0    NaN
2007-01-08  35.78   35.85   35.53   35.69   5904440.0    NaN
2007-01-09  35.69   35.97   35.66   35.85   7785200.0    NaN
...         ...     ...     ...     ...     ...          ...
2022-04-25  130.00  130.05  128.65  129.25  35058202.0   1.716733
2022-04-26  129.75  129.80  128.85  129.25  10361395.0   1.710344
2022-04-27  127.00  127.00  126.05  126.55  31244250.0   1.722758
2022-04-28  127.35  127.40  125.95  127.10  12311754.0   1.720485
2022-04-29  128.90  129.50  128.25  128.75  12271215.0   1.726147

[3775 rows x 6 columns]
>>>
```

技巧71 【實作】MA、ATR策略圖像化觀察

本技巧將介紹如何繪製MA指標及ATR技術指標，MA需要透過疊圖的方式進行繪製，ATR指標需要透過副圖的方式來進行繪製。由於繪製方式與前面的繪圖技巧類似，不再重複介紹，讀者可自行參考本章前面的技巧，程式碼如下：

檔名：6-9.py

```python
# 載入必要套件
from Data import getData
from BackTest import ChartTrade,Performance
import pandas as pd
import mplfinance as mpf
from talib.abstract import EMA,ATR

# 取得回測資料
prod='0050'
data=getData(prod,'2013-01-01','2022-05-01')

# 計算指數移動平均線
data['ema']=EMA(data,timeperiod=80)
data['atr1']=ATR(data,timeperiod=120)
data['atr2']=ATR(data,timeperiod=200)

# 繪製副圖
addp=[]
addp.append(mpf.make_addplot(data['ema']))
addp.append(mpf.make_addplot(data['atr1'],panel=2,secondary_y=False))
addp.append(mpf.make_addplot(data['atr2'],panel=2,secondary_y=False))

# 繪製K線圖與交易明細
ChartTrade(data,addp=addp)
```

6-9.py當中，介紹如何取用資料，並且將資料帶入ChartTrade函數並繪製成圖片，我們將透過CMD去執行，商品以「0050」為例，執行過程如下：

```
>python 6-9.py
```

執行後,產生的畫面如圖 6-23 所示。

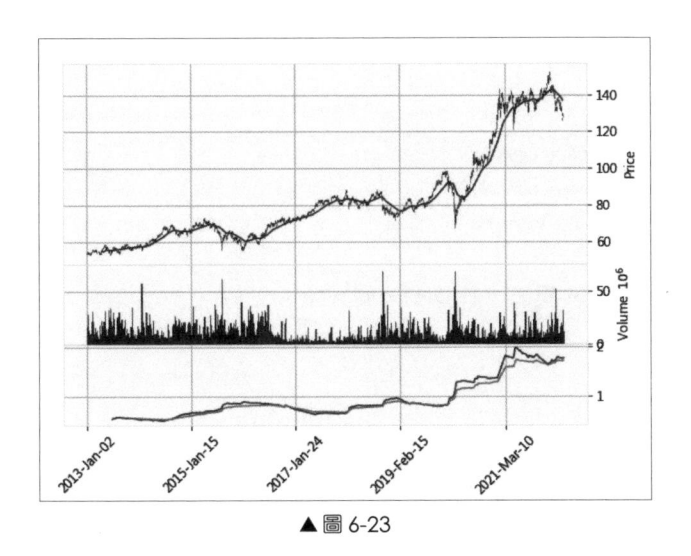

▲圖 6-23

技巧 72 【實作】MA 搭配 ATR 濾網交易策略

本技巧將介紹均線交易策略應該如何與 ATR 濾網進行搭配,並透過程式碼撰寫。本範例策略將會延伸均線策略,將 ATR 波動率的概念加進來,若市場波動率提升,則我們進場做多。

本策略的進出場邏輯如下:

項目	策略內容
進場	價格大於均線加上 1%,並且短期 ATR 大於長期 ATR,則進場。
出場	價格小於均線減去 0.5%,則出場。

接下來介紹 MA 與 ATR 的程式碼,程式碼如下:

■ 檔名:6-10.py

```
# 載入必要套件
from Data import getData
from BackTest import ChartTrade,Performance
import pandas as pd
import mplfinance as mpf
from talib.abstract import EMA,ATR
```

```python
# 取得回測資料
prod='0050'
data=getData(prod,'2013-01-01','2022-05-01')

# 計算指數移動平均線
data['ema']=EMA(data,timeperiod=80)
data['atr1']=ATR(data,timeperiod=120)
data['atr2']=ATR(data,timeperiod=200)
```

如上程式碼，取得資料集後，計算 MA 與 ATR。

```python
# 初始部位
position=0
trade=pd.DataFrame()
# 開始回測
for i in range(data.shape[0]-1):
    # 取得策略會應用到的變數
    c_time=data.index[i]
    c_high=data.loc[c_time,'high']
    c_close=data.loc[c_time,'close']
    c_ema=data.loc[c_time,'ema']
    c_atr1=data.loc[c_time,'atr1']
    c_atr2=data.loc[c_time,'atr2']
    # 取下一期資料作為進場資料
    n_time=data.index[i+1]
    n_open=data.loc[n_time,'open']

    # 進場程序
    if position ==0 :
        # 進場邏輯
        if c_close > c_ema * 1.01 and c_atr1 > c_atr2 :
            position = 1
            order_i=i
            order_time=n_time
            order_price=n_open
            order_unit=1
```

如上程式碼，進場加上 ATR 濾網，過濾掉波動率的市場交易機會。

```python
# 出場程序
elif position ==1 :
    # 出場邏輯
    if  c_close < c_ema * 0.995 :
        position = 0
        cover_time=n_time
        cover_price=n_open
        # 交易紀錄
        trade=pd.concat([trade,pd.DataFrame([[
                    prod,
                    'Buy',
                    order_time,
                    order_price,
                    cover_time,
                    cover_price,
                    order_unit
                ]])],ignore_index=True)
```

如上程式碼，出場建議與進場有差別性，否則會造成頻繁進出場。

```python
# 繪製副圖
addp=[]
addp.append(mpf.make_addplot(data['macdhist'],type='bar',panel=2,secondary_y=False))

# 績效分析
Performance(trade,'ETF')
# 繪製K線圖與交易明細
ChartTrade(data,trade,addp=addp)
```

本範例的預設標的為「0050」，執行程式碼，操作過程如下：

```
> python 6-10.py
總績效 0.6883
交易次數 24
平均績效 0.0287
平均持有天數 66 天
勝率 0.5
平均獲利 0.0777
平均虧損 -0.0203
賺賠比 3.8229
期望值 1.4115
```

獲利平均持有天數 111 天
虧損平均持有天數 22 天
最大連續虧損 -0.0289
最大資金回落 0.08

權益曲線圖，如圖 6-24 所示。

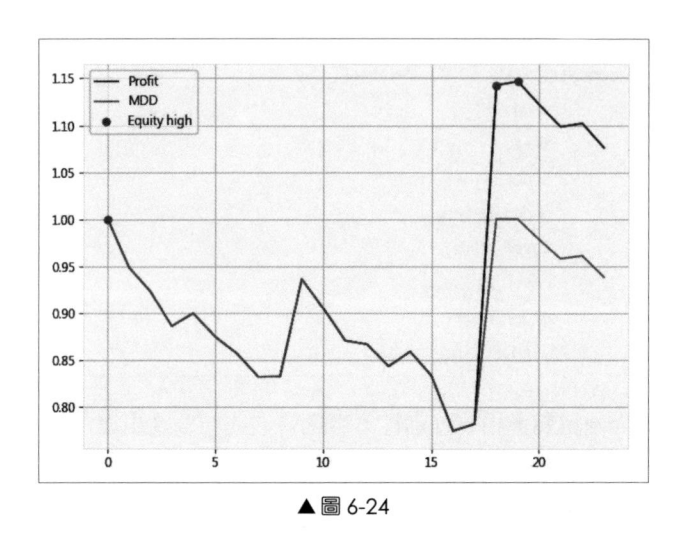

▲圖 6-24

交易明細圖，如圖 6-25 所示。

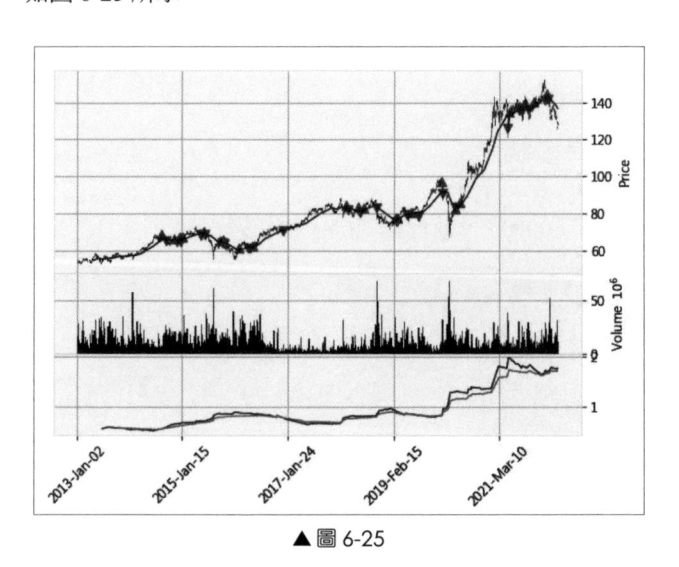

▲圖 6-25

仔細檢視每個進出場點位，如圖 6-26 所示。

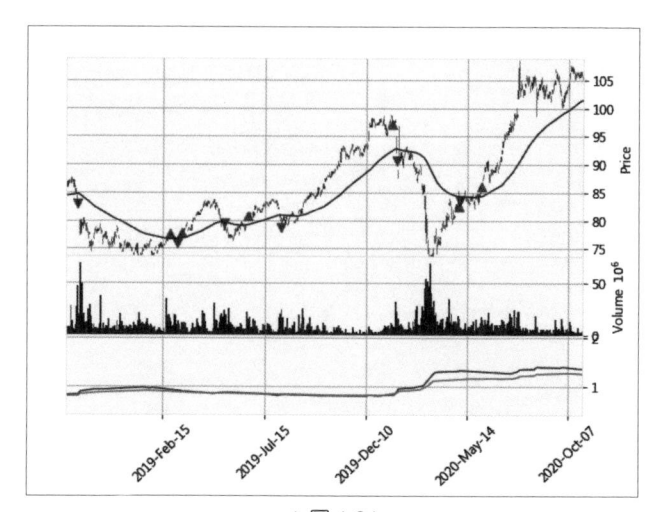

▲ 圖 6-26

股權分散表交易策略

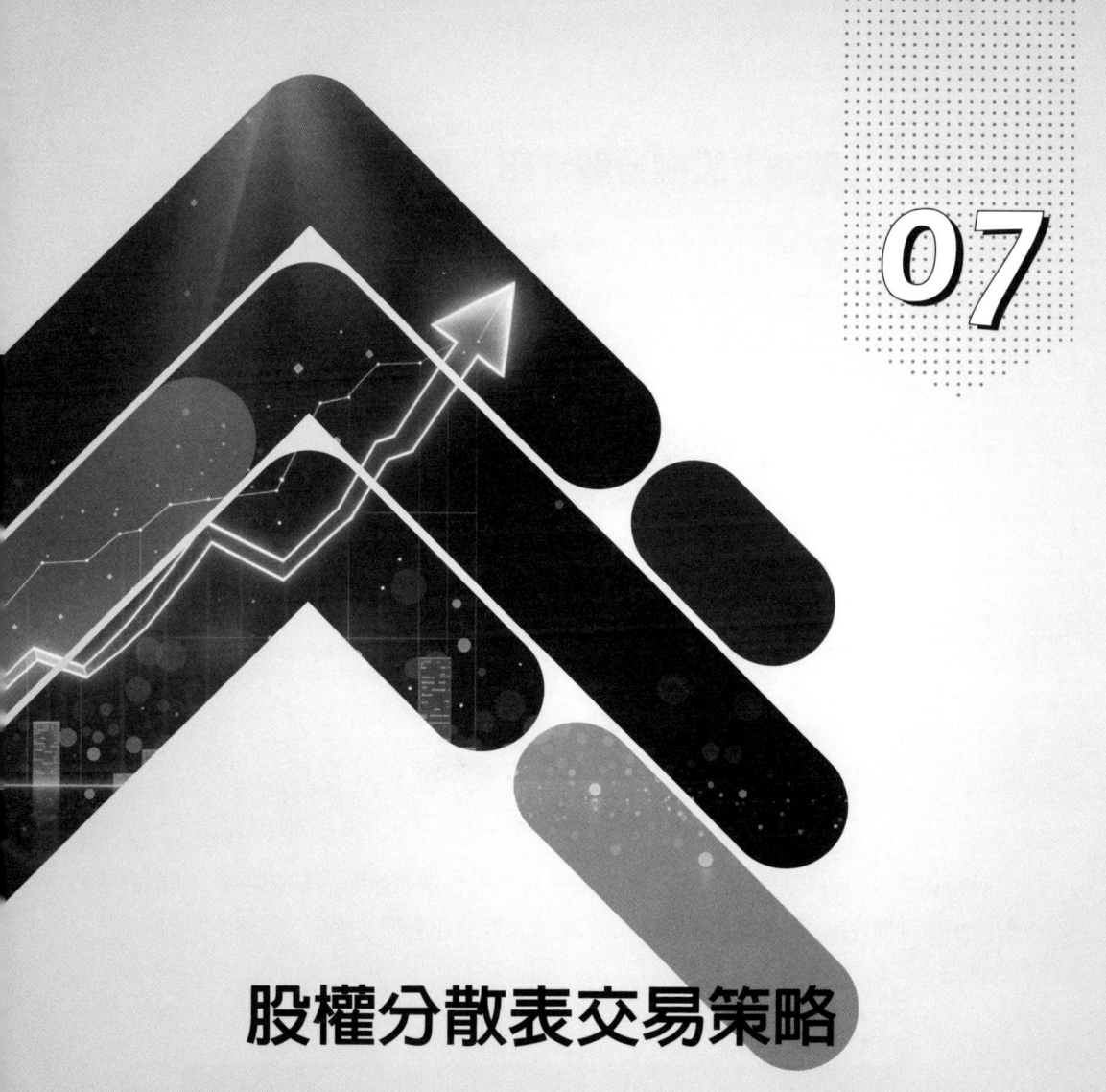

本章將介紹股權分散表的交易策略介紹,首先介紹資料內涵,再介紹如何取得該資料,最後透過該資料去進行交易策略建構。

技巧 73 【觀念】股權分散介紹

首先,我們要來介紹股權分散表,股權分散表是台灣集保中心所揭示的公開資料,集保中心官方網站: URL https://www.tdcc.com.tw/portal/zh/smWeb/qryStock,如圖 7-1 所示。

▲圖 7-1

股權結構表的資料是每個證券一週一筆,我們可以透過該網站去查詢近一年的特定股票的集保股權分散表,選擇日期與股票代號後,點選「查詢」按鈕,如圖 7-2 所示。

證券代號:0050
證券名稱:元大台灣50
資料日期:111年05月13日

序	持股/單位數分級	人數	股數/單位數	占集保庫存數比例 (%)
1	1-999	308,875	78,873,694	4.57
2	1,000-5,000	196,408	382,478,671	22.18
3	5,001-10,000	21,581	159,959,434	9.27
4	10,001-15,000	5,988	75,257,683	4.36
5	15,001-20,000	2,839	50,884,610	2.95
6	20,001-30,000	2,447	60,844,289	3.52
7	30,001-40,000	951	33,528,136	1.94
8	40,001-50,000	508	23,283,952	1.35
9	50,001-100,000	780	54,193,233	3.14
10	100,001-200,000	233	31,523,833	1.82
11	200,001-400,000	84	23,619,620	1.37
12	400,001-600,000	35	16,898,493	0.98

▲圖 7-2

股權分散表中，有「持股／單位數分級」、「人數」、「股數／單位數」、「占集保庫存數比例（％）」這幾個欄位，主要揭示該檔證券目前流通在外的持股級距分配，從 1 張股票以下到 1000 張股票以上，總共分為 15 個級距，我們可以從這 15 個級距去了解這個時間點該證券的持股級距分配。

除了持股比例以外，還有持股人數，這些都是值得去進行分析的內容，而要從這樣的資料切入分析，之後的章節中會詳細介紹。

除了查詢近一個年的特定證券股權分散表以外，有另一種方式可以每週取得最新的全市場股權分散表，在該網站的最下方有一個超連結（如圖 7-3 上的方框），可下載最近一週的所有股權分散，網址：URL https://smart.tdcc.com.tw/opendata/getOD.ashx?id=1-5。

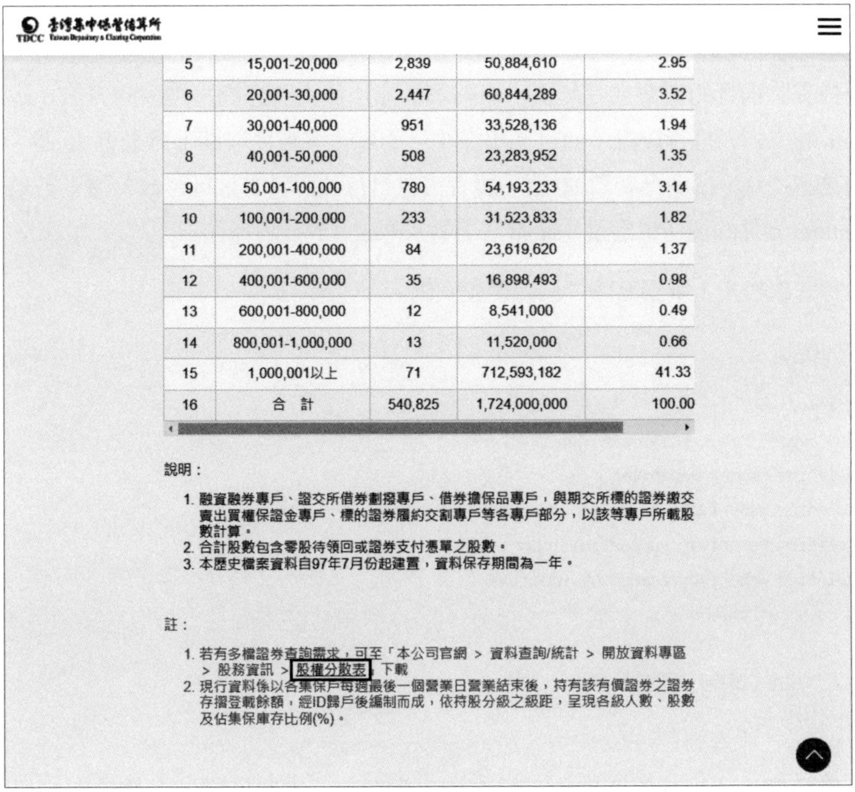

5	15,001-20,000	2,839	50,884,610	2.95
6	20,001-30,000	2,447	60,844,289	3.52
7	30,001-40,000	951	33,528,136	1.94
8	40,001-50,000	508	23,283,952	1.35
9	50,001-100,000	780	54,193,233	3.14
10	100,001-200,000	233	31,523,833	1.82
11	200,001-400,000	84	23,619,620	1.37
12	400,001-600,000	35	16,898,493	0.98
13	600,001-800,000	12	8,541,000	0.49
14	800,001-1,000,000	13	11,520,000	0.66
15	1,000,001以上	71	712,593,182	41.33
16	合　　計	540,825	1,724,000,000	100.00

說明：
1. 融資融券專戶、證交所借券劃撥專戶、借券擔保品專戶，與期交所標的證券繳交賣出質權保證金專戶、標的證券履約之交割專戶等各專戶部分，以該等專戶所載股數計算。
2. 合計股數包含零股待領回或證券支付憑單之股數。
3. 本歷史檔案資料自97年7月份起建置，資料保存期間為一年。

註：
1. 若有多檔證券查詢需求，可至「本公司官網 ＞ 資料查詢/統計 ＞ 開放資料專區 ＞ 股務資訊 ＞ 股權分散表」下載
2. 現行資料係以各集保戶每週最後一個營業日營業結束後，持有該有價證券之證券存摺登載餘額，經ID歸戶後編制而成，依持股分級之級距，呈現各級人數、股數及佔集保庫存比例(%)。

▲圖 7-3

技巧74 【實作】取得股權分散公開資料

取得股權分散表的方式有兩種,一個是「透過爬蟲」,另一個是「取得公開資料的API」,本技巧將會透過兩種方式取得股權分散表。如果我們目前要去網站上抓取股權分散表,最遠的期間只能抓到一年以前的資料(集保官方網站的設計),如果我們使用公開資料的 API,可以抓到更早一點的,不過由於公開資料 API 並沒有辦法保證資料正確性,所以如果是強調資料正確性的讀者,可以透過集保中心網站去定期維護自己的資料。本技巧會介紹兩種方法,讀者可自行決定使用哪個方法。

❖ 網路爬蟲取得股權分散表

從上個技巧可以知道有兩種方式,第一種是「網頁所提供的查詢資料」,第二種是「特定載點」,可以下載到最近一週的所有證券的資料。這裡我們主要介紹第一種,也就是針對查詢網頁的資料進行爬蟲,但該網站無法使用靜態網頁爬取的方法,必須使用 Selenium 的方式去進行爬蟲,而目前集保中心的歷史資料抓取期限為最近 50 週,本範例的作法是將特定一個商品爬取 50 週,讀者可以自行依照需求進行修改。讀者若是尚未了解 Selenium 套件的運作,建議先閱讀第 2 章,再進行本技巧操作。

由於程式碼較多,單獨寫成一個範例程式碼。

檔名:7-1.py

```
import time
from bs4 import BeautifulSoup as bs
from selenium import webdriver
from selenium.webdriver.chrome.service import Service
from selenium.webdriver.support.ui import Select
from selenium.webdriver.common.by import By
import csv, random, os

# 切換工作路徑(請自行調整)
os.chdir('./')
```

如上程式碼,首先我們要切換到特定的工作路徑,該路徑底下有瀏覽器的核心檔案 (chromedriver.exe)。

```
# 定義商品名稱
prod='0050'
```

如上程式碼，定義要抓取的證券代碼。

```
# 建立 CSV 並寫入標題列
with open(f'{prod}_shareHolder.csv', "w", encoding='utf-8-sig', newline='') as file:
    file.write("日期,證券代碼,持股分級,持股數量分級,人數,股數,占集保庫存數比例% \n")
```

如上程式碼，存檔命名方式為「商品代碼_shareHolder.csv」，撰寫檔案欄位名稱。

```
# 指定 ChromeDriver 路徑
chrome_driver_path = r"chromedriver.exe"
service = Service(executable_path=chrome_driver_path)

# 設定 Chrome 選項（視需要開啟無頭模式）
chrome_options = webdriver.ChromeOptions()
# chrome_options.add_argument('--headless')  # 無頭模式（如需隱藏瀏覽器畫面則取消註解）
# chrome_options.add_argument('--disable-gpu')

# 啟動瀏覽器
browser = webdriver.Chrome(service=service, options=chrome_options)
```

如上程式碼，啟動瀏覽器核心執行檔，並開啟 headless 模式，執行過程中不會顯示網頁 UI。

```
# 進入查詢網址
url = "https://www.tdcc.com.tw/portal/zh/smWeb/qryStock"
browser.get(url)
time.sleep(3)
```

如上程式碼，潛入集保網頁取得股權分散表的網頁，接著我們透過迴圈去執行要爬取的日期。

```
# 進行 1~50 週的股權分散查詢
for i in range(1, 51):
    try:
        # 選擇指定日期
        select_1 = Select(browser.find_element(By.NAME, "scaDate"))
        select_1.select_by_index(i)
        time.sleep(1)
```

如上程式碼，進入頁面後，找到選取日期的標籤，透過 select_by_index 函數，從 Select 標籤中選擇第 N 個，預計從 1-50，將近 50 週的資料爬取。

```
# 輸入股票代碼
    browser.find_element(By.ID, "StockNo").clear()
    browser.find_element(By.ID, "StockNo").send_keys(prod)
    time.sleep(1)
```

如上程式碼，在商品名稱欄位中輸入股票代碼，使用 send_keys 函數。

```
# 點擊查詢按鈕
    browser.find_element(By.XPATH, "//tr[4]//td[1]//input[1]").click()
    time.sleep(1)
```

如上程式碼，接著找到「submit」按鈕來送出，這裡是用 xpath 去找尋標籤的定位，在本技巧的後面會介紹 xpath。

```
# 擷取網頁原始碼
    html_file = browser.page_source
    soup = bs(html_file, "lxml")
```

透過 BeautifulSoup 套件解析我們得到的網頁內容，網頁內容是透過 page_source 屬性來取得。

```
# 抓取資料日期
    html_date = soup.find("span", class_="font").text.split('：')[1]
    html_date = html_date.replace('年', '/').replace('月', '/').replace('日', '')
    print(f"擷取日期：{html_date}")
```

取得我們所抓到的股權分散表日期，將格式轉換為日期格式，例如：「111/03/01」。

```
# 抓取股東分級資料表
    tbody = soup.find("table", class_="table").find("tbody").find_all("tr")

    # 寫入每一筆資料到 CSV
    with open(f'{prod}_shareHolder.csv', "a", encoding='utf-8-sig', newline='') as file:
        writer = csv.writer(file)
        for tr in tbody:
            tds = [td.text.strip() for td in tr.find_all("td")]
            writer.writerow([html_date, prod] + tds)
```

透過迴圈將每一行股權分散，都寫入特定檔案中。

```
# 隨機休息 5-10 秒，避免被封鎖
        time.sleep(random.randint(5, 10))

    except Exception as e:
        print(f"[錯誤] 第 {i} 筆資料擷取失敗：{e}")

# 結束後關閉瀏覽器
browser.quit()
```

以上是程式碼的詳細介紹，該範例檔是以「0050」商品為例，讀者可自行修改。程式執行檔案結果如下：

檔名：0050_shareHolder.csv

```
日期,證券代碼,持股分級,持股數量分級,人數,股數,占集保庫存數比例%
111/05/13,0050,1,1-999,308,875,78,873,694,4.57
111/05/13,0050,2,1,000-5,000,196,408,382,478,671,22.18
111/05/13,0050,3,5,001-10,000,21,581,159,959,434,9.27
111/05/13,0050,4,10,001-15,000,5,988,75,257,853,4.36
111/05/13,0050,5,15,001-20,000,2,839,50,884,610,2.95
111/05/13,0050,6,20,001-30,000,2,447,60,844,289,3.52
111/05/13,0050,7,30,001-40,000,951,33,528,136,1.94
111/05/13,0050,8,40,001-50,000,508,23,283,952,1.35
111/05/13,0050,9,50,001-100,000,780,54,193,233,3.14
111/05/13,0050,10,100,001-200,000,233,31,523,833,1.82
111/05/13,0050,11,200,001-400,000,84,23,619,620,1.37
111/05/13,0050,12,400,001-600,000,35,16,898,493,0.98
111/05/13,0050,13,600,001-800,000,12,8,541,000,0.49
111/05/13,0050,14,800,001-1,000,000,13,11,520,000,0.66
111/05/13,0050,15,1,000,001 以上 ,71,712,593,182,41.33
111/05/13,0050,16,合    計 ,540,825,1,724,000,000,100.00
…
```

程式碼中有使用到 XPath 的定位方式，該定位方式是由瀏覽器替網頁標籤進行定位的方法，所以單純取得網頁原始碼是沒辦法使用該方法的，必須要透過 Selenium 去取得該網頁原始碼才有辦法取得。

接下來介紹要如何取得 XPath，方便我們去找到其他標籤。我們進入網站後，在開發人員介面中找到指定的標籤，點選「右鍵→Copy→Copy XPath」，就可以取得該標籤，如圖 7-4 所示。

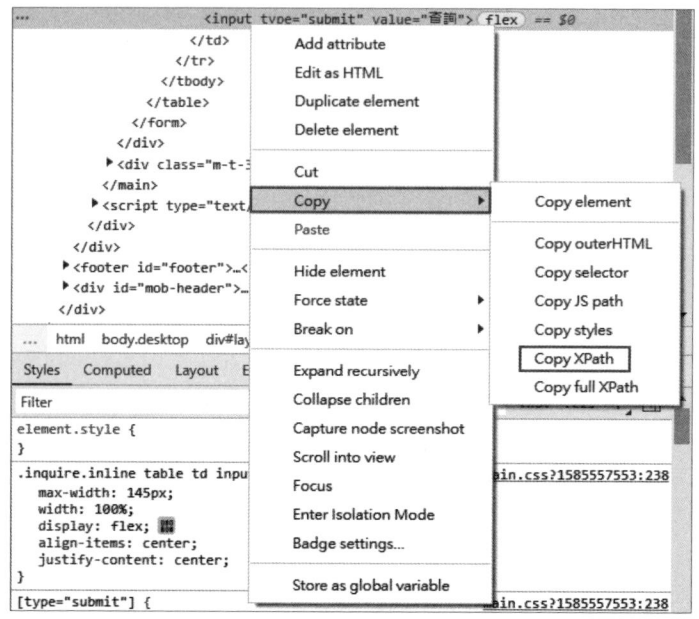

▲圖 7-4

接著，透過 find_element 函數，就可以在 Python 找到指定的標籤了。

❖ 公開資料 API － Finlab

FinLab 有籌碼面的相關資料，其中也包含股權分散表，FinLab 是一個獨立的套件，所以在使用之前，必須先安裝套件，安裝指令如下：

```
pip install finlab
```

安裝完成後，可以透過執行以下指令來確認是否安裝成功；若安裝成功，則不會出現錯誤訊息。

```
import finlab
```

FinLab 取得股權分散表會使用到 data.get('inventory') 這個函數，欄位也與集保中心的資料大致相同，是一個非常方便取得的途徑。取得資料操作如下：

```
>>> from finlab import data
>>> inventory = data.get('inventory')
請從 https://ai.finlab.tw/api_token 複製驗證碼：
# 貼上驗證碼以後，則可以取得資料內容

>>> inventory
         stock_id    date     ... 占集保庫存數比例           key_date
0            0050 2016-11-04  ...        0.24 2023-12-01 08:04:30.355037
1            0050 2016-11-04  ...        2.02 2023-12-01 08:04:30.355037
2            0050 2016-11-04  ...        2.28 2023-12-01 08:04:30.355037
3            0050 2016-11-04  ...        0.71 2023-12-01 08:04:30.355037
4            0050 2016-11-04  ...        0.46 2023-12-01 08:04:30.355037
           ...    ...         ...         ...                      ...
19531819     9965 2025-05-09  ...        0.00 2025-05-10 08:04:17.094945
19531820     9965 2025-05-09  ...       20.95 2025-05-10 08:04:17.094945
19531821     9965 2025-05-09  ...        4.35 2025-05-10 08:04:17.094945
19531822     9965 2025-05-09  ...       30.14 2025-05-10 08:04:17.094945
19531823     9965 2025-05-09  ...       10.87 2025-05-10 08:04:17.094945

[19531824 rows x 7 columns]

>>> inventory.columns
Out[5]: Index(['stock_id', 'date', '持股分級', '人數', '持有股數', '占集保庫存數比例',
'key_date'], dtype='object')
```

從操作上來看，資料欄位與我們直接去集保中心爬蟲的數據相同，並取得所有的股票資料，時間也可以一次取得較長的時期。

技巧75 【實作】價格與股權資料表整合

透過上一個技巧取得股權分散資料後，距離實際應用還有一些距離，因為我們要將資料處理成容易被分析的格式。我們先了解股票K線資料與股權結構的資料格式，如果都是一天的資料來看，K線資料是一次一筆，而股權結構表是一次高達15筆（因為有15個股權級距），我們要如何將這兩種資料整合在一起呢？這裡的方式會分為兩個動作：

- 將股權結構表轉換為一日一筆的資料格式。
- 接著將股票的價格資料，透過股權結構表的時間去轉換為不同頻率的資料。

接下來，我們來介紹如果是日 K 與股權結構表，要如何將資料合併，我們將這兩個步驟寫成函數。

❖ 將日 K 與股權資料表合併

該函數命名為「getPriceAndShareHolder」，範例程式碼如下：

檔名：Data.py

```python
from finlab import data as fdata

def getPriceAndShareHolder(prod, st, en):  # 取得價格與股權分散表
    prod= '0050'
    st = '2024-05-01'
    en = '2025-05-01'
    data1 = getData(prod, st, en)
    inventory = data.get('inventory')
    inventory_1 = inventory[inventory['stock_id'] == prod].pivot_table(index='date',
                                                                       columns='持股分級',
                                                                       values='占集保庫存數比例')
    data2 = pd.concat([data1,inventory_1],axis=1)
    data2 = data2.sort_index()
    data2[inventory_1.columns] = data2[inventory_1.columns].ffill()
    data2 = data2.dropna(subset='close')
    return data2
```

接著我們可以透過 Python 程式碼來取得股權結構表及價格資料，範例程式碼如下：

```python
# 載入必要套件
from Data import getPriceAndShareHolder

# 取得回測資料
prod='0050'
data=getPriceAndShareHolder(prod,'2007-01-01','2022-05-01')
```

在 Python 中操作如下：

```
>>> from Data import getPriceAndShareHolder
>>> prod='0050'
>>> data=getPriceAndShareHolder(prod,'2007-01-01','2022-05-01')
>>> data
```

```
                  close        high         low    ...     7     8     9
2024-05-02   153.238205  154.415840  153.091008   ...  2.52  1.52  3.53
2024-05-03   154.023285  155.691581  153.532609   ...  2.52  1.49  3.54
2024-05-06   156.231323  157.163605  156.035056   ...  2.52  1.49  3.54
2024-05-07   157.114563  157.556169  156.525745   ...  2.52  1.49  3.54
2024-05-08   157.703354  157.801495  156.672931   ...  2.52  1.49  3.54
       ...          ...         ...         ...   ...   ...   ...   ...
2025-04-24   161.899994  164.050003  161.300003   ...  2.32  1.62  3.44
2025-04-25   165.750000  166.949997  165.500000   ...  2.38  1.60  3.44
2025-04-28   167.149994  167.500000  166.800003   ...  2.38  1.60  3.44
2025-04-29   167.800003  168.000000  166.500000   ...  2.38  1.60  3.44
2025-04-30   168.600006  169.000000  167.500000   ...  2.38  1.60  3.44

[241 rows x 21 columns]
>>> data.columns
Index(['close', 'high', 'low', 'open', 'volume', '1', '10', '11', '12', '13',
       '14', '15', '17', '2', '3', '4', '5', '6', '7', '8', '9'],
      dtype='object')
```

技巧 76 【實作】股權分散表解讀方向

從股權分散表中，我們可以看到每個級距的股東持有占比，有了這樣的資料以後，我們要先了解到通常持有占比最大的都是 1000 張以上的高持有級距，不過依照每一檔股票的狀況會有些微的不同，有些高持有級距可能占總流通股數的 40%，有些則是占 80%，那有很高的比例是該股票外資持股就占走一大部分，雖然外資持股表也是公開資訊，不過因為量化的概念通常越簡單越好，所以我們先就股權分散表去單獨進行分析。

股權分散表除了透露占比之外，還透露了股東人數，依照每個級距都會有不同的股東人數，不過由於透過人數去看待容易失真，現階段零股交易，1 股的股東與 1000 張的股東有明顯差異的資料內涵，所以筆者認為股東人數就像人氣指標一樣，可用來衡量這檔股票的人氣程度，至於人氣程度與股價波動、漲跌是否有關聯，就要進一步討論。

接著回到各級距的占比，我們可以將特定持有股數以上的人稱為「大股東」、「小股東」，甚至我們可以貼上更多標籤「散戶」、「大股東」、「小股東」等都可以，就是找到一個代理變數，去檢視與市場價格活動有關聯性的變數。如圖 7-5 所示，我們通常會將 400 張以上的持有者稱為「大戶」，不過這裡只是參考，畢竟成交價也是影響持有張數一個很大的影響因素，10 元股價的股票和 1000 元股價的股票，很明顯有巨大的差異。

集保戶股權分散表

證券代號：0050　　證券名稱：元大台灣50　　　　　　　　　　　資料日期：111年04月29日

序	持股/單位數分級	人數	股數/單位數	占集保庫存數比例 (%)
1	1-999	304,834	76,891,436	4.55
2	1,000-5,000	191,390	371,299,312	21.99
3	5,001-10,000	20,514	152,191,323	9.01
4	10,001-15,000	5,694	71,711,634	4.24
5	15,001-20,000	2,695	48,353,427	2.86
6	20,001-30,000	2,308	57,474,838	3.40
7	30,001-40,000	905	31,920,321	1.89
8	40,001-50,000	478	21,876,090	1.29
9	50,001-100,000	743	51,506,600	3.05
10	100,001-200,000	241	32,599,206	1.93
11	200,001-400,000	83	23,970,291	1.42
12	400,001-600,000	31	15,268,844	0.90
13	600,001-800,000	11	7,755,001	0.45
14	800,001-1,000,000	14	12,491,875	0.74
15	1,000,001以上	72	712,690,002	42.22
	合計	530,013	1,688,000,000	100.00

▲圖 7-5

　　交易市場就是一塊大餅，能夠獲利的額度是有限的，將市場簡化到只有一個大戶及一個散戶，當大戶賺錢，散戶就沒賺錢，所以只要可以區分誰是主力、散戶，我們就有辦法進行量化解讀。

　　只要我們思考這檔股票持有幾張以上的是主力，則依照那個級距往上加就是大股東持有占比，而通常大股東是實際可以影響股價的一群人。反之，小股東或是散戶通常不是影響市場的人，而是隨著市場的利多利空消息進出的人，通常沒有資料內涵，我們可以透過反市場的方式去看待：當散戶出場時，大戶進場是不是代表市場後續看好。

　　總結上面的幾個重點：

- 總股東人數：有點像人氣指標，可以偵測市場熱度，當作進出場濾網。
- 大股東：持有級距較高，可以跟隨他們進出場。
- 小股東：可以當作市場反指標。

技巧 77 【實作】大股東、小股東、股東人數變動繪圖分析

　　本技巧介紹如何將股權分散表與 K 線圖同時繪製，我們必須透過副圖的方式去繪製，詳細說明可以參考上一章節的內容。

而本技巧繪製股權分散出來的相關指標，是由「大股票變動」、「小股東變動」等二個陣列所組成。繪圖的程式碼如下：

▍檔名：7-2.py

```python
# 載入必要套件
from Data import getPriceAndShareHolder
from BackTest import ChartTrade,Performance
import pandas as pd
import mplfinance as mpf

# 取得回測資料
prod='0050'
data=getPriceAndShareHolder(prod,'2007-01-01','2022-05-01')

# 30 張持有以下稱為散戶
data['minority']=data['1']+data['2']+data['3']+data['4']+data['5']
# 400 張持有以上稱為大股東
data['major']=data['12']+data['13']+data['14']+data['15']

# 繪製副圖
addp=[]
# 小股東曲線
addp.append(mpf.make_addplot(data['minority'],panel=2,secondary_y=False,color='r'))
# 大股東曲線
addp.append(mpf.make_addplot(data['major'],panel=2,secondary_y=False,color='y'))

# 繪製K線圖與交易明細
ChartTrade(data,addp=addp,v_enable=False)
```

7-2.py 當中介紹如何取用資料，將資料帶入 ChartTrade 函數，並繪製成圖片。我們將透過 CMD 去執行，以「0050」為例，執行過程如下：

```
>python 7-2.py
```

執行後，產生的畫面如圖 7-6 所示。

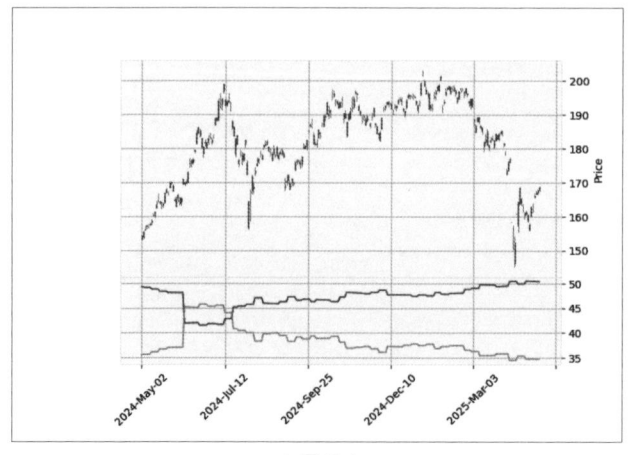

▲圖 7-6

技巧 78 【實作】跟著大股東買策略

本技巧將介紹「跟著大股東買」交易策略應該如何透過程式碼撰寫。策略的發想是當大股東的近期買盤力道增加時，我們跟著買進；當大股東的買盤力道趨緩時，我們則賣出。

本策略的進出場邏輯如下：

項目	策略內容
進場	當大股東持有高於過去兩個月（8週）的平均時，則進場。
出場	當大股東持有低於過去兩個月（8週）的平均時，則出場。

本策略會將大股東持有定義為 400 張以上的級距比例，並且將大股東的數值以移動平均（rolling mean）的方式再計算一次。

接下來介紹「跟著大股東買」的策略程式碼，程式碼如下：

▌檔名：7-3.py

```
# 載入必要套件
from Data import getPriceAndShareHolder
from BackTest import ChartTrade,Performance
import pandas as pd
import mplfinance as mpf
```

```
# 取得回測資料
prod='0050'
data=getPriceAndShareHolder(prod,'2007-01-01','2022-05-18')
```

如上程式碼，取得股票 K 線與股權結構表的整合資料。

```
# 400 張持有以上稱為大股東
data['major']=data['12']+data['13']+data['14']+data['15']
```

如上程式碼，將 400 張以上級距的比例加總，算出大股東每週的持有比例。

```
# 算出指標過去的平均
data['major_ma']=data.rolling(8)['major'].mean()
```

接著去計算出每種指標的移動平均，如大股東、收盤價等。

```
# 初始部位
position=0
trade=pd.DataFrame()
# 開始回測
for i in range(data.shape[0]-1):
    # 取得策略會應用到的變數
    c_time=data.index[i]
    c_high=data.loc[c_time,'high']
    c_close=data.loc[c_time,'close']
    c_major=data.loc[c_time,'major']
    c_major_ma=data.loc[c_time,'major_ma']
    # 取下一期資料作為進場資料
    n_time=data.index[i+1]
    n_open=data.loc[n_time,'open']

    # 進場程序
    if position == 0 :
        if  c_major > c_major_ma
            position = 1
            order_i=i
            order_time=n_time
            order_price=n_open
            order_unit=1
```

如上程式碼，進場判斷是當大股東持有大於過去且股東人數也大於過去的平均。

```
# 出場程序
elif position ==1 :
    # 出場邏輯
    if c_major < c_major_ma :
        position = 0
        cover_time=n_time
        cover_price=n_open
        # 交易紀錄
        trade=pd.concat([trade,pd.DataFrame([[
                        prod,
                        'Buy',
                        order_time,
                        order_price,
                        cover_time,
                        cover_price,
                        order_unit
                        ]])],ignore_index=True)
```

如上程式碼,出場判斷是當大股東持有小於過去 2 個月的平均,則出場。

```
# 繪製副圖
addp=[]
addp.append(mpf.make_addplot(data['ma'],color='r'))
addp.append(mpf.make_addplot(data['major'],panel=1,secondary_y=False,color='r'))
addp.append(mpf.make_addplot(data['major_ma'],panel=1,secondary_y=False,color='b'))

# 績效分析
Performance(trade,'ETF')
# 繪製 K 線圖與交易明細
ChartTrade(data,trade,addp=addp,v_enable=False)
```

本範例的預設標的為「0050」,執行程式碼,操作過程如下:

```
> python 7-3.py
總績效 0.0279
交易次數 14
平均績效 0.002
平均持有天數 12 天
勝率 0.57
平均獲利 0.0298
平均虧損 -0.0351
```

Chapter 07　股權分散表交易策略

賺賠比 0.8492
期望值 0.0567
獲利平均持有天數 14 天
虧損平均持有天數 10 天
最大連續虧損 -0.1364
最大資金回落 0.1794

權益曲線圖，如圖 7-7 所示。

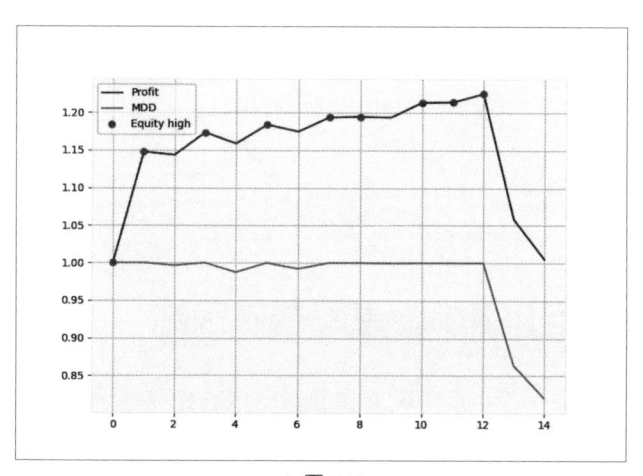

▲圖 7-7

交易明細圖，如圖 7-8 所示。

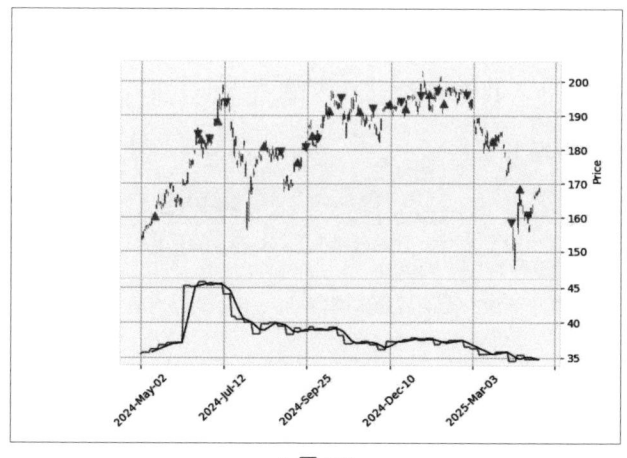

▲圖 7-8

203

仔細檢視每個進出場點位，如圖 7-9 所示。

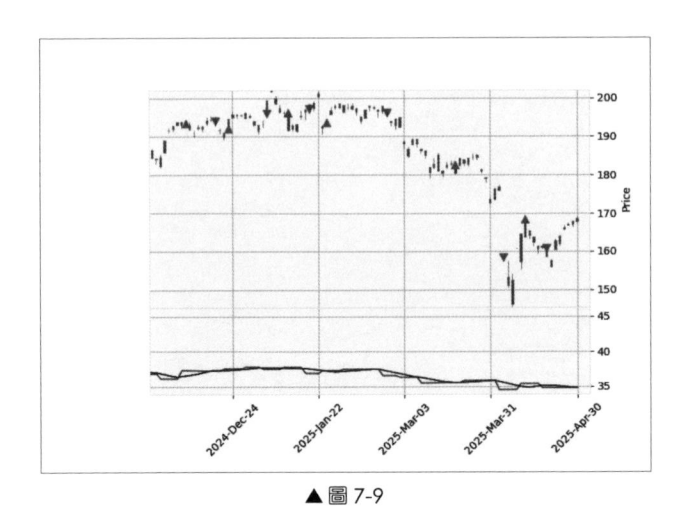

▲圖 7-9

技巧 79 【實作】跟小股東反著做策略

本技巧將介紹「跟著小股東反著做」交易策略應該如何透過程式碼撰寫。與上一個策略完全相反，策略的方向是去檢視小股東的動向，除此之外，這個策略會搭配價格走勢，我們的目的是要找出會賺錢的行情，也就是上升行情，而我們將小股東稱為「散戶」，散戶的操作模式是低接高賣。

散戶通常賠錢的關鍵在於，過度自信去預測價格的未來走勢，在低點買進，不願意執行停損（凹單），又將獲利提早出場。策略的發想是當價格上升，小股東賣掉出場，散戶過早出場的情況發生下，我們選擇跟散戶對做。

本策略的進出場邏輯如下：

項目	策略內容
進場	當小股東持有低於過去兩個月（8 週）的平均時，並且價格高於過去一個月（4 週）平均時，則進場。
出場	當小股東持有高於過去兩個月（8 週）的平均時，則出場。

本策略會將小股東持有定義為 30 張以下的級距比例，並且將小股東的數值以移動平均（rolling mean）的方式再計算一次。

接下來介紹「跟著小股東反著做」的策略程式碼，程式碼如下：

檔名：7-4.py

```python
# 載入必要套件
from Data import getPriceAndShareHolder
from BackTest import ChartTrade,Performance
import pandas as pd
import mplfinance as mpf

# 取得回測資料
prod='0050'
data=getPriceAndShareHolder(prod,'2007-01-01','2022-05-01')
```

如上程式碼，取得股票 K 線與股權結構表的整合資料。

```python
# 30 張持有以下稱為散戶
data['minority']=data['1']+data['2']+data['3']+data['4']
```

如上程式碼，算出小股東的持有比例。

```python
# 算出過去的平均
data['minority_ma']=data.rolling(8)['minority'].mean()
data['ma']=data.rolling(4)['close'].mean()
```

如上程式碼，算出各指標的移動平均值。

```python
# 初始部位
position=0
trade=pd.DataFrame()
# 開始回測
for i in range(data.shape[0]-1):
    # 取得策略會應用到的變數
    c_time=data.index[i]
    c_high=data.loc[c_time,'high']
    c_close=data.loc[c_time,'close']
    c_ma=data.loc[c_time,'ma']
    c_minority=data.loc[c_time,'minority']
    c_minority_ma=data.loc[c_time,'minority_ma']
    # 取下一期資料作為進場資料
    n_time=data.index[i+1]
    n_open=data.loc[n_time,'open']
```

```
# 進場程序
if position == 0 :
    if c_close > c_ma and c_minority < c_minority_ma :
        position = 1
        order_i=i
        order_time=n_time
        order_price=n_open
        order_unit=1
```

如上程式碼,當小股東小於平均,代表正在出貨,而價格又往上漲,則進場。

```
# 出場程序
elif position ==1 :
    # 出場邏輯
    if c_minority > c_minority_ma:
        position = 0
        cover_time=n_time
        cover_price=n_open
        # 交易紀錄
        trade=pd.concat([trade,pd.DataFrame([[
                    prod,
                    'Buy',
                    order_time,
                    order_price,
                    cover_time,
                    cover_price,
                    order_unit
                    ]])],ignore_index=True)
```

如上程式碼,當小股東大於平均,代表小股東開始買進,則出場。

```
# 繪製副圖
addp=[]
addp.append(mpf.make_addplot(data['ma'],color='r'))
addp.append(mpf.make_addplot(data['minority'],panel=1,secondary_y=False,color='r'))
addp.append(mpf.make_addplot(data['minority_ma'],panel=1,secondary_y=False,color='b'))

# 績效分析
Performance(trade,'ETF')
# 繪製K線圖與交易明細
ChartTrade(data,trade,addp=addp,v_enable=False)
```

本範例的預設標的為「0050」，執行程式碼，操作過程如下：

```
> python 7-4.py
總績效 0.1185
交易次數 14
平均績效 0.0085
平均持有天數 10 天
勝率 0.36
平均獲利 0.0517
平均虧損 -0.0156
賺賠比 3.3227
期望值 0.5438
獲利平均持有天數 14 天
虧損平均持有天數 8 天
最大連續虧損 -0.0126
最大資金回落 0.1121
```

權益曲線圖，如圖 7-10 所示。

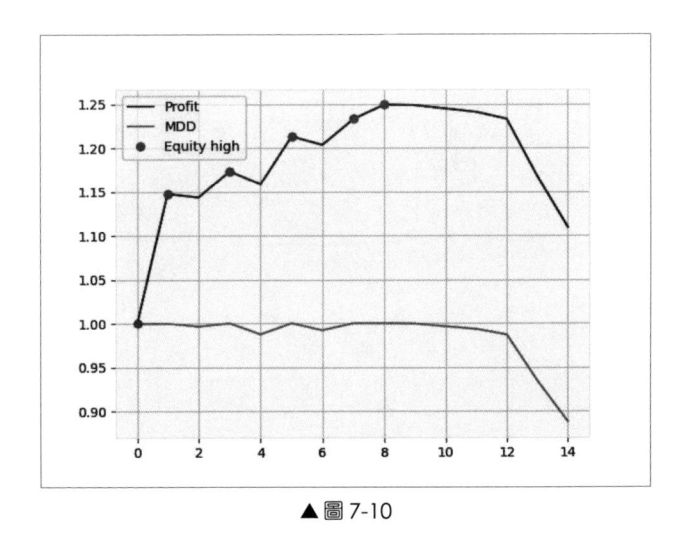

▲圖 7-10

交易明細圖，如圖 7-11 所示。

▲圖 7-11

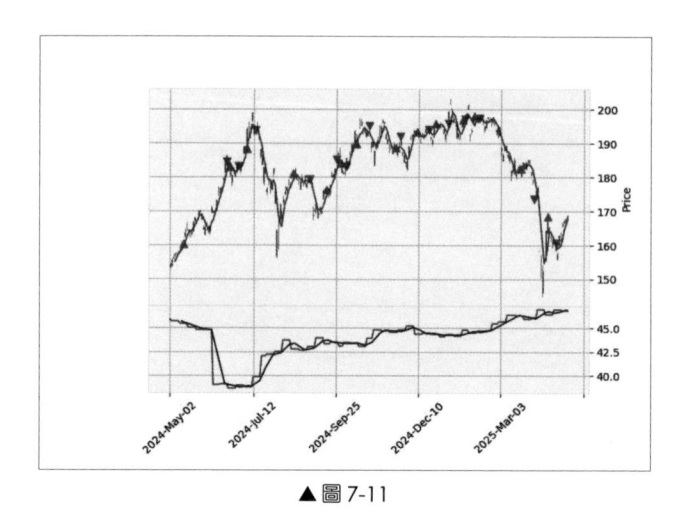

仔細檢視每個進出場點位,如圖 7-12 所示。

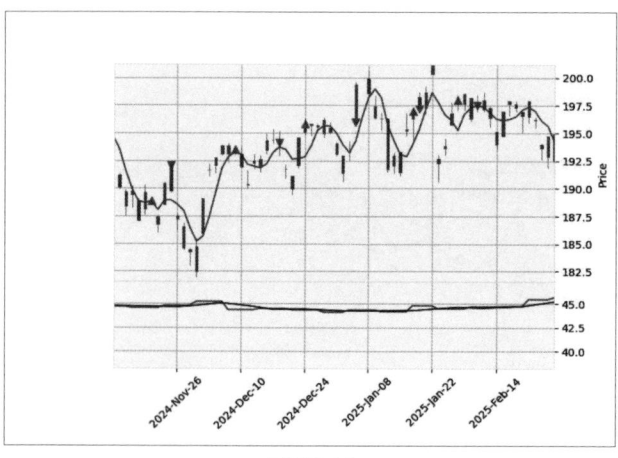

▲圖 7-12

08

三大法人交易策略

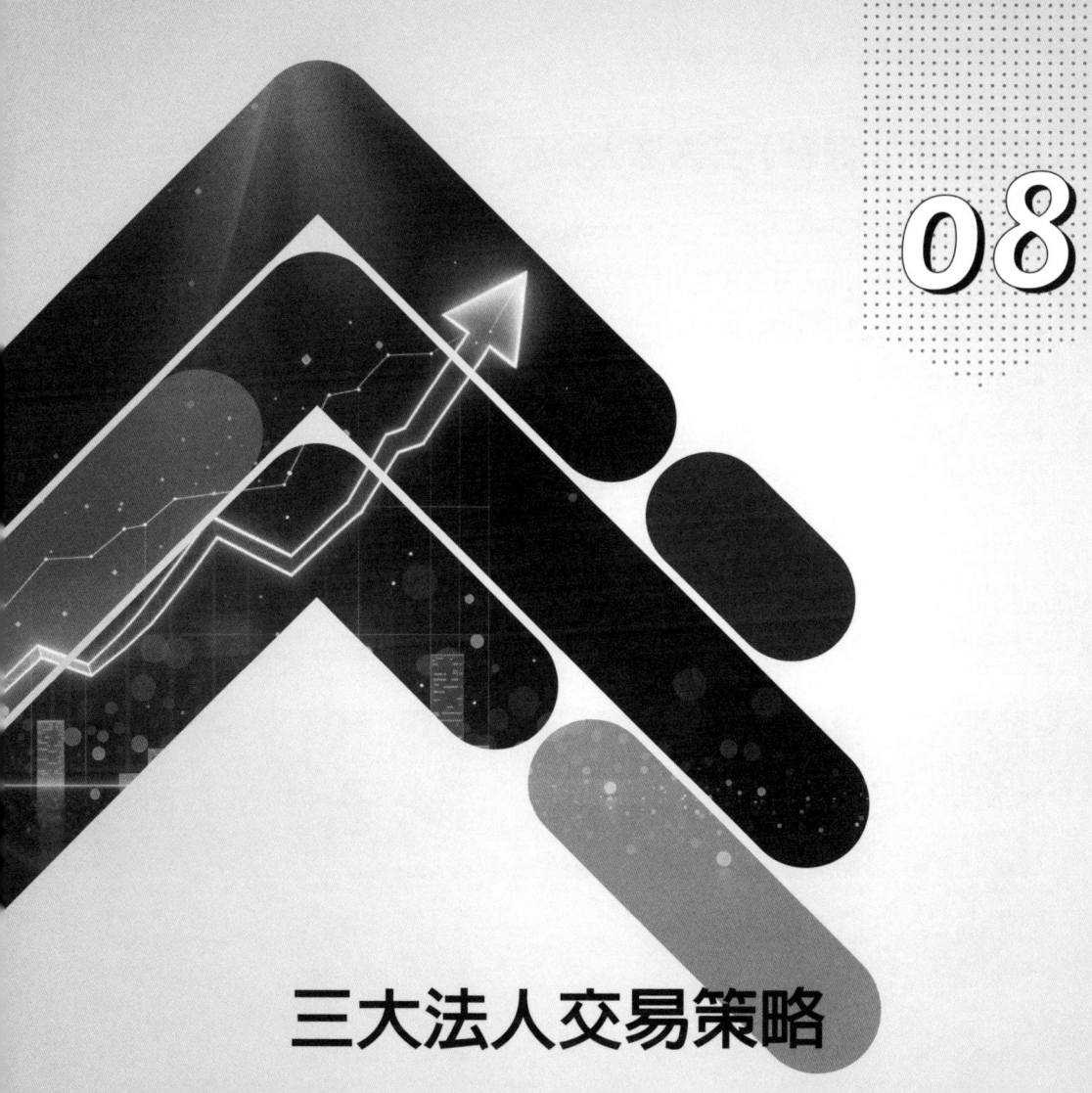

本章將介紹證交所揭示的三大法人資料，從資訊的內涵到資料的使用，最後透過資料去建構交易策略。

技巧 80 【觀念】三大法人介紹

本技巧將介紹三大法人，三大法人是交易所訂定的三種投資人類型，在證交所三大法人揭示的官方網站中，有證交所三大法人交易單位的介紹：

- 自營商：表示證券自營商專戶。
- 投信：表示本國投資信託基金。
- 外資及陸資：表示依「華僑及外國人投資證券管理辦法」及「大陸地區投資人來臺從事證券投資及期貨交易管理辦法」辦理登記等投資人。

圖 8-1 是證交所三大法人買賣超日報，網址：URL https://www.twse.com.tw/zh/page/trading/fund/T86.html。

111年05月23日 三大法人買賣超日報

單位：股

每頁 10 筆

證券代號	證券名稱	外陸資買進股數(不含外資自營商)	外陸資賣出股數(不含外資自營商)	外陸資買賣超股數(不含外資自營商)	外資自營商買進股數	外資自營商賣出股數	外資自營商買賣超股數	投信買進股數	投信賣出股數	投信買賣超股數	自營商買賣超股數	自營商買進股數(自行買賣)	自營商賣出股數(自行買賣)	自營商買賣超股數(自行買賣)	自營商買進股數(避險)	自營商賣出股數(避險)	自營商買賣超股數(避險)	三大法人買賣超股數
1102	亞泥	794,825	3,263,004	-2,468,179	0	0	0	2,824,808	0	2,824,808	289,014	218,000	5,557	212,443	151,000	74,429	76,571	645,643
1103	嘉泥	203,000	72,000	131,000	0	0	0	0	0	0	12,991	13,000	9	12,991	0	0	0	143,991
1104	環泥	62,000	31,000	31,000	0	0	0	0	0	0	11,214	11,214	0	11,214	0	0	0	42,214
1101B	台泥乙特	0	0	0	0	0	0	0	0	0	27,000	52,000	25,000	27,000	0	0	0	27,000
1108	幸福	25,000	1,000	24,000	0	0	0	0	0	0	0	0	0	0	0	0	0	24,000
1110	東泥	19,000	14,000	5,000	0	0	0	0	0	0	0	0	0	0	0	0	0	5,000
1109	信大	23,000	27,000	-4,000	0	0	0	0	0	0	5,923	6,029	106	5,923	0	0	0	1,923
1101	台泥	5,932,652	10,900,989	-4,968,337	0	0	0	1,342,100	0	1,342,100	-380,012	199,000	600,012	-401,012	189,000	168,000	21,000	-4,006,249

上頁 1 下頁

說明：

1. 自營商表示證券自營商專戶。
2. 投信表示本國投資信託基金。
3. 外資及陸資表示依「華僑及外國人投資證券管理辦法」及「大陸地區投資人來臺從事證券投資及期貨交易管理辦法」辦理登記等投資人。
4. 外資自營商買賣股數已計入自營商買賣股數，故不納入三大法人買賣股數之合計數計算。
5. 本統計資訊含一般、零股、盤後定價、鉅額，不含拍賣、標購。
6. 本資訊以當日原始成交情形統計，不以證券商申報錯帳、更正帳號等調整後資料統計。
7. ETF證券代號第六碼為K、M、S、C者，表示該ETF以外幣交易。

▲圖 8-1

由上述的定義來看，可以知道三大法人分別是哪一類的資金來源。而筆者整理出的三種法人結構，以下一一介紹：

❖ 外資及陸資

外資及陸資就是依照外資辦法辦理登記的投資戶，外資的種類相當多，而證交所目前所揭示的三大法人資訊當中，外資有兩種種類，一種是「外陸資買賣超」，另一種是「外資自營商買賣超」。

所謂「外資與陸資」，是國外的投資機構透過經紀商購買台灣的證券商品，這類的資金部位很大，大家普遍拿這些資料來進行股票策略回測。

另一種「外資自營」，其放在台灣的資金部位並不像外陸資本身這麼大，而是國外證券商對於台灣證券市場有興趣，自行進行交易。通常外資自營商較不容易偽裝身分，由於外陸資常常會有偽外資，某些交易團隊會在海外成立投資公司，並且透過特定的操作手法讓股票看起來後市不好，所以外資自營商的資料更不容易有偽造的可能。

❖ 投信

「投信」（投資信用公司）就是基金管理公司，經理人藉由向投資者募集到的部位去進行操盤，從市場上賺取獲利，其中投信的交易以多方為主，由於投信要放空股票，在法規上的限制較多，所以對於多頭市場的策略評估，投信的買賣超是有參考價值的。

❖ 自營商

「自營商」是券商的投資部門，通常稱為「自營部」，券商用自己的錢去進行操作，不行幫客戶代操，自營商的買賣超資料在三大法人籌碼資料內較為雜亂。另外，自營商還會發行權證，在權證市場內擔任造市者，與一般權證投資人對作。

三大法人自營商分為「避險」及「自行買賣」。顧名思義，「避險」就是要針對大型的投資部位，自營商為何要避險呢？原因是前段文字提到，自營商會扮演權證造市的角色，所以當某檔權證有一位市場大戶大量買進，券商則持有的部位要跟該位大戶呈現反向盈虧，大戶大賺錢，代表自營商要大虧錢，所以當這種現象發生，券商會買入避險部位進行避險。

舉例來說，當券商有發行 A 股票的認購權證，而該認購權證某位大戶買進了非常多張，由於券商不想承擔未來大賠的風險，所以買進了其他商品避險。

當券商買入特定部位避險時，則很有可能代表該股票未來有行情，畢竟券商不會平白無故買進避險部位。

技巧 81 【實作】取得三大法人公開資料

取得三大法人公開資料的方法有兩個,一個是「透過爬蟲抓取證交所的公開資料」,另一個是「取得公開資料的 API」,本技巧將會介紹兩種方法取得三大法人。

如果我們要去網站上搜尋三大法人,目前證交所提供的資料齊全,不過要自己透過爬蟲程式先將資料預先下載下來,再撰寫函數去取得我們所爬取下來的資料。

❖ 網路爬蟲取得證交所三大法人

證交所的網頁架構是動態網頁的設計方式,在動態網頁中直接去抓取 API 的資料內容呈現在網頁上,我們只要知道 API 的位址,就可以抓到資料了。

首先,我們進入證交所三大法人的網頁:URL https://www.twse.com.tw/zh/page/trading/fund/T86.html,接著可以看到該網頁是採用每日搜尋的方式,也就是我們每日只需要一個 requests,就可以去抓到當天所有的三大法人資料。

回歸正題,先找尋 API 位址,進入網頁後,開啟開發者介面,如圖 8-2 所示。

▲圖 8-2

接著點選「NetWork」，如圖 8-2 方框處，重新查詢一次，就可以看到 API 的來源了。找到來源以後，便可以開始爬蟲撰寫了，由於我們要先將資料整理成特定的檔案，才能方便我們後續回測使用，接著介紹程式碼取得爬蟲資料。

▍檔名：8-1.py

```
# 載入必要的套件
import time,requests,os,datetime,random
from json import loads
import pandas as pd

# 切換工作路徑
os.chdir('範例程式碼路徑')

c_datetime=datetime.datetime.now()
c_day=c_datetime.strftime('%Y%m%d')
```

如上程式碼，該程式預計是從當日開始向前進行資料爬取。

```
first_write=True
```

如上程式碼，設定首次寫入的標籤，由於爬蟲的檔案不需要重複寫入標頭（header）。

```
while c_day>'20190501':
```

如上程式碼，迴圈是設定爬取到 2019 年 5 月，讀者可以自行修改，調整至更早之前。

```
    c_datetime -= datetime.timedelta(1)
    c_day=c_datetime.strftime('%Y%m%d')
```

如上程式碼，每次循環都減去 1 日。

```
    print(c_day)
    url='https://www.twse.com.tw/fund/T86?response=json&date='+c_day+'&selectType=AL&_=1653292116714'

    html=requests.get(url)
    jsdata=loads(html.text)

    if jsdata['stat']=='很抱歉，沒有符合條件的資料！':
        continue
```

```python
data=pd.DataFrame(jsdata['data'],columns=jsdata['fields'])
data.loc[:,'日期']=c_day

if first_write:
    data.to_csv('三大法人爬蟲資料.csv',encoding='cp950',index=False)
    first_write=False
else:
    data.to_csv('三大法人爬蟲資料.csv',encoding='cp950',mode='a',index=False,header=False)

# 隨機休息 5-10 秒
time.sleep(random.randint(1,5))
```

如上程式碼，將資料儲存在「三大法人爬蟲資料.csv」檔案中，檔案內容範例如下：

▌檔名：三大法人爬蟲資料.csv

證券代號,證券名稱,外陸資買進股數(不含外資自營商),外陸資賣出股數(不含外資自營商),外陸資買賣超股數(不含外資自營商),外資自營商買進股數,外資自營商賣出股數,外資自營商買賣超股數,投信買進股數,投信賣出股數,投信買賣超股數,自營商買賣超股數,自營商買進股數(自行買賣),自營商賣出股數(自行買賣),自營商買賣超股數(自行買賣),自營商買進股數(避險),自營商賣出股數(避險),自營商買賣超股數(避險),三大法人買賣超股數,日期
2609,陽明,"30,777,137","9,473,100","21,304,037",0,0,0,"2,892,000","10,000","2,882,000","1,422,698","301,741","237,000","64,741","1,573,957","216,000","1,357,957","25,608,735",20220523
2603,長榮,"34,709,486","17,663,535","17,045,951",0,0,0,"1,039,000","31,000","1,008,000","2,984,165","1,998,000","948,000","1,050,000","2,329,165","395,000","1,934,165","21,038,116",20220523
2618,長榮航,"40,807,800","24,417,100","16,390,700",0,0,0,"4,640,252","3,459,000","1,677,000","1,782,000","3,783,214","924,962","2,858,252","21,030,952",20220523

如果讀者透過該函數取得三大法人歷史資料，接著我們可以撰寫一個函數去取得該資料，函數程式碼介紹如下：

▌檔名：Data.py

```python
# 取得三大法人 證交所資料來源
def getTSEInstitutionalInvestors(prod,st,en):
    # 備份檔名
    bakfile='%s_%s_%s_TSE_InstitutionalInvestorsBuySell.csv'%(prod,st,en)
    # 檢視是否有該檔案存在
    if os.path.exists(bakfile):
        # 取得檔案內容
        tmpdata=pd.read_csv(bakfile)
        tmpdata['日期']=pd.to_datetime(tmpdata['日期'])
```

```python
        tmpdata=tmpdata.set_index(tmpdata['日期'])
        tmpdata.drop('日期',axis=1,inplace=True)
        # 將資料內容轉換為數值
        # for i in range(2,tmpdata.shape[1]):
            # tmpdata.iloc[:,i].astype(int)
    # 沒有的話就取檔案內容
    else:
        # 取得檔案內容
        tmpdata=pd.read_csv('三大法人爬蟲資料.csv',encoding='cp950')
        tmpdata=tmpdata[(tmpdata['證券代號']==prod) &(tmpdata['日期'] >=int(st))&(tmpdata['日期'] <=int(en)) ]
        tmpdata['日期']=pd.to_datetime(tmpdata['日期'],format='%Y%m%d')
        tmpdata=tmpdata.set_index(tmpdata['日期'])
        tmpdata.drop('日期',axis=1,inplace=True)
        # 將資料內容轉換為數值
        for i in range(2,tmpdata.shape[1]):
            tmpdata.iloc[:,i]=tmpdata.iloc[:,i].str.replace(',','')
            tmpdata.iloc[:,i].astype(int)
        # 將單一證券內容寫入備份檔中
        tmpdata.to_csv(bakfile)
    # 回傳資料
    return tmpdata
```

使用該函數的前提是已經將證交所的資料爬取到本地端了，若是還沒將證交所的資料爬取到本地端，則該函數無法使用。該函數 Python 操作過程如下：

```
>>> from Data import getTSEInstitutionalInvestors
>>> a=getTSEInstitutionalInvestors('0050','20220101','20220501')
>>> a
        證券代號   證券名稱  外陸資買進股數（不含外資自營商） 外陸資賣出股數（不含外資自營
商）  ... 自營商買進股數（避險） 自營商賣出股數（避險） 自營商買賣超股數（避險）  三大法人
買賣超股數
日期
2022-04-29  0050  元大台灣 50            1062349            1868000 ...    1103000
2039311      -936311    -525396
2
...          ...    ...                ...                ... ...        ...
...          ...    ...
2019-06-04  0050  元大台灣 50            1717087            3750000 ...    1164000
1226000      -62000     -144591
3
```

```
[710 rows x 19 columns]
```

❖ 公開資料 API － FinMind

FinMind 有籌碼面的相關資料，其中也包含三大法人，FinMind 的介紹可以參考第 3 章中取得公開資料的部分。

FinMind 取得股權分散表會使用到 taiwan_stock_institutional_investors，參數如下：

參數	說明
stock_id	商品代碼。
start_date	起始日。
end_date	結束日。

回傳的資料物件型態是 pandas.dataframe，而主要有 6 組欄位，而索引值從 0 開始排序，欄位分別如下：

項目	說明
stock_id	股票代碼。
buy	買進額度。
name	三大法人單位，分別有： ● 外資：Foreign_Investor。 ● 外資自營：Foreign_Dealer_Self。 ● 投信：Investment_Trust。 ● 自營商：Dealer_self。 ● 自營商（避險）：Dealer_Hedging。
sell	賣出額度。

接著，取得法人資訊，範例程式碼如下：

```
# 載入 FinMind 套件
from FinMind.data import DataLoader

# 下載 0050 ETF，從 2020 至 2021 年底
FM=DataLoader()
a=FM.taiwan_stock_institutional_investors(stock_id='0050',start_date='2020-01-01',end_date='2022-01-01')
```

Python 操作如下：

```
>>> from FinMind.data import DataLoader
>>> FM=DataLoader()
>>> a=FM.taiwan_stock_institutional_investors(stock_id='0050',start_date='2020-01-01',end_
date='2022-01-01')
>>> a
           date stock_id      buy                name      sell
0    2020-01-02     0050    41000     Foreign_Investor   1878000
1    2020-01-02     0050        0  Foreign_Dealer_Self         0
2    2020-01-02     0050   291000     Investment_Trust         0
3    2020-01-02     0050   197000          Dealer_self    357000
4    2020-01-02     0050   633000       Dealer_Hedging   1192000
...         ...      ...      ...                  ...       ...
2440 2021-12-30     0050  1640445     Foreign_Investor    529530
2441 2021-12-30     0050        0  Foreign_Dealer_Self         0
2442 2021-12-30     0050        0     Investment_Trust         0
2443 2021-12-30     0050    45000          Dealer_self   1984216
2444 2021-12-30     0050    69921       Dealer_Hedging   1771479

[2445 rows x 5 columns]
```

這裡可以看到 FinMind 套件取出的資料，格式與證交所的資料格式不太一樣，接著我們要將 FinMind 套件轉換為我們之後章節可以操作的格式（比較類似證交所的資料格式）。我們撰寫兩個函數 getFMInstitutionalInvestors、InstInvestorsDaily，放置在 Data.py 的範例檔中，由於本書中會介紹兩種取得交易資料的 Function，讀者可以自行決定要使用哪種 API，程式碼如下：

▌檔名：Data.py

```python
# 取得載入 FinMind 股權分散表資料
def getFMShareHolder(prod,st,en):
    # 備份檔名
    bakfile='%s_%s_%s_stock_holding_shares_per.csv'%(prod,st,en)
    # 檢視是否有該檔案存在
    if os.path.exists(bakfile):
        # 取得檔案內容
        tmpdata=pd.read_csv(bakfile)
        tmpdata['date']=pd.to_datetime(tmpdata['date'])
        tmpdata=tmpdata.set_index(tmpdata['date'])
    # 沒有的話就取 API 內容
    else:
```

```
            tmpdata=FM.taiwan_stock_holding_shares_per(stock_id=prod,start_date=st,end_date=en)
            # 將日期設定為索引
            tmpdata['date']=pd.to_datetime(tmpdata['date'])
            tmpdata=tmpdata.set_index(tmpdata['date'])
            tmpdata.drop('date',axis=1,inplace=True)
            # 將 API 內容寫入備份檔中
            tmpdata.to_csv(bakfile)
        # 回傳資料
        return tmpdata
```

如上程式碼，該函數是用來取得 FinMind 的 API 資料函數，接著我們要將 FinMind 的資料格式轉為一日一筆，如下 InstInvestorsDaily 函數程式碼：

```
# 將三大法人轉換為一日一筆
def InstInvestorsDaily(data):
    rs_sh,rs_dt=[],[]
    # 依照日期去將資料做整合
    for dt in data.index.unique():
        # 撈出當天的所有資料
        data1=data[data.index==dt]
        # 依照不同交易人類別
        tmprow=[]
        f_b=data1.loc[data1['name']=='Foreign_Investor','buy'].values
        f_s=data1.loc[data1['name']=='Foreign_Investor','sell'].values
        fd_b=data1.loc[data1['name']=='Foreign_Dealer_Self','buy'].values
        fd_s=data1.loc[data1['name']=='Foreign_Dealer_Self','sell'].values
        i_b=data1.loc[data1['name']=='Investment_Trust','buy'].values
        i_s=data1.loc[data1['name']=='Investment_Trust','sell'].values
        d_b=data1.loc[data1['name']=='Dealer','buy'].values
        d_s=data1.loc[data1['name']=='Dealer','sell'].values
        ds_b=data1.loc[data1['name']=='Dealer_self','buy'].values
        ds_s=data1.loc[data1['name']=='Dealer_self','sell'].values
        dh_b=data1.loc[data1['name']=='Dealer_Hedging','buy'].values
        dh_s=data1.loc[data1['name']=='Dealer_Hedging','sell'].values
        # 如果為空 則填入該欄位為 0
        if len(f_b)==0: tmprow.append(0)
        else: tmprow.append(f_b[0])
        if len(f_s)==0: tmprow.append(0)
        else: tmprow.append(f_s[0])
        if len(fd_b)==0: tmprow.append(0)
        else: tmprow.append(fd_b[0])
```

```python
        if len(fd_s)==0: tmprow.append(0)
        else: tmprow.append(fd_s[0])
        if len(i_b)==0: tmprow.append(0)
        else: tmprow.append(i_b[0])
        if len(i_s)==0: tmprow.append(0)
        else: tmprow.append(i_s[0])
        if len(d_b)==0: tmprow.append(0)
        else: tmprow.append(d_b[0])
        if len(d_s)==0: tmprow.append(0)
        else: tmprow.append(d_s[0])
        if len(ds_b)==0: tmprow.append(0)
        else: tmprow.append(ds_b[0])
        if len(ds_s)==0: tmprow.append(0)
        else: tmprow.append(ds_s[0])
        if len(dh_b)==0: tmprow.append(0)
        else: tmprow.append(dh_b[0])
        if len(dh_s)==0: tmprow.append(0)
        else: tmprow.append(dh_s[0])

        # 將 DF 資料存放到容器
        rs_sh.append(tmprow)
        # 資料日期存成一個串列
        rs_dt.append(dt)
    # 將每日的資料整合
    rs=pd.DataFrame(rs_sh,index=rs_dt,columns=['外陸資買進股數(不含外資自營商)','外陸資賣出股數(不含外資自營商)','外資自營商買進股數','外資自營商賣出股數','投信買進股數','投信賣出股數','自營商買進股數(自行買賣)_1','自營商賣出股數(自行買賣)_1','自營商買進股數(自行買賣)_2','自營商賣出股數(自行買賣)_2','自營商買進股數(避險)','自營商賣出股數(避險)'])
    # 由於 FinMind 的，自營商類別有兩個，所以必須將這個了欄位合併，
    rs['自營商買進股數(自行買賣)']=rs['自營商買進股數(自行買賣)_1']+rs['自營商買進股數(自行買賣)_2']
    rs['自營商賣出股數(自行買賣)']=rs['自營商賣出股數(自行買賣)_1']+rs['自營商賣出股數(自行買賣)_2']
    rs.drop('自營商買進股數(自行買賣)_1',axis=1,inplace=True)
    rs.drop('自營商買進股數(自行買賣)_2',axis=1,inplace=True)
    rs.drop('自營商賣出股數(自行買賣)_1',axis=1,inplace=True)
    rs.drop('自營商賣出股數(自行買賣)_2',axis=1,inplace=True)
    return rs
```

上述函數的程式碼，主要是將一日多筆的資料轉換為一日一筆，欄位名稱可以對應到證交所三大法人的欄位名稱。

接著，介紹上述兩個函數，在 Python 中操作如下：

```
>>> from Data import getFMInstitutionalInvestors,InstInvestorsDaily
>>> a=getFMInstitutionalInvestors('0050','2022-01-01','2022-05-01')
>>> b=InstInvestorsDaily(a)
>>> b
           外陸資買進股數（不含外資自營商） 外陸資賣出股數（不含外資自營商） 外資自營商
買進股數 ... 自營商賣出股數（避險） 自營商買進股數（自行買賣） 自營商賣出股數（自行買
賣）
2022-01-03         1928567              344311           0 ...         681197              900375
279025
...                    ...                 ...         ... ...            ...                 ...
...
2022-04-29         1062349             1868000           0 ...        2039311                1000
1013000

[75 rows x 10 columns]
```

技巧 82 【實作】日 K 與三大法人資料整合

本技巧延續上個技巧，我們取得公開資料後，該如何進行資料整合呢？簡單來說，其實就是 Pandas 的 DataFrame 整合，我們透過 Pandas 套件的 concat 函數進行整合。

本章接下來的技巧將會以證交所的資料為主，來進行範例的介紹，接著說明將日 K 與三大法人資料合併的函數範例檔，函數名稱為 getPriceAndInstInvest_TSE、getPriceAndInstInvest_FM，程式碼如下：

▌檔名：Data.py

```
# 取得K線與三大法人的集合資料 透過證交所
def getPriceAndInstInvest_TSE(prod,st,en):
    # 取得還原股價
    data1=getDataFM(prod,st,en)
    # 取得證交所的三大法人
    st=st.replace('-','')
    en=en.replace('-','')
    data2=getTSEInstitutionalInvestors(prod,st,en)
    data3=pd.concat([data1,data2],axis=1,join='inner')
    return data3
```

```
# 取得K線與三大法人的集合資料 透過FinMind
def getPriceAndInstInvest_FM(prod,st,en):
    # 取得還原股價
    data1=getDataFM(prod,st,en)
    # 取得三大法人
    data2=getFMInstitutionalInvestors(prod,st,en)
    # 轉換資料格式
    data2_1=InstInvestorsDaily(data2)
    data3=pd.concat([data1,data2_1],axis=1,join='inner')
    return data3
```

讀者可以自行選擇函數來使用，該函數操作過程如下：

```
>>> from Data import getPriceAndInstInvest_FM, getPriceAndInstInvest_TSE
>>> a1=getPriceAndInstInvest_FM('0050','2019-05-01','2022-05-01')
>>> a2=getPriceAndInstInvest_TSE('0050','2019-05-01','2022-05-01')
>>> a1
              open    high    low    close    volume   ...   投信賣出股數   自營商買進股數
（避險）  自營商賣出股數（避險）  自營商買進股數（自行買賣）  自營商賣出股數（自行買賣）
2019-05-03   75.68   76.32   75.68   76.27   30324466.0  ...        0      5748326
955000          420000
    0
...            ...     ...    ...    ...       ...      ...      ...         ...
...            ...     ...
...
2022-04-29  128.90  129.50  128.25  128.75  12271215.0  ...  2600000      1103000
2039311         1000           101
3000

[731 rows x 15 columns]
>>> a2
              open    high    low    close   ...   自營商買進股數（避險）   自營商賣出股數（避
險）  自營商買賣超股數（避險）   三大法人買賣超股數
2019-06-04   71.45   71.58   71.04   71.08   ...      1164000       1226000       -62000
-1445913
...            ...     ...    ...    ...    ...          ...           ...          ...
...
2022-04-29  128.90  129.50  128.25  128.75  ...      1103000       2039311      -936311
-5253962

[709 rows x 24 columns]
```

技巧 83 【實作】外資繪圖變動分析

本範例的資料將會以證交所公開資訊為主。

本技巧介紹如何繪製外資走勢圖，外資與外資自營是不同的投資人類別，而外資自營商通常選擇標的會比較偏向權證類，由於權證不在本書的討論範圍當中，所以我們將繪製股價與外資買賣超的圖。

本繪圖將會繪製三個外資的值，如下：

- 外陸資當日買賣超。
- 外陸資連續一個月（20日）買賣超。
- 外陸資平均月買賣超。

以下介紹如何透過程式碼進行計算並繪圖，程式碼如下：

檔名：8-2.py

```
# 載入必要套件
from Data import getPriceAndInstInvest_FM
from BackTest import ChartTrade,Performance
import pandas as pd
import mplfinance as mpf

# 取得回測資料
prod='0050'
data=getPriceAndInstInvest_FM(prod,'2019-05-01','2022-05-01')

# 計算外資平均買賣
data['F_day']=data['外陸資買進股數(不含外資自營商)']-data['外陸資賣出股數(不含外資自營商)']
data['F_month']=(data['F_day']).rolling(20).sum()
data['F_mean']=(data['F_month']).rolling(40).mean()
```

首先介紹外陸資買賣超就是單純買進減賣出，再由買賣超去計算移動加總來得到月的買賣超，最後針對月的買賣超進行移動平均的計算。

```
# 繪製副圖
addp=[]
# 外資買賣力道
addp.append(mpf.make_addplot(data['F_day'],panel=1,type='bar',secondary_y=False))
```

```
addp.append(mpf.make_addplot(data['F_month'],panel=1,color='red',secondary_y=False))
addp.append(mpf.make_addplot(data['F_mean'],panel=1,color='blue',secondary_y=False))

# 繪製K線圖與交易明細
ChartTrade(data,addp=addp,v_enable=False)
```

我們將透過 CMD 去執行，以「0050」為例，執行後的畫面如圖 8-3 所示。

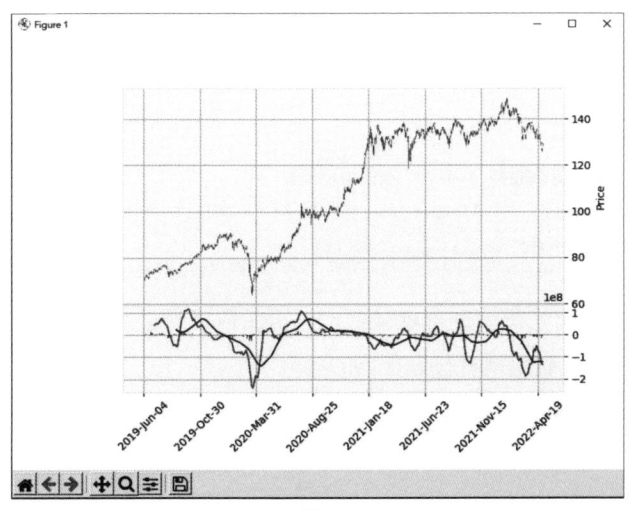

▲圖 8-3

技巧 84　【實作】投信繪圖變動分析

本範例的資料將會以證交所公開資訊為主。

本技巧介紹如何繪製投信走勢圖，投信屬於專注於多頭商品的交易人屬性，所以我們可以朝中長期的方式去閱讀投信資料。

本繪圖將會繪製三個投信的值，如下：

- 投信當日買賣超。
- 投信連續一個月（60日）買賣超。
- 投信平均月買賣超。

以下介紹如何透過程式碼進行計算並繪圖，程式碼如下：

▎檔名：8-3.py

```python
# 載入必要套件
from Data import getPriceAndInstInvest_FM
from BackTest import ChartTrade,Performance
import pandas as pd
import mplfinance as mpf

# 取得回測資料
prod='0050'
data=getPriceAndInstInvest_FM(prod,'2019-05-01','2022-05-01')

# 計算投信平均買賣
data['I_day']=data['投信買進股數']-data['投信賣出股數']
data['I_month']=(data['I_day']).rolling(60).sum()
data['I_mean']=(data['I_month']).rolling(60).mean()
```

　　首先介紹投信買賣超就是單純買進減賣出，再由買賣超去計算移動加總來得到月的買賣超，最後針對月的買賣超進行移動平均的計算。

```python
# 繪製副圖
addp=[]
# 外資買賣力道
addp.append(mpf.make_addplot(data['I_day'],panel=1,type='bar',secondary_y=False))
addp.append(mpf.make_addplot(data['I_month'],panel=1,color='red',secondary_y=False))
addp.append(mpf.make_addplot(data['I_mean'],panel=1,color='blue',secondary_y=False))

# 繪製K線圖與交易明細
ChartTrade(data,addp=addp,v_enable=False)
```

　　我們將透過CMD去執行，以「0050」為例，執行後的畫面如圖8-4所示。

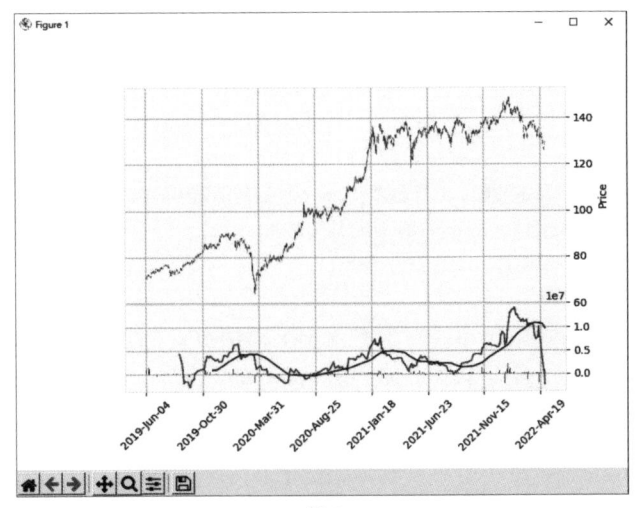

▲圖 8-4

技巧85 【實作】自營、自營避險繪圖變動分析

本範例的資料將會以證交所公開資訊為主。

本技巧介紹如何繪製自營商走勢圖,自營商有一大部分的交易量會集中在權證交易(避險),由於本書不會包含到權證的部分,所以我們只需要透過自營商自行買賣的部分去分析。

本繪圖將會繪製三個自營商的值,如下:

- 自營當日買賣超。
- 自營連續一個月(20日)買賣超。
- 自營平均月買賣超。

以下介紹如何透過程式碼進行計算並繪圖,程式碼如下:

檔名:8-4.py

```
# 載入必要套件
from Data import getPriceAndInstInvest_FM
from BackTest import ChartTrade,Performance
import pandas as pd
import mplfinance as mpf
```

```
# 取得回測資料
prod='0050'
data=getPriceAndInstInvest_FM(prod,'2019-05-01','2022-05-01')

# 計算自營商平均買賣
data['D_day']=data['自營商買進股數(自行買賣)']-data['自營商賣出股數(自行買賣)']
data['D_month']=(data['D_day']).rolling(20).sum()
data['D_mean']=(data['D_month']).rolling(60).mean()
```

首先介紹自營商買賣超就是單純買進減賣出,再由買賣超去計算移動加總來得到月的買賣超,最後針對月的買賣超進行移動平均的計算。

```
# 繪製副圖
addp=[]
# 外資買賣力道
addp.append(mpf.make_addplot(data['D_day'],panel=1,type='bar',secondary_y=False))
addp.append(mpf.make_addplot(data['D_month'],panel=1,color='red',secondary_y=False))
addp.append(mpf.make_addplot(data['D_mean'],panel=1,color='blue',secondary_y=False))

# 繪製K線圖與交易明細
ChartTrade(data,addp=addp,v_enable=False)
```

我們將透過 CMD 去執行,以「0050」為例,執行後的畫面如圖 8-5 所示。

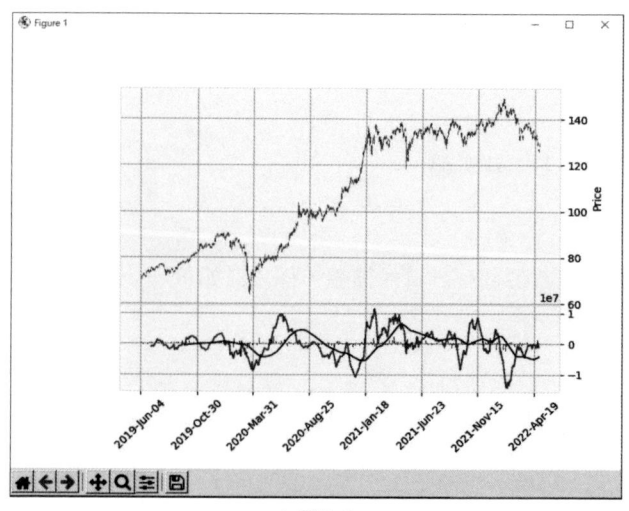

▲圖 8-5

技巧 86 【實作】跟著外資、投信買交易策略

本技巧將介紹「跟著外資、投信買」的交易策略,由於概念相同,所以接下來我們會以外資名詞為主,但是相同的概念可以套用至投信。

策略概念是當外資買盤力道增加時,我們也跟著買進;當買盤趨緩、甚至轉為賣盤時,我們則空手。

本策略的進出場邏輯如下:

項目	策略內容
進場	當外資買賣超(兩個月合計)高於過去一個月(4週)的平均時,則進場。
出場	當外資買賣超(兩個月合計)低於過去一個月(4週)的平均時,則出場。

接下來介紹「跟著外資買」的策略程式碼,程式碼如下:

▌檔名:8-5.py

```
# 載入必要套件
from Data import getPriceAndInstInvest_FM
from BackTest import ChartTrade,Performance
import pandas as pd
import mplfinance as mpf

# 取得回測資料
prod='2618'
data=getPriceAndInstInvest_FM(prod,'2019-05-01','2022-05-01')
```

如上程式碼,取得三大法人及股價資料集合。

```
# 計算 外資平均買賣
data['F_day']=data['外陸資買進股數(不含外資自營商)']-data['外陸資賣出股數(不含外資自營商)']
data['F_month']=(data['F_day']).rolling(40).sum()
data['F_mean']=(data['F_month']).rolling(20).mean()
```

如上程式碼,算出兩個月的外資買賣超,再將兩個月的外資買賣超計算平均,可以看出目前的外資買賣超相對高還是低。

```
# 初始部位
position=0
trade=pd.DataFrame()
```

```python
# 開始回測
for i in range(data.shape[0]-1):
    # 取得策略會應用到的變數
    c_time=data.index[i]
    c_high=data.loc[c_time,'high']
    c_close=data.loc[c_time,'close']
    c_F_month=data.loc[c_time,'F_month']
    c_F_mean=data.loc[c_time,'F_mean']
    # 取下一期資料作為進場資料
    n_time=data.index[i+1]
    n_open=data.loc[n_time,'open']

    # 進場程序
    if position == 0 :
        if c_F_month > c_F_mean :
            position = 1
            order_i=i
            order_time=n_time
            order_price=n_open
            order_unit=1
    # 出場程序
    elif position ==1 :
        # 出場邏輯
        if c_F_month < c_F_mean :
            position = 0
            cover_time=n_time
            cover_price=n_open
            # 交易紀錄
            trade=pd.concat([trade,pd.DataFrame([[
                        prod,
                        'Buy',
                        order_time,
                        order_price,
                        cover_time,
                        cover_price,
                        order_unit
                    ]])],ignore_index=True)
```

如上程式碼，外資買的力道大於過去一個月平均則買進，反之則賣出。

```python
# 繪製副圖
addp=[]
# 外資買賣力道
```

```
addp.append(mpf.make_addplot(data['F_month'],panel=1,color='red',secondary_y=False))
addp.append(mpf.make_addplot(data['F_mean'],panel=1,color='blue',secondary_y=False))

# 績效分析
Performance(trade,'ETF')
# 繪製K線圖與交易明細
ChartTrade(data,trade,addp=addp,v_enable=False)
```

本範例的預設標的為「0050」，執行程式碼，操作過程如下：

```
> python 8-5.py
總績效 0.2816
交易次數 16
平均績效 0.0176
平均持有天數 26 天
勝率 0.5
平均獲利 0.0653
平均虧損 -0.0301
賺賠比 2.1676
期望值 0.5838
獲利平均持有天數 30 天
虧損平均持有天數 23 天
最大連續虧損 -0.0457
最大資金回落 0.1059
```

權益曲線圖，如圖 8-6 所示。

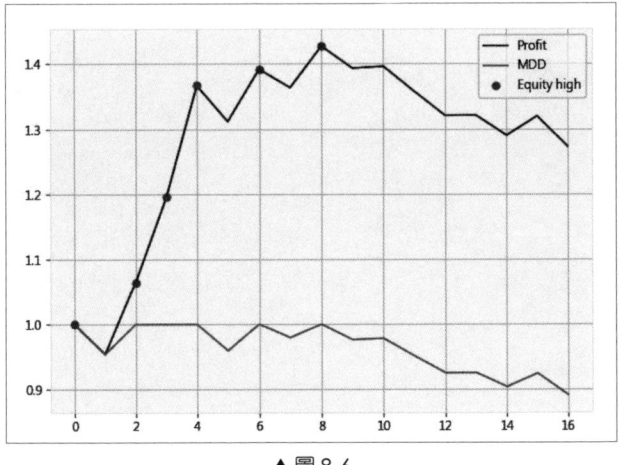

▲ 圖 8-6

交易明細圖，如圖 8-7 所示。

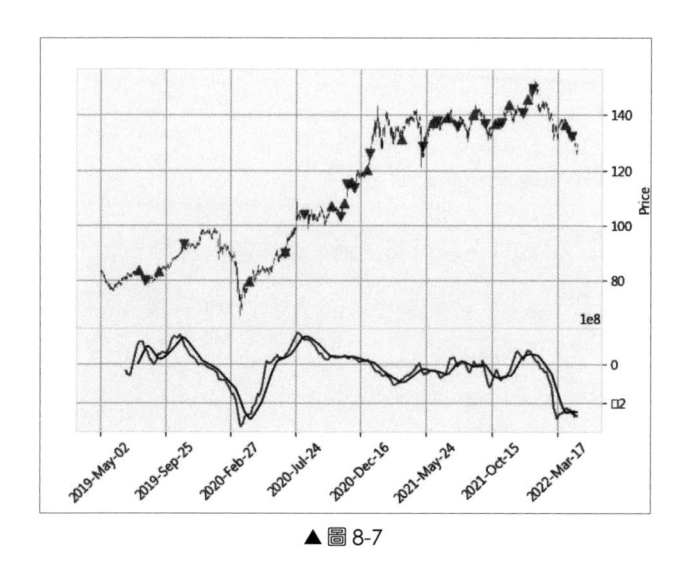

▲圖 8-7

跟隨投信的買賣策略，範例檔為「8-6.py」，買賣超週期較長，績效較佳，執行結果如下：

```
> python 8-6.py
總績效 1.1017
交易次數 9
平均績效 0.1224
平均持有天數 54 天
勝率 0.78
平均獲利 0.1651
平均虧損 -0.0269
賺賠比 6.132
期望值 4.5471
獲利平均持有天數 59 天
虧損平均持有天數 35 天
最大連續虧損 -0.0422
最大資金回落 0.0422
```

權益曲線圖，如圖 8-8 所示。

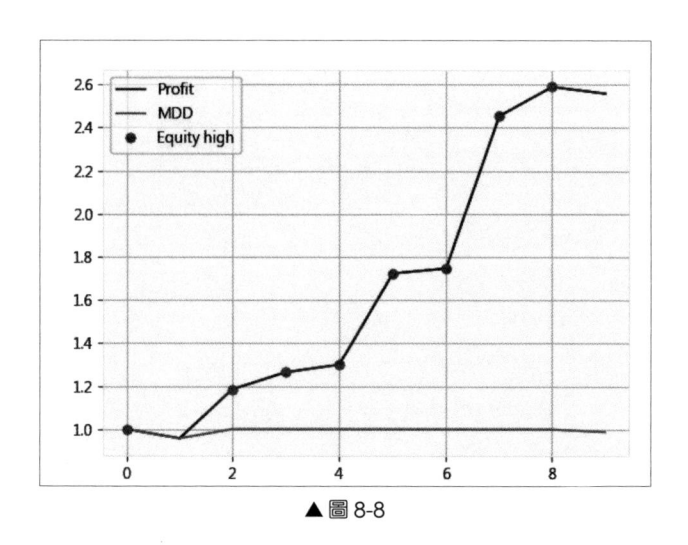

▲圖 8-8

交易明細圖，如圖 8-9 所示。

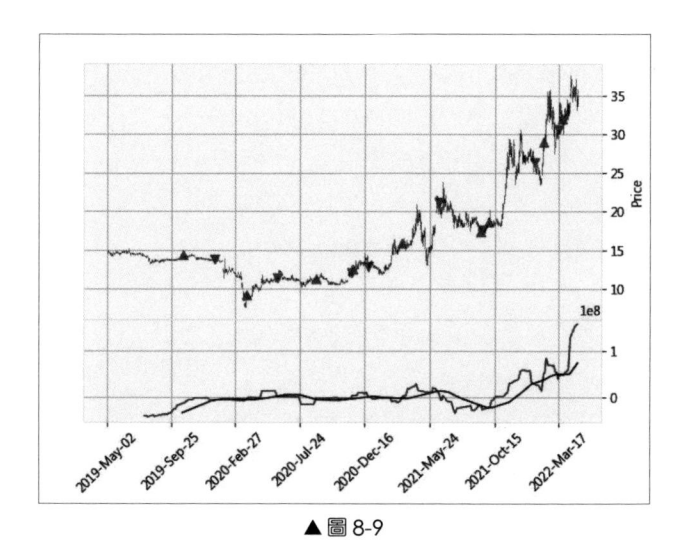

▲圖 8-9

09

融資融券交易策略

本章將介紹融資融券的資訊內涵,以及繪製圖形來閱讀證券市場,最後透過融資融券來開發策略。

技巧 87 【觀念】信用交易介紹

什麼是「信用交易」？信用交易就是和券商借錢或借證券來進行的交易類型，信用交易分為兩種，規則如下：

- 融資：跟券商借錢買股票，用槓桿做多的手法。
- 融券：跟券商借股票來賣掉，用槓桿做空的手法。

交易所會揭示目前證券市場上每一檔商品的融資融券資料，而關於資料細節，讀者可以參考下一個技巧。

那融資融券的數值分別代表什麼意思呢？融資越多，代表借錢買股票的人越多，通常我們會解讀為散戶買進，由於市場主力不缺現金，所以通常可以透過現股買賣。

融券越多，代表借股票來賣的人越多，也代表放空市場的人越多，但因為有多少融資才能有多少融券，如果融資不足，當融券戶回補時，則有很大的機會出現上漲的情況。

我們也可以用券資比去衡量目前市場上的融資融券動態：

券資比＝融券餘額 / 融資餘額

如果資券比越高，代表融券的比例越高。

最後，什麼是「融資現償、融券現償」？這在交易所資訊中都有揭示，「融資現償」是如果投資人一開始融資買進，持有了一陣子以後，有現金可以買回，則該證券就從融資買進變為現股了。

而「融券現償」比較常出現在當證券還沒有收到時，借券賣出鎖下跌風險，接著當收到證券時，將券還給當初借券的券商。

技巧 88 【實作】取得融資融券公開資料

取得融資融券公開資訊的方法有兩個，一個是「透過爬蟲抓取證交所的公開資料」，另一個是「取得公開資料的 API」，本技巧將會介紹兩種方法取得融資融券資料。

如果我們目前要去網站上尋找融資融券的資料，證交所有提供完整的資料，不過要自己透過爬蟲程式先將資料預先下載下來，再撰寫函數去取得我們所爬取下來的資料。

❖ 網路爬蟲取得證交所融資融券

證交所的融資融券資料必須到信用交易的網站下查詢，如圖 9-1 所示，網址：URL https://www.twse.com.tw/zh/page/trading/exchange/MI_MARGN.html。

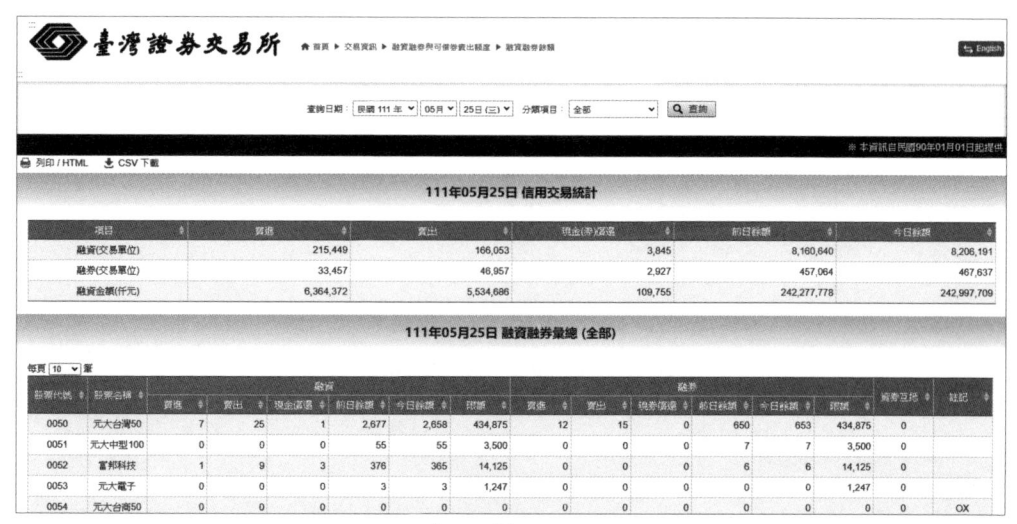

▲ 圖 9-1

證交所的網頁架構是動態網頁的設計方式，在動態網頁中直接去抓取 API 的資料內容呈現在網頁上，我們只要知道 API 的位址，就可以抓到資料了。

而證交所 API 詳細的作法，可以參考三大法人的爬蟲相關技巧，證交所融資融券的 API 位址：URL https://www.twse.com.tw/exchangeReport/MI_MARGN?response=json&date=日期&selectType=ALL&_=1653293140736。

┃ 檔名：9-1.py

```
# 載入必要的套件
import time,requests,os,datetime,random
from json import loads
import pandas as pd

# 切換工作路徑
os.chdir('範例程式碼路徑')
```

如上程式碼，首先載入必要套件，並切換目錄至指定位置。

```
c_datetime=datetime.datetime.now()
c_day=c_datetime.strftime('%Y%m%d')

first_write=True
```

如上程式碼，爬蟲起始日為執行程式碼的當天，並且設定 first_write，該變數是第一次寫入爬蟲資料進入檔案時會切換的 flag，預防多次寫入標題的標籤變數。

```
while c_day>'20190101':

    c_datetime -= datetime.timedelta(1)
    c_day=c_datetime.strftime('%Y%m%d')

    print(c_day)
    url='https://www.twse.com.tw/exchangeReport/MI_MARGN?response=json&date='+c_day+'&selectType=ALL&_=1653293140736'

    html=requests.get(url)
    jsdata=loads(html.text)
```

如上程式碼，去目標網址取得資料，並透過 json 進行解析。

```
    if 'tables' not in jsdata.keys():
        print(c_day,'爬蟲失敗')
        continue

    jsdata = jsdata['tables'][1]

    data=pd.DataFrame(jsdata['data'],columns=jsdata['fields'])
    data['日期']=c_day

    if first_write:
        data.to_csv('融資融券爬蟲資料.csv',encoding='cp950',index=False)
        first_write=False
    else:
        data.to_csv('融資融券爬蟲資料.csv',encoding='cp950',mode='a',index=False,header=False)

    time.sleep(random.randint(1,5))
```

如上程式碼，將資料儲存在「融資融券爬蟲資料.csv」檔案中，檔案內容範例如下：

檔名：融資融券爬蟲資料.csv

股票代號,股票名稱,買進,賣出,現金償還,前日餘額,今日餘額,限額,買進,賣出,現券償還,前日餘額,今日餘額,限額,資券互抵,註記,日期
0050,元大台灣50,54,48,2,"2,673","2,677","434,875",10,49,0,611,650,"434,875",2, ,20220524
0051,元大中型100,0,0,0,55,55,"3,500",0,0,0,7,7,"3,500",0, ,20220524
0052,富邦科技,4,11,0,383,376,"14,125",0,0,6,6,"14,125",0, ,20220524

欄位可以參考證交所的網站，由於爬蟲資料解析的緣故，融資融券大項沒有解出來，導致某些欄位相同，這部分會在下面取用資料的函數中重新定義欄位名稱。

如果讀者透過該函數取得融資融券歷史資料，接著我們可以撰寫一個函數去取得該資料，函數程式碼介紹如下：

檔名：Data.py

```python
# 取得融資融券 證交所資料來源
def getTSEMarginTrading(prod,st,en):
    # 備份檔名
    bakfile='%s_%s_%s_TSE_MarginTrading.csv'%(prod,st,en)
    # 檢視是否有該檔案存在
    if os.path.exists(bakfile):
        # 取得檔案內容
        tmpdata=pd.read_csv(bakfile)
        tmpdata['日期']=pd.to_datetime(tmpdata['日期'])
        tmpdata=tmpdata.set_index(tmpdata['日期'])
        tmpdata.drop('日期',axis=1,inplace=True)
    # 沒有的話就取檔案內容
    else:
        # 取得檔案內容
        tmpdata=pd.read_csv('融資融券爬蟲資料.csv',encoding='cp950')
        tmpdata=tmpdata[(tmpdata['股票代號']==prod) &(tmpdata['日期'] >=int(st))&(tmpdata['日期']<=int(en)) ]
        tmpdata['日期']=pd.to_datetime(tmpdata['日期'],format='%Y%m%d')
        tmpdata=tmpdata.set_index(tmpdata['日期'])
        tmpdata.drop('日期',axis=1,inplace=True)
        # 將資料內容轉換為數值
        for i in range(2,tmpdata.shape[1]-1):
            tmpdata.iloc[:,i]=tmpdata.iloc[:,i].str.replace(',','')
            tmpdata.iloc[:,i].astype(int)
        # 將單一證券內容寫入備份檔中
        tmpdata.to_csv(bakfile)
```

```
# 回傳資料
tmpdata.columns=['股票代號','股票名稱','融資買進','融資賣出','融資現金償還','融資前日餘額','
融資今日餘額','融資限額','融券買進','融券賣出','融券現券償還','融券前日餘額','融券今日餘額','融券
限額','資券互抵','註記']
return tmpdata
```

使用該函數的前提是已經將證交所的資料爬取到本地端了，若是還沒將證交所的資料爬取到本地端，則該函數無法使用。該函數 Python 操作過程如下：

```
>>> from Data import getTSEMarginTrading
>>> a=getTSEMarginTrading('0050','20220101','20220110')
>>> a
           股票代號  股票名稱  融資買進  融資賣出  融資現金償還  融資前日餘額  融資今日餘額
...    融券賣出  融券現券償還  融券前日餘額  融券今日餘額  融券限額  資券互抵  註記
日期
2022-01-10    50  元大台灣50   52    43    0    676   685  ...   5    0
138    138   295875    2
2022-01-07    50  元大台灣50  111   113    0    678   676  ...   5    0
136    138   297500    1
2022-01-06    50  元大台灣50   68    37    0    647   678  ...   4    0
135    136   297500    2
2022-01-05    50  元大台灣50   77    53    0    623   647  ...   8    0
132    135   297500    2
2022-01-04    50  元大台灣50  133   152    0    642   623  ...   6    0
129    132   300000    20
2022-01-03    50  元大台灣50  122    83    0    603   642  ...   2    0
136    129   302250    5

[6 rows x 16 columns]
```

❖ 公開資料 API － FinMind

FinMind 有籌碼面的相關資料，其中也包含融資融券，FinMind 的介紹可以參考第 3 章中取得公開資料的部分。

FinMind 取得股權分散表會使用到 taiwan_stock_margin_purchase_short_sale，參數如下：

參數	說明
stock_id	商品代碼。
start_date	起始日。
end_date	結束日。

回傳的資料物件型態是 pandas.dataframe，主要有 15 組欄位，而索引值從 0 開始排序，欄位分別如下：

項目	說明
stock_id	股票代碼。
MarginPurchaseBuy	融資買進。
MarginPurchaseCashRepayment	融資現償。
MarginPurchaseLimit	融資限額。
MarginPurchaseSell	融資賣出。
MarginPurchaseTodayBalancet	今日融資餘額。
MarginPurchaseYesterdayBalancet	昨日融資餘額。
Notet	註記。
OffsetLoanAndShortt	資券互抵。
ShortSaleBuy	融券買入。
ShortSaleCashRepayment	融券現償。
ShortSaleLimit	融券限額。
ShortSaleSell	融券賣出。
ShortSaleTodayBalance	融券今日餘額。
ShortSaleYesterdayBalance	融券昨日餘額。

接著取得法人資訊，Python 操作如下：

```
>>> from FinMind.data import DataLoader
>>> FM=DataLoader()
>>> a=FM. taiwan_stock_margin_purchase_short_sale(stock_id='0050',start_date='2020-01-01',
end_date='2022-01-01')
>>> a
          date stock_id  ... ShortSaleTodayBalance  ShortSaleYesterdayBalance
0    2020-01-02     0050  ...                   172                        171
1    2020-01-03     0050  ...                   172                        172
2    2020-01-06     0050  ...                   173                        172
3    2020-01-07     0050  ...                   164                        173
4    2020-01-08     0050  ...                   169                        164
..          ...      ...  ...                   ...                        ...
484  2021-12-24     0050  ...                   124                        119
485  2021-12-27     0050  ...                   129                        124
486  2021-12-28     0050  ...                   127                        129
487  2021-12-29     0050  ...                   131                        127
488  2021-12-30     0050  ...                   136                        131

[489 rows x 16 columns]
```

這裡可以看到 FinMind 套件取出的資料，我們撰寫一個函數 getFMMarginTrading，放置在 Data.py 的範例檔中，功能是將取得的資料放置在本地端，減少相同資料重複取用公開資源。本書會介紹兩種取得交易資料的 Function，讀者可以自行決定要使用哪種 API，程式碼如下：

▎檔名：Data.py

```python
# 取得融資融券 FinMind 資料來源
def getFMMarginTrading(prod,st,en):
    # 備份檔名
    bakfile='%s_%s_%s_taiwan_stock_margin_purchase_short_sale.csv'%(prod,st,en)
    # 檢視是否有該檔案存在
    if os.path.exists(bakfile):
        # 取得檔案內容
        tmpdata=pd.read_csv(bakfile)
        tmpdata['date']=pd.to_datetime(tmpdata['date'])
        tmpdata=tmpdata.set_index(tmpdata['date'])
    # 沒有的話就取 API 內容
    else:
        tmpdata=FM.taiwan_stock_margin_purchase_short_sale(stock_id=prod,start_date=st,end_date=en)
        # 將日期設定為索引
        tmpdata['date']=pd.to_datetime(tmpdata['date'])
        tmpdata=tmpdata.set_index(tmpdata['date'])
        tmpdata.drop('date',axis=1,inplace=True)
        # 將 API 內容寫入備份檔中
        tmpdata.to_csv(bakfile)
    # 回傳資料
    return tmpdata
```

接著，介紹上述函數，在 Python 中操作如下：

```
>>> from Data import getFMMarginTrading
>>> a=getFMMarginTrading ('0050','2022-01-01','2022-05-01')
>>> a
            stock_id  ...  ShortSaleYesterdayBalance
date
2022-01-03      0050  ...                        136
2022-01-04      0050  ...                        129
2022-01-05      0050  ...                        132
2022-01-06      0050  ...                        135
2022-01-07      0050  ...                        136
```

```
    ...              ...    ...                ...
2022-04-25          0050    ...                414
2022-04-26          0050    ...                475
2022-04-27          0050    ...                465
2022-04-28          0050    ...                448
2022-04-29          0050    ...                463

[75 rows x 15 columns]
```

技巧 89 【實作】取得融券借券公開資料

與上一個技巧相同，本技巧將介紹取得融券借券公開資料的相關方法。

取得融券借券公開資訊的方法有兩個，一個是「透過爬蟲抓取證交所的公開資料」，另一個是「取得公開資料的 API」，本技巧將會介紹兩種方法取得融資融券資料。

如果我們目前要去網站上尋找融券借券的資料，證交所有提供完整的資料，不過要自己透過爬蟲程式先將資料預先下載下來，再撰寫函數去取得我們所爬取下來的資料。

❖ 網路爬蟲取得證交所融券借券

證交所的融券借券資料必須到信用交易的網站下查詢，如圖 9-2 所示，網址：[URL] https://www.twse.com.tw/zh/page/trading/exchange/TWT93U.html。

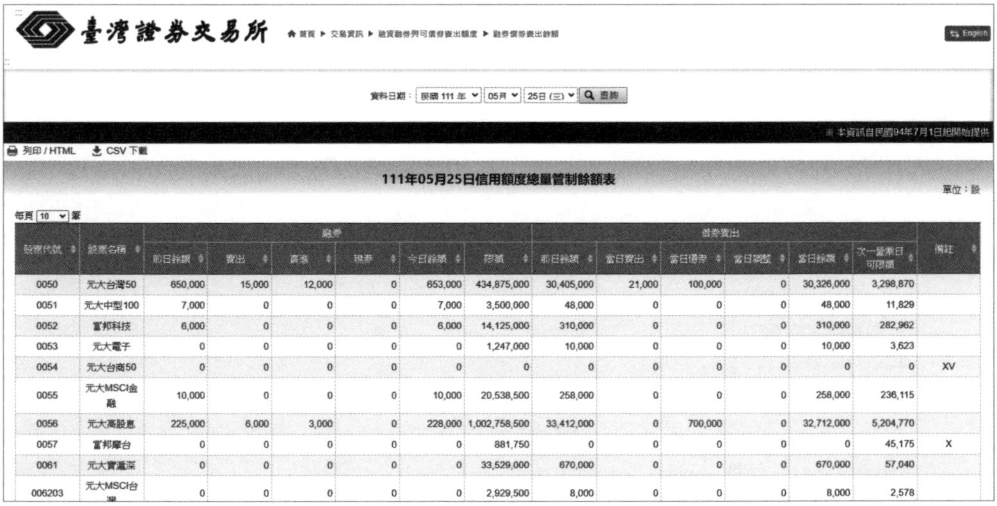

▲ 圖 9-2

證交所的網頁架構是動態網頁的設計方式，在動態網頁中直接去抓取 API 的資料內容呈現在網頁上，我們只要知道 API 的位址，就可以抓到資料了。

而證交所 API 詳細的作法，可以參考三大法人的爬蟲技巧，證交所融資融券的 API 位址：[URL] https://www.twse.com.tw/exchangeReport/TWT93U?response=json&date= 日期 &_=1653293058208。

本技巧的程式碼「9-2.py」與上一個技巧的程式碼相似，差別在於爬蟲的目標位址及產出的資料檔案。

本範例檔將資料儲存在「融券借券爬蟲資料.csv」檔案中，檔案內容範例如下：

檔名：融資融券爬蟲資料.csv

股票代號, 股票名稱, 前日餘額, 賣出, 買進, 現券, 今日餘額, 限額, 前日餘額, 當日賣出, 當日還券, 當日調整, 當日餘額, 次一營業日可限額, 備註, 日期
0050, 元大台灣 50,"611,000","49,000","10,000",0,"650,000","434,875,000", "30,139,000","266,000",0,0, "30,405,000","3,425,295", ,20220524
0051, 元大中型 100,"7,000",0,0,0,"7,000",0, "3,500,000","48,000",0,0,0,"48,000","12,153", ,20220524
0052, 富邦科技,"6,000",0,0,0,"6,000",0, "14,125,000","310,000",0,0,0, "310,000","289,567", ,20220524

欄位可以參考證交所的網站，由於爬蟲資料解析的緣故，融券借券大項沒有解出來，導致某些欄位相同，這部分會在下面取用資料的函數中重新定義欄位名稱。

如果讀者透過該函數取得融券借券歷史資料，接著我們可以撰寫一個函數去取得該資料，函數程式碼介紹如下：

檔名：Data.py

```
# 取得融券借券 證交所資料來源
def getTSEShortSales(prod,st,en):
    # 備份檔名
    bakfile='%s_%s_%s_TSE_ShortSales.csv'%(prod,st,en)
    # 檢視是否有該檔案存在
    if os.path.exists(bakfile):
        # 取得檔案內容
        tmpdata=pd.read_csv(bakfile)
        tmpdata['日期']=pd.to_datetime(tmpdata['日期'])
        tmpdata=tmpdata.set_index(tmpdata['日期'])
        tmpdata.drop('日期',axis=1,inplace=True)
    # 沒有的話就取檔案內容
    else:
```

```python
# 取得檔案內容
tmpdata=pd.read_csv('融券借券爬蟲資料.csv',encoding='cp950')
tmpdata=tmpdata[(tmpdata['股票代號']==prod) &(tmpdata['日期'] >=int(st))&(tmpdata['日期'] <=int(en)) ]
tmpdata['日期']=pd.to_datetime(tmpdata['日期'],format='%Y%m%d')
tmpdata=tmpdata.set_index(tmpdata['日期'])
tmpdata.drop('日期',axis=1,inplace=True)
# 將資料內容轉換為數值
for i in range(2,tmpdata.shape[1]-1):
    tmpdata.iloc[:,i]=tmpdata.iloc[:,i].str.replace(',','')
    tmpdata.iloc[:,i].astype(int)
# 將單一證券內容寫入備份檔中
tmpdata.to_csv(bakfile)
# 回傳資料
print(tmpdata)
tmpdata.columns=['股票代號','股票名稱','融券前日餘額','融券賣出','融券買進','融券現券','融券今日餘額','融券限額','借券前日餘額','借券當日賣出','借券當日還券','借券當日調整','借券當日餘額','次一營業日可限額','備註']
return tmpdata
```

使用該函數的前提是已經將證交所的資料爬取到本地端了，若是還沒將證交所的資料爬取到本地端，則該函數無法使用。該函數 Python 操作過程如下：

```
>>> from Data import getTSEMarginTrading
>>> a=getTSEShortSales('0050','20220401','20220410')
>>> a
            股票代號 股票名稱  融券前日餘額  融券賣出  融券買進  融券現券  融券今日餘額 ... 借券前日餘額 借券當日賣出 借券當日還券 借券當日調整 借券當日餘額 次一營業日可限額 備註
日期
2022-04-08  0050  元大台灣50  499000  21000  31000    0   489000  ...  23518000  190000    0    0  23708000  444762  5
2022-04-07  0050  元大台灣50  533000  38000  72000    0   499000  ...  22740000  778000    0    0  23518000  456096  6
2022-04-06  0050  元大台灣50  498000  60000  25000    0   533000  ...  22651000  109000  20000    0  22740000  444223  7
2022-04-01  0050  元大台灣50  519000   3000  24000    0   498000  ...  23968000  253000  1570000   0  22651000  436026  1
```

```
[4 rows x 15 columns]
```

❖ 公開資料 API － FinMind

FinMind 有籌碼面的相關資料，其中也包含融券借券，FinMind 的介紹可以參考第 3 章中取得公開資料的部分。

FinMind 取得股權分散表會使用到 taiwan_daily_short_sale_balances，參數如下：

參數	說明
stock_id	商品代碼。
start_date	起始日。
end_date	結束日。

回傳的資料物件型態是 pandas.dataframe，主要有 14 組欄位，而索引值從 0 開始排序，欄位分別如下：

項目	說明
stock_id	股票代碼。
MarginShortSalesPreviousDayBalance	融券前日餘額。
MarginShortSalesShortSales	融券賣出。
MarginShortSalesShortCovering	融券買回。
MarginShortSalesStockRedemption	融券現券。
MarginShortSalesCurrentDayBalance	融券當日餘額。
MarginShortSalesQuota	融券限額。
SBLShortSalesPreviousDayBalance	借券前日餘額。
SBLShortSalesShortSales	借券賣出。
SBLShortSalesReturns	借券當日還券。
SBLShortSalesAdjustments	借券當日調整。
SBLShortSalesCurrentDayBalance	借券當日餘額。
SBLShortSalesQuota	借券限額。
SBLShortSalesShortCovering	借券回補。

接著，取得放空資訊，Python 操作如下：

```
>>> from FinMind.data import DataLoader
>>> FM=DataLoader()
>>> a=FM.taiwan_daily_short_sale_balances (stock_id='0050',start_date='2020-01-01',end_date='2022-01-01')
```

```
>>> a
    stock_id MarginShortSalesPreviousDayBalance ... SBLShortSalesShortCovering
date
0       0050                             171000 ...                          0
2020-01-02
1       0050                             172000 ...                          0
2020-01-03
2       0050                             172000 ...                          0
2020-01-06
3       0050                             173000 ...                          0
2020-01-07
4       0050                             164000 ...                          0
2020-01-08
..       ...                                ... ...                        ...
484     0050                             119000 ...                          0
2021-12-24
485     0050                             124000 ...                          0
2021-12-27
486     0050                             129000 ...                          0
2021-12-28
487     0050                             127000 ...                          0
2021-12-29
488     0050                             131000 ...                          0
2021-12-30

[489 rows x 15 columns]
```

這裡可以看到 FinMind 套件取出的資料，我們撰寫一個函數 getFMShortSales，放置在 Data.py 的範例檔中，功能是將取得的資料放置在本地端，減少相同資料重複取用公開資源。本書會介紹兩種取得交易資料的 Function，讀者可以自行決定要使用哪種 API，程式碼如下：

▌檔名：Data.py

```
# 取得融券借券 FinMind 資料來源
def getFMShortSales(prod,st,en):
    # 備份檔名
    bakfile='%s_%s_%s_taiwan_daily_short_sale_balances.csv'%(prod,st,en)
    # 檢視是否有該檔案存在
```

```
    if os.path.exists(bakfile):
        # 取得檔案內容
        tmpdata=pd.read_csv(bakfile)
        tmpdata['date']=pd.to_datetime(tmpdata['date'])
        tmpdata=tmpdata.set_index(tmpdata['date'])
    # 沒有的話就取 API 內容
    else:
        tmpdata=FM.taiwan_daily_short_sale_balances(stock_id=prod,start_date=st,end_date=en)
        # 將日期設定為索引
        tmpdata['date']=pd.to_datetime(tmpdata['date'])
        tmpdata=tmpdata.set_index(tmpdata['date'])
        tmpdata.drop('date',axis=1,inplace=True)
        # 將 API 內容寫入備份檔中
        tmpdata.to_csv(bakfile)
    # 回傳資料
    return tmpdata
```

接著介紹上述函數，在 Python 中操作如下：

```
>>> from Data import getFMShortSales
>>> a=getFMShortSales('0050','2022-01-01','2022-05-01')
>>> a
           stock_id  MarginShortSalesPreviousDayBalance  ...  SBLShortSalesQuota  SBLShortSalesShortCovering
date
2022-04-01     0050                              519000  ...             4360261                           0
2022-04-06     0050                              498000  ...             4442237                           0
2022-04-07     0050                              533000  ...             4560966                           0
2022-04-08     0050                              499000  ...             4447625                           0

[4 rows x 14 columns]
```

技巧 90 【實作】日 K 與信用交易資料整合

本技巧將介紹如何將 K 線與融資融券表、融券借券表整合，由於資料來源有兩種，所以本技巧會有四個範例函數，分別為：

- 股價整合證交所融資融券。
- 股價整合證交所融券借券。
- 股價整合 FinMind 融資融券。
- 股價整合 FinMind 融券借券。

這裡要注意到，證交所資料需要先透過前兩個函數將資料爬取到本地端，才有辦法使用本技巧的函數。以下是函數範例檔介紹：

▌檔名：Data.py

```python
# 取得股價以及融資融券 證交所資料來源
def getTSEPriceAndMarginTrade(prod,st,en):
    data1=getData(prod,st,en)
    # 取得證交所的融資融券
    st=st.replace('-','')
    en=en.replace('-','')
    data2=getTSEMarginTrading(prod,st,en)
    data3=pd.concat([data1,data2],axis=1,join='inner')
    return data3

# 取得股價以及融券借券 證交所資料來源
def getTSEPriceAndShortSales(prod,st,en):
    data1=getData(prod,st,en)
    # 取得證交所的融券借券
    st=st.replace('-','')
    en=en.replace('-','')
    data2=getTSEShortSales(prod,st,en)
    data3=pd.concat([data1,data2],axis=1,join='inner')
    return data3

# 取得股價以及融資融券 FinMind資料來源
def getFMPriceAndMarginTrade(prod,st,en):
    data1=getData(prod,st,en)
    data2=getFMMarginTrading(prod,st,en)
    data3=pd.concat([data1,data2],axis=1,join='inner')
    return data3

# 取得股價以及融券借券 FinMind資料來源
def getFMPriceAndShortSales(prod,st,en):
    data1=getData(prod,st,en)
```

```
data2=getFMShortSales(prod,st,en)
data3=pd.concat([data1,data2],axis=1,join='inner')
return data3
```

證交所資料函數，透過 Python 執行過程如下：

```
>>> prod='0050'
>>> st='2019-01-01'
>>> en='2020-01-01'
>>> a=getTSEPriceAndMarginTrade(prod,st,en)
>>> a
            open   high    low  close      volume  股票代號 股票名稱 融資買進 ...
融券買進 融券賣出 融券現券償還 融券前日餘額 融券今日餘額 融券限額 資券互抵 註記
date
2019-01-03  70.98  71.17  70.45  70.54  13347147.0  0050  元大台灣50   302 ...    12     16
0    1385   1389   2367507
2019-01-04  70.01  70.01  69.24  69.44  21292465.0  0050  元大台灣50   266 ...    25     54
0    1389   1418   2401251
2019-01-07  70.73  71.22  70.45  71.12  14605638.0  0050  元大台灣50   166 ...    40     38
0    1418   1416   2415006
2019-01-08  71.31  71.31  70.73  70.83  11006700.0  0050  元大台灣50    58 ...   123      7
522  1416    778   24150072
2019-01-09  71.12  72.27  71.12  72.13  11430523.0  0050  元大台灣50   112 ...    92     37
0     778    723   2415004
       ...        ...    ...    ...       ...    ...    ...     ...  ...     ...    ...
       ...        ...    ...    ...
2019-12-25  97.20  97.45  97.05  97.35   1789167.0  0050  元大台灣50     5 ...     0      5
0     164    169   1751250
2019-12-26  97.55  97.55  97.10  97.35   3095969.0  0050  元大台灣50     3 ...     2      0
0     169    167   1726250
2019-12-27  97.60  98.15  97.60  98.00   2978047.0  0050  元大台灣50    37 ...     0      1
0     167    168   1713750
2019-12-30  98.00  98.25  97.60  97.80   3138762.0  0050  元大台灣50    12 ...     0      2
0     168    170   1710000
2019-12-31  97.10  97.20  96.95  96.95   4303947.0  0050  元大台灣50    40 ...     0      1
0     170    171   1717500

[241 rows x 21 columns]

>>> b=getFMPriceAndMarginTrade(prod,st,en)
>>> b
```

```
                  open   high    low  close  ...  ShortSaleLimit  ShortSaleSell
ShortSaleTodayBalance   ShortSaleYesterdayBalance
date
2019-01-03       70.98  71.17  70.45  70.54  ...          236750             16
1389                         1385
2019-01-04       70.01  70.01  69.24  69.44  ...          240125             54
1418                         1389
2019-01-07       70.73  71.22  70.45  71.12  ...          241500             38
1416                         1418
2019-01-08       71.31  71.31  70.73  70.83  ...          241500              7
778                          1416
2019-01-09       71.12  72.27  71.12  72.13  ...          241500             37
723778
...                ...    ...    ...    ...  ...             ...            ...
...                          ...
2019-12-25       97.20  97.45  97.05  97.35  ...          175125              5
169164
2019-12-26       97.55  97.55  97.10  97.35  ...          172625              0
167169
2019-12-27       97.60  98.15  97.60  98.00  ...          171375              1
168167
2019-12-30       98.00  98.25  97.60  97.80  ...          171000              2
170168
2019-12-31       97.10  97.20  96.95  96.95  ...          171750              1
171170

[241 rows x 20 columns]
```

FinMind 資料函數，透過 Python 執行過程如下：

```
>>> prod='0050'
>>> st='2019-01-01'
>>> en='2020-01-01'
>>> c=getTSEPriceAndShortSales(prod,st,en)
        股票代號    股票名稱   前日餘額    賣出    買進    現券   今日餘額  ...  前日餘額
當日賣出  當日還券  當日調整  當日餘額  次一營業日可限額  備註
日期
2019-12-31   0050  元大台灣50  170000   1000     0     0  171000  ...  3775000
911000       0     0   4686000  1036923
2019-12-30   0050  元大台灣50  168000   2000     0     0  170000  ...  3775000
```

```
            0          0        0      3775000   1022100
2019-12-27  0050   元大台灣50     167000    1000         0         0    168000  ...    3775000
            0          0        0      3775000   1011589
2019-12-26  0050   元大台灣50     169000       0      2000         0    167000  ...    3611000
       164000          0        0      3775000   1006917
2019-12-25  0050   元大台灣50     164000    5000         0         0    169000  ...    3611000
            0          0        0      3611000    997700
...          ...       ...        ...      ...       ...       ...       ...  ...       ...
...          ...       ...        ...
2019-01-08  0050   元大台灣50    1416000    7000    123000    522000    778000  ...   25254000
            0     512000        0     24742000   2738803
2019-01-07  0050   元大台灣50    1418000   38000     40000         0   1416000  ...   25357000
            0     103000        0     25254000   2692039
2019-01-04  0050   元大台灣50    1389000   54000     25000         0   1418000  ...   22925000
      2432000          0        0     25357000   2586395
2019-01-03  0050   元大台灣50    1385000   16000     12000         0   1389000  ...   21375000
      2450000     900000        0     22925000   2432818
2019-01-02  0050   元大台灣50    1403000    4000     22000         0   1385000  ...   21064000
       311000          0        0     21375000   2450597

[242 rows x 15 columns]
>>> d=getFMPriceAndShortSales(prod,st,en)
>>> d
             open    high     low  ...  SBLShortSalesCurrentDayBalance  SBLShortSalesQuota
SBLShortSalesShortCovering
date
2019-01-03  70.98   71.17   70.45  ...                        22925000             2432818
          0
2019-01-04  70.01   70.01   69.24  ...                        25357000             2586395
          0
2019-01-07  70.73   71.22   70.45  ...                        25254000             2692039
          0
2019-01-08  71.31   71.31   70.73  ...                        24742000             2738803
          0
2019-01-09  71.12   72.27   71.12  ...                        24742000             2776849
          0
...           ...     ...     ...  ...                             ...                 ...
        ...
2019-12-25  97.20   97.45   97.05  ...                         3611000              997700
          0
2019-12-26  97.55   97.55   97.10  ...                         3775000             1006917
          0
```

2019-12-27	97.60	98.15	97.60	...	3775000	1011589	0
2019-12-30	98.00	98.25	97.60	...	3775000	1022100	0
2019-12-31	97.10	97.20	96.95	...	4686000	1036923	0

[241 rows x 19 columns]

技巧91 【實作】進行資券繪圖分析

本技巧將介紹如何繪製出融資融券的圖形，我們將以證交所的融資融券歷史資料為主，讀者可以自行修改為其他資料來源。

本技巧將繪製三個副圖，分別是「融資當日餘額」、「融券當日餘額」、「券資比」，範例程式碼如下：

▌檔名：9-3.py

```
# 載入必要套件
from Data import getTSEPriceAndMarginTrade
from BackTest import ChartTrade,Performance
import pandas as pd
import mplfinance as mpf

# 取得回測資料
prod='2618'
data=getFMPriceAndMarginTrade(prod,'2019-01-01','2022-05-01')

# 融資融券餘額
data['融券今日餘額']=data['ShortSaleTodayBalance'].astype(int)
data['融資今日餘額']=data['MarginPurchaseTodayBalance'].astype(int)

# 計算券資比
data['券資比']=data['融券今日餘額']/data['融資今日餘額']

# 繪製副圖
addp=[]
# 融資融券
addp.append(mpf.make_addplot(data['融資今日餘額'],panel=1,color='red',secondary_y=False))
```

```
addp.append(mpf.make_addplot(data['融券今日餘額'],panel=2,color='red',secondary_y=False))
addp.append(mpf.make_addplot(data['券資比'],panel=3,color='red',secondary_y=False))

# 繪製K線圖與交易明細
ChartTrade(data,addp=addp,v_enable=False)
```

範例檔以「0050」為例，執行範例檔，結果如圖 9-3 所示。

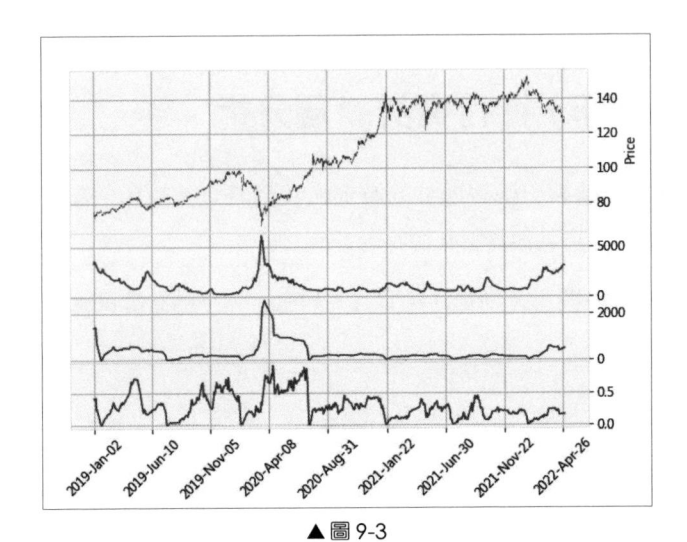

▲圖 9-3

範例檔證券「0050」改為「2618」，執行範例檔，結果如圖 9-4 所示。

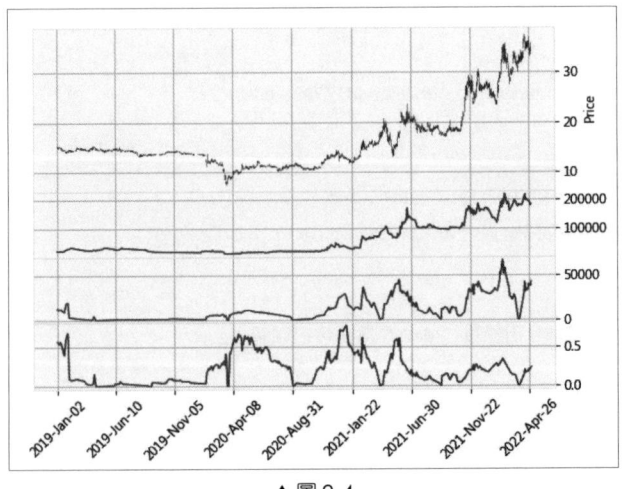

▲圖 9-4

技巧 92 【實作】進行借券賣出繪圖分析

本技巧將介紹如何繪製出融券借券的圖形，我們將以證交所的融券借券歷史資料為主，讀者可以自行修改為其他資料來源。

本技巧將繪製二個副圖，分別是「融券」、「借券賣出的當日餘額」，範例程式碼如下：

檔名：9-4.py

```python
# 載入必要套件
from Data import getTSEPriceAndShortSales
from BackTest import ChartTrade,Performance
import pandas as pd
import mplfinance as mpf

# 取得回測資料
prod='0050'
data=getFMPriceAndShortSales(prod,'2019-01-01','2022-05-01')

# 融券借券餘額
data['融券今日餘額']=data['MarginShortSalesCurrentDayBalance'].astype(int)
data['借券當日餘額']=data['SBLShortSalesCurrentDayBalance'].astype(int)

# 繪製副圖
addp=[]
# 融券借券
addp.append(mpf.make_addplot(data['融券今日餘額'],panel=1,color='red',secondary_y=False))
addp.append(mpf.make_addplot(data['借券當日餘額'],panel=2,color='red',secondary_y=False))

# 繪製K線圖與交易明細
ChartTrade(data,addp=addp,v_enable=False)
```

範例檔以「0050」為例，執行範例檔，結果如圖 9-5 所示。

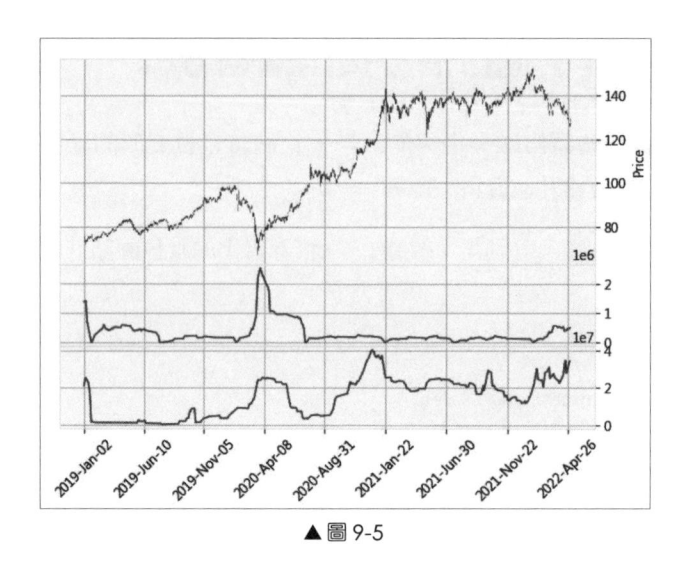

▲ 圖 9-5

範例檔證券「0050」改為「2618」,執行範例檔,結果如圖 9-6 所示。

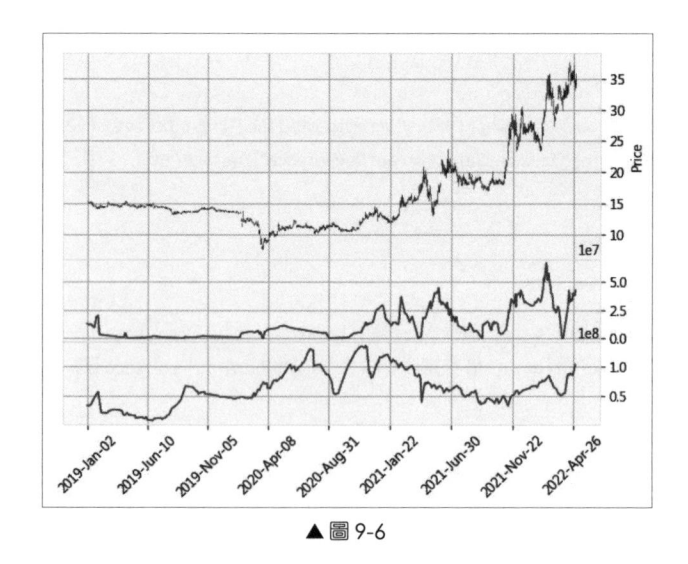

▲ 圖 9-6

技巧 93 【實作】融資融券交易策略

本技巧將介紹「融資融券」的交易策略,對於這類型的籌碼交易策略,我們可以去思考這類型資訊的本質,不論是哪一種資料,融資融券也是。

閱讀融資資料時，通常是資本不夠的人才會選擇融資買進，另一層意涵是要製造融資大買幻象的主力，由於這類主力對價格有影響力，所以可以製造融資大買的幻象。

接著在閱讀融券資料時，通常融券是證券放空的途徑，也就是當投資人預期股票下跌時，有兩種作法，一種是「清空股票部位」，另一種更激進的作法是「融券賣出該證券」。

接著我們可以思考，融資、融券有四種排列組合：

- 融資增加，融券增加。
- 融資減少，融券增加。
- 融資增加，融券減少。
- 融資減少，融券減少。

這四種排列組合分別代表什麼意涵呢？我們以其中一種來討論，就是「融資減少、融券增加」，從供給需求的層面來看，代表激進買入的人減少了，激進賣出的人增加了，而從融資融券的本質來看呢？讀者可以想想，接著我們透過這個邏輯來建構策略吧！

本策略的進出場邏輯如下：

項目	策略內容
進場	融資減少、融券增加，則進場。
出場	融券減少，則出場。

接下來介紹「融資融券」的策略程式碼，程式碼如下：

▌檔名：9-5.py

```
# 載入必要套件
from Data import getFMPriceAndMarginTrade
from BackTest import ChartTrade,Performance
import pandas as pd
import mplfinance as mpf

# 取得回測資料
prod='2330'
data=getFMPriceAndMarginTrade(prod,'2019-01-01','2022-05-01')
```

如上程式碼，取得融資融券與股價的合併資料集。

```
# 融資融券餘額
data['mb']=data['MarginPurchaseTodayBalance'].astype(int)
```

```
data['ms']=data['ShortSaleTodayBalance'].astype(int)
data['mb_mean']=data['mb'].rolling(20).mean()
data['ms_mean']=data['ms'].rolling(20).mean()
```

如上程式碼，取得融資融券過去的月平均值，用來判斷目前的融資融券是相對高檔還是低檔。

```
# 初始部位
position=0
trade=pd.DataFrame()
# 開始回測
for i in range(data.shape[0]-1):
    # 取得策略會應用到的變數
    c_time=data.index[i]
    c_high=data.loc[c_time,'high']
    c_close=data.loc[c_time,'close']
    c_mb=data.loc[c_time,'mb']
    c_mb_mean=data.loc[c_time,'mb_mean']
    c_ms=data.loc[c_time,'ms']
    c_ms_mean=data.loc[c_time,'ms_mean']
    # 取下一期資料作為進場資料
    n_time=data.index[i+1]
    n_open=data.loc[n_time,'open']

    # 進場程序
    if position == 0 :
        if c_mb < c_mb_mean * 0.99 and c_ms > c_ms_mean * 1.01 :
            position = 1
            order_i=i
            order_time=n_time
            order_price=n_open
            order_unit=1
```

如上程式碼，進場判斷是當融資小於過去一個月的99%，以及融券大於過去一個月的101%，則進場。設定％數是預防融資融券小額變動頻繁進場。

```
    # 出場程序
    elif position ==1 :
        # 出場邏輯
        if c_ms < c_ms_mean  :
            position = 0
            cover_time=n_time
```

```python
                cover_price=n_open
                # 交易紀錄
                trade=pd.concat([trade,pd.DataFrame([[
                            prod,
                            'Buy',
                            order_time,
                            order_price,
                            cover_time,
                            cover_price,
                            order_unit
                        ]])],ignore_index=True)
```

如上程式碼，出場程式碼是當融券小於過去一個月（代表融券戶出場了），則出場。

```python
# 繪製副圖
addp=[]
# 外資買賣力道
addp.append(mpf.make_addplot(data['mb'],panel=1,color='red',secondary_y=False))
addp.append(mpf.make_addplot(data['mb_mean'],panel=1,color='blue',secondary_y=False))
addp.append(mpf.make_addplot(data['ms'],panel=2,color='red',secondary_y=False))
addp.append(mpf.make_addplot(data['ms_mean'],panel=2,color='blue',secondary_y=False))

# 績效分析
Performance(trade,'ETF')
# 繪製K線圖與交易明細
ChartTrade(data,trade,addp=addp,v_enable=False)
```

本範例的預設標的為「2330」，執行程式碼，操作過程如下：

```
總績效 0.3742
交易次數 29
平均績效 0.0129
平均持有天數 13 天
勝率 0.41
平均獲利 0.0617
平均虧損 -0.0216
賺賠比 2.8618
期望值 0.598
獲利平均持有天數 20 天
虧損平均持有天數 9 天
最大連續虧損 -0.046
最大資金回落 0.1138
```

權益曲線圖，如圖 9-7 所示。

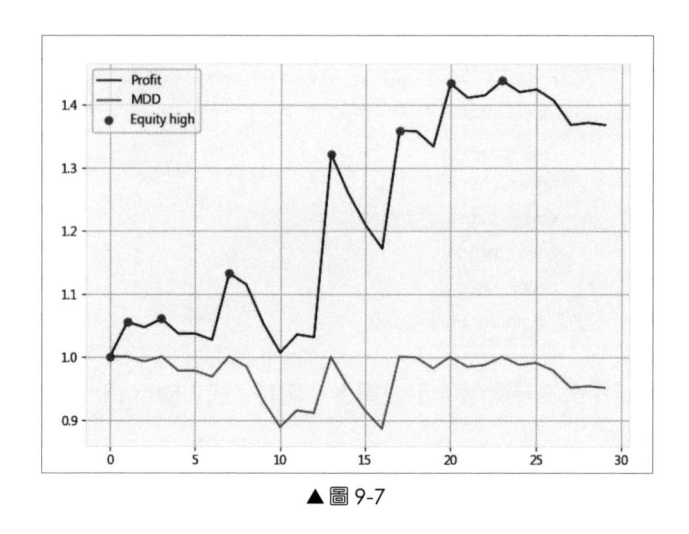

▲圖 9-7

交易明細圖，如圖 9-8 所示。

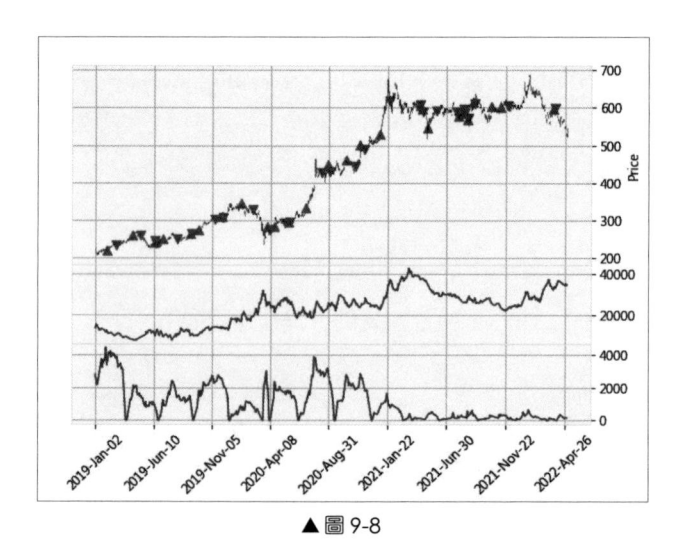

▲圖 9-8

月營收交易策略

本章將介紹月營收資訊，從月營收資訊內涵到資料的量化分析，最後透過月營收資料去建構交易策略。

技巧 94 【觀念】月營收介紹

本技巧將介紹月營收資料，月營收屬於基本面資料。基本面資料主要分為「財務報表」、「月營收資料」這兩類，財務報表的資料週期是季、年，而月營收的資料週期則是每個月公告一次，所以對於追逐成長型公司的投資者而言，月營收資料相當重要。

接著，我們來了解一下月營收資料揭示的細節。月營收揭示的規定是在每個月的 10 號以前，要公告上一個月的公司營收資訊，如果有遇到例假日，則公告日往後推延，而月營收要到公開資訊觀測站中進行查詢：URL https://mops.twse.com.tw/mops/web/t05st10_ifrs，該網站畫面如圖 10-1 所示。

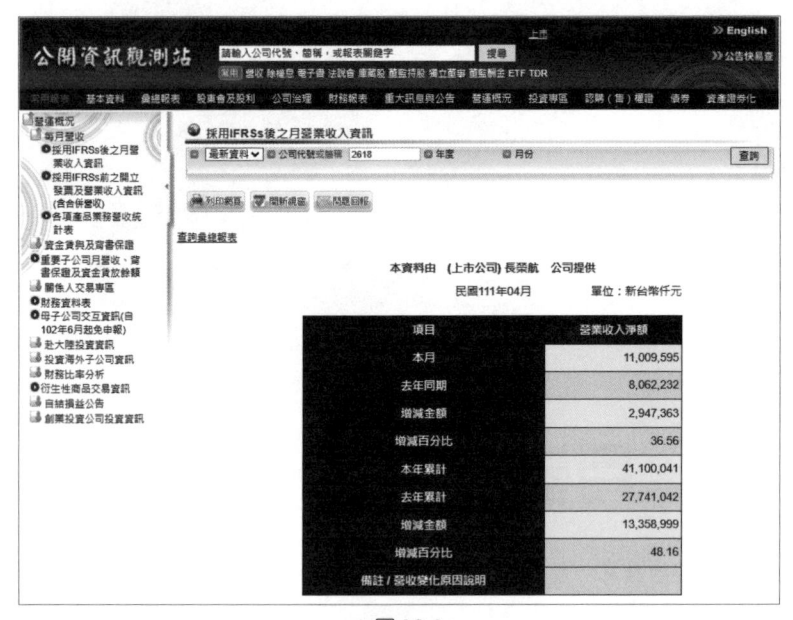

▲ 圖 10-1

接著，我們來介紹月營收的資訊內涵。月營收是每間公司的營收狀況的揭示，如果一間企業要穩定成長，則營收是相當關鍵的一個指標，直覺來說，若營收持續上升，企業規模才會繼續擴大。

月營收要如何去閱讀？如何將它量化呢？通常，一般投資人會去閱讀月營收年增率或月營收累計成長率。「月營收年增率」是將當月與去年該月份的月營收去算出年增長率，而「月營收累計成長率」則是在每年初時，將所有的月營收累計與去年同期的月營收累計值去算出年增率。

我們也必須要注意，任何的財務指標都有分析上的盲點，月營收資料只能了解當月的營收，並沒有辦法了解到當月「營收的品質」，對於「營收的品質」，我們還需要更詳細的分析數據，例如：毛利率、淨利率等。

某些企業會為了維持良好的業績假象，透過特定手法將月營收維持在一定的水準上，這部分也要注意。

並不是每種股票都適合用月營收觀察，金融業或營收週期不穩定的產業（例如：營建業、景氣循環股），就不適合用月營收觀察，由於資料的雜訊過多，研究結果容易失真。

讀者可以透過本章接下來的實作，去檢視月營收對於股價的影響。

技巧 95 【實作】爬蟲取得月營收資料

取得月營收公開資訊的方法有兩個，一個是「透過爬蟲抓取證交所的公開資料」，另一個是「取得公開資料的 API」，本技巧將介紹兩個方法取得月營收資料。

如果我們目前要去網站上尋找月營收的資料，證交所有提供完整的資料，不過要自己透過爬蟲程式先將資料預先下載下來，再撰寫函數去取得我們所爬取下來的資料。

❖ 網路爬蟲取得證交所月營收

證交所的月營收資料必須到揭示月營收表格的網站上查詢，網址：URL https://www.twse.com.tw/zh/page/trading/exchange/MI_MARGN.html，如圖 10-2 所示，該網頁可以直接透過靜態網頁的取得方法來取得。

公司101年3月份(累計與當月)營業收入統計表

本資料由各公司提供

出表日期：104/06/25

產業別：水泥工業　　　單位：千元

		營業收入					累計營業收入		
公司代號	公司名稱	當月營收	上月營收	去年當月營收	上月比較增減(%)	去年同月增減(%)	當月累計營收	去年累計營收	前期比較增減(%)
1101	台泥	2,091,998	1,723,441	2,085,036	21.38	0.33	5,567,641	5,834,409	-4.57
1102	亞泥	1,138,840	784,369	903,106	45.19	26.10	2,772,752	2,431,250	14.04
1103	嘉泥	111,881	90,503	150,432	23.62	-25.62	273,764	430,353	-36.38
1104	環球水泥	342,114	273,966	318,716	24.87	7.34	843,587	839,539	0.48
1108	幸福水泥	302,759	238,923	282,921	26.71	7.01	768,318	738,237	4.07
1109	信大水泥	155,201	130,079	116,997	19.31	32.65	390,832	313,034	24.85
1110	東泥	136,957	129,548	137,196	5.71	-0.17	381,823	352,847	8.21
合計		4,279,750	3,370,829	3,994,404	26.96	7.14	10,998,717	10,939,669	0.53

產業別：食品工業　　　單位：千元

		營業收入					累計營業收入		
公司代號	公司名稱	當月營收	上月營收	去年當月營收	上月比較增減(%)	去年同月增減(%)	當月累計營收	去年累計營收	前期比較增減(%)
1201	味全公司	1,244,891	1,022,158	1,095,331	21.79	13.65	3,382,155	3,101,971	9.03
1203	味王公司	162,441	144,944	184,092	12.07	-11.76	485,297	521,068	-6.86
1210	大成長城	2,054,665	1,814,091	2,027,686	13.26	1.33	5,726,485	5,712,757	0.24
1213	大飲	40,941	47,032	38,449	-12.95	6.48	170,239	151,731	12.19
1215	卜蜂企業	1,255,365	1,181,696	1,266,010	6.23	-0.84	3,707,581	3,554,378	4.31
1216	統一	3,864,868	3,267,982	4,086,523	18.26	-5.42	11,212,654	12,311,216	-8.92
1217	愛之味	332,610	165,097	267,008	101.46	24.56	677,892	755,140	-10.22
1218	泰山企業	631,005	514,205	640,575	22.71	-1.49	1,731,246	1,770,438	-2.21
1219	福壽實業	872,715	695,993	838,672	25.39	4.05	2,346,672	2,295,241	2.24

▲圖 10-2

▎檔名：10-1.py

```python
# 載入必要的套件
import time,requests,os,datetime,random
from json import loads
import pandas as pd

# 切換工作路徑
os.chdir('範例程式碼 \\')

ym_list=[]
for y in range(2010,2023):
    for m in range(1,13):
        y=str(y)
        m=str(m).zfill(2)
        ym_list.append([y,m])
```

如上程式碼，首先我們建立從 2010 年開始到現在每個月的一個串列，方便之後我們直接透過迴圈依序將資料爬下來。

```python
# 從 2010 年開始爬蟲
first_write=True

for y,m in ym_list:
    ym=y+m
    try:
        print(ym)

        y = int(y)-1911
        m = int(m)

        url = f'https://mopsov.twse.com.tw/nas/t21/sii/t21sc03_{y}_{m}_0.html'

        # 下載該年月的網站，並用 pandas 轉換成 dataframe
        r = requests.get(url)
        r.encoding = 'cp950'
        # 解析成 pd.Dataframe
        dfs = pd.read_html(r.text)
```

將該網站的資料爬下來，並且透過 pandas 的 read_html 函數，將取得的網頁內容轉換為 pandas 的 dataframe 格式。

```
# 取出欄位數量為 11 的表格
data = pd.concat([df for df in dfs if df.shape[1] <= 11 and df.shape[1] > 5])
```

如上程式碼，由於該網站內有非常多表格（不同的產業別），所以我們要針對揭示的資料進行過濾。過濾的方法是當資料欄位太少時，我們認定它不是月營收揭示表格，並且最後我們透過 concat 函數來將所有的表格統整。

```
# 調整欄位名稱
if data.shape[1] == 10:
    data.columns=['公司代號','公司名稱','當月營收','上月營收','去年當月營收','上月比較增減(%)','去年同月增減(%)','當月累計營收','去年累計營收','前期比較增減(%)']
else:
    data.columns=['公司代號','公司名稱','當月營收','上月營收','去年當月營收','上月比較增減(%)','去年同月增減(%)','當月累計營收','去年累計營收','前期比較增減(%)','備註']
data['備註'] = ''
data=data[data['公司代號'].str[-2:] != '合計']
data['日期'] = ym+'10'
```

該網站揭示的資料格式在某個期間以前並沒有備註欄位，所以我們要判斷欄位數量，再針對不同時期的資料格式給予不同的欄位。由於我們沒有要針對月營收備註去分析資料，因此我們將備註的資料清空，並將資料補上揭示的日期。

```
    if first_write:
        data.to_csv('月營收爬蟲資料.csv',encoding='cp950',index=False)
        first_write=False
    else:
        data.to_csv('月營收爬蟲資料.csv',encoding='cp950',mode='a',index=False,header=False)
except:
    print(ym,'爬蟲失敗')
    continue
finally:
    time.sleep(random.randint(1,5))
```

如上程式碼，將資料儲存在「月營收爬蟲資料.csv」檔案中，檔案內容範例如下：

▎檔名：月營收爬蟲資料.csv

公司代號,公司名稱,當月營收,上月營收,去年當月營收,上月比較增減(%),去年同月增減(%),當月累計營收,去年累計營收,前期比較增減(%),備註,日期
1101,台泥,2054868,1807880,1601454,13.66,28.31,2054868,1601454,28.31,,20100110

```
1102,亞泥,833884,833396,896089,0.05,-6.94,833884,896089,-6.94,,20100110
1103,嘉泥,179828,188194,207491,-4.44,-13.33,179828,207491,-13.33,,20100110
1104,環球水泥,283637,296829,169126,-4.44,67.7,283637,169126,67.7,,20100110
1108,幸福水泥,256813,262175,187366,-2.04,37.06,256813,187366,37.06,,20100110
```

欄位可以參考網站,讀者可以透過該函數來取得月營收歷史資料,接著我們可以撰寫一個函數去取得該資料,函數程式碼介紹如下:

▌檔名:Data.py

```python
# 取得 公開資訊 月營收
def getTSEMonthRevenue(prod,st,en):
    # 備份檔名
    bakfile='%s_%s_%s_TSE_MonthRevenue.csv'%(prod,st,en)
    # 檢視是否有該檔案存在
    if os.path.exists(bakfile):
        # 取得檔案內容
        tmpdata=pd.read_csv(bakfile)
        tmpdata['日期']=pd.to_datetime(tmpdata['日期'])
        tmpdata=tmpdata.set_index(tmpdata['日期'])
        tmpdata.drop('日期',axis=1,inplace=True)
    # 沒有的話就取檔案內容
    else:
        # 取得檔案內容
        tmpdata=pd.read_csv('月營收爬蟲資料.csv',encoding='cp950')
        tmpdata=tmpdata[(tmpdata['公司代號']==int(prod)) &(tmpdata['日期'] >=int(st))&(tmpdata['日期']<=int(en)) ]
        tmpdata['日期']=pd.to_datetime(tmpdata['日期'],format='%Y%m%d')
        tmpdata=tmpdata.set_index(tmpdata['日期'])
        tmpdata.drop('日期',axis=1,inplace=True)
        # 將單一證券內容寫入備份檔中
        tmpdata.to_csv(bakfile)
    # 回傳資料
    tmpdata=tmpdata.drop_duplicates()
    return tmpdata
```

使用該函數的前提是已經將證交所的資料爬取到本地端了,如果還沒有將證交所的資料爬取到本地端,則該函數無法使用。該函數 Python 操作過程如下:

```
>>> from Data import getTSEMonthRevenue
>>> a=getTSEMonthRevenue ('2618','20100101','20220110')
```

```
>>> a
       公司代號 公司名稱    當月營收    上月營收  去年當月營收  上月比較增減(%) 去年同月增減(%)
當月累計營收 去年累計營收  前期比較增減(%) 備註
日期
2010-01-10   2618   長榮航   7588211   7849070   6245661      -3.32        21.49    7588211
6245661         21.49 NaN
2010-02-10   2618   長榮航   7272815   7588211   4910222      -4.15        48.11   14861026
11155883        33.21 NaN
2010-03-10   2618   長榮航   8283066   7272815   5565774      13.89        48.82   23144092
16721657        38.40 NaN
2010-04-10   2618   長榮航   8554409   8283066   5386898       3.27        58.80   31698501
22108555        43.37 NaN
2010-05-10   2618   長榮航   9001009   8554409   5197754       5.22        73.17   40699510
27306309        49.04 NaN
...             ...     ...       ...       ...       ...         ...          ...        ...
...
2021-09-10   2618   長榮航   8517886   8977385   5928342      -5.11        43.68   69655836
67925015         2.54 NaN
2021-10-10   2618   長榮航  10371565   8517886   6598385      21.76        57.18   80027401
74523400         7.38 NaN
2021-11-10   2618   長榮航  11473726  10371565   7303282      10.62        57.10   91501127
81826682        11.82 NaN
2021-12-10   2618   長榮航  12371275  11473726   7222094       7.82        71.29  103872402
89048776        16.64 NaN
2022-01-10   2618   長榮航  10654527  12371275   6698039     -13.87        59.06   10654527
6698039         59.06 NaN

[144 rows x 11 columns]
```

❖ 公開資料 API － FinMind

FinMind 有基本面的相關資料，其中也包含月營收，FinMind 的介紹可以參考第 3 章中取得公開資料的部分。

FinMind 取得股權分散表會使用到 taiwan_stock_month_revenue，參數如下：

參數	說明
stock_id	商品代碼。
start_date	起始日。

回傳的資料物件型態是 pandas.dataframe，主要有 6 組欄位，而索引值是從 0 開始排序，欄位分別如下：

項目	說明
date	日期。
stock_id	股票代碼。
country	股票隸屬國家。
revenue	月營收額。
revenue_month	營收月份。
revenue_year	營收年份。

接著，取得月營收資訊，Python 操作如下：

```
>>> from FinMind.data import DataLoader
>>> FM=DataLoader()
>>> a=FM. taiwan_stock_month_revenue (stock_id='2618',start_date='2020-01-01',end_date='2022-01-01')
>>> a
          date stock_id country     revenue  revenue_month  revenue_year
0   2020-02-01     2618   Taiwan  14593152000              1          2020
1   2020-03-01     2618   Taiwan   8853867000              2          2020
2   2020-04-01     2618   Taiwan   6786079000              3          2020
3   2020-05-01     2618   Taiwan   5889579000              4          2020
4   2020-06-01     2618   Taiwan   7257234000              5          2020
5   2020-07-01     2618   Taiwan   6142119000              6          2020
6   2020-08-01     2618   Taiwan   6191888000              7          2020
7   2020-09-01     2618   Taiwan   6282755000              8          2020
8   2020-10-01     2618   Taiwan   5928342000              9          2020
9   2020-11-01     2618   Taiwan   6598385000             10          2020
10  2020-12-01     2618   Taiwan   7303282000             11          2020
11  2021-01-01     2618   Taiwan   7222094000             12          2020
12  2021-02-01     2618   Taiwan   6698039000              1          2021
13  2021-03-01     2618   Taiwan   5804301000              2          2021
14  2021-04-01     2618   Taiwan   7176470000              3          2021
15  2021-05-01     2618   Taiwan   8062232000              4          2021
16  2021-06-01     2618   Taiwan   8394857000              5          2021
17  2021-07-01     2618   Taiwan   7705869000              6          2021
18  2021-08-01     2618   Taiwan   8318797000              7          2021
19  2021-09-01     2618   Taiwan   8977385000              8          2021
20  2021-10-01     2618   Taiwan   8517886000              9          2021
21  2021-11-01     2618   Taiwan  10371565000             10          2021
```

22	2021-12-01	2618	Taiwan	11473726000	11	2021
23	2022-01-01	2618	Taiwan	12371275000	12	2021
24	2022-02-01	2618	Taiwan	10654527000	1	2022

這裡可以看到 FinMind 套件取出的資料，我們撰寫一個 getFMMonthRevenue 函數，放置在 Data.py 的範例檔中，功能是將取得的資料放置在本地端，減少相同資料重複取用公開資源。本書會介紹兩種取得交易資料的 Function，讀者可以自行決定要使用那種 API，程式碼如下：

檔名：Data.py

```python
# 取得 FinMind 月營收
def getFMMonthRevenue(prod,st,en):
    # 備份檔名
    bakfile='%s_%s_%s_taiwan_stock_month_revenue.csv'%(prod,st,en)
    # 檢視是否有該檔案存在
    if os.path.exists(bakfile):
        # 取得檔案內容
        tmpdata=pd.read_csv(bakfile)
        tmpdata['date']=pd.to_datetime(tmpdata['date'])
        tmpdata=tmpdata.set_index(tmpdata['date'])
    # 沒有的話就取 API 內容
    else:
        tmpdata=FM.taiwan_stock_month_revenue(stock_id=prod,start_date=st)
        # 將日期設定為索引
        tmpdata['date']=pd.to_datetime(tmpdata['date'])
        tmpdata=tmpdata.set_index(tmpdata['date'])
        tmpdata.drop('date',axis=1,inplace=True)
        # 將 API 內容寫入備份檔中
        tmpdata.to_csv(bakfile)
    # 回傳資料
    return tmpdata
```

接著介紹上述函數，在 Python 中操作如下：

```
>>> from Data import getFMMonthRevenue
>>> a=getFMMonthRevenue('2618','2021-01-01','2022-05-01')
>>> a
         stock_id country    revenue  revenue_month  revenue_year
date
```

2021-02-01	2618	Taiwan	6698039000	1	2021
2021-03-01	2618	Taiwan	5804301000	2	2021
2021-04-01	2618	Taiwan	7176470000	3	2021
2021-05-01	2618	Taiwan	8062232000	4	2021
2021-06-01	2618	Taiwan	8394857000	5	2021
2021-07-01	2618	Taiwan	7705869000	6	2021
2021-08-01	2618	Taiwan	8318797000	7	2021
2021-09-01	2618	Taiwan	8977385000	8	2021
2021-10-01	2618	Taiwan	8517886000	9	2021
2021-11-01	2618	Taiwan	10371565000	10	2021
2021-12-01	2618	Taiwan	11473726000	11	2021
2022-01-01	2618	Taiwan	12371275000	12	2021
2022-02-01	2618	Taiwan	10654527000	1	2022
2022-03-01	2618	Taiwan	8689605000	2	2022
2022-04-01	2618	Taiwan	10746314000	3	2022
2022-05-01	2618	Taiwan	11009595000	4	2022

技巧 96 【實作】月營收與股價資料整合

本技巧將介紹如何將 K 線與月營收整合，由於資料來源有兩種，所以本技巧會有兩個範例函數，分別為：

- 股價整合證交所月營收。
- 股價整合 FinMind 月營收。

這裡要注意，證交所資料需要先透過上個技巧將資料爬取到本地端，才有辦法使用本技巧的函數。以下是函數範例檔的介紹：

檔名：Data.py

```
# 取得價格與 TSE 月營收
def getTSEPriceAndRevenue(prod,st,en):
    data1=getData(prod,st,en)
    st=st.replace('-','')
    en=en.replace('-','')
    data2=getTSEMonthRevenue(prod,st,en)
    # 從每個月營收的資料去抓出開高低收
    for i in range(1,data2.shape[0]):
        tmpdata=data1.loc[(data1.index>data2.index[i-1])&(data1.index<=data2.index[i]),]
        # 如果沒有資料
```

```python
        if tmpdata.shape[0] == 0:
            # 移除資料
            continue
        data2.loc[data2.index[i],'open']=tmpdata.loc[tmpdata.index[0],'open']
        data2.loc[data2.index[i],'high']=tmpdata.loc[:,'high'].max()
        data2.loc[data2.index[i],'low']=tmpdata.loc[:,'low'].min()
        data2.loc[data2.index[i],'close']=tmpdata.loc[tmpdata.index[-1],'close']
        data2.loc[data2.index[i],'volume']=tmpdata.loc[:,'volume'].sum()
    data2=data2.drop_duplicates()
    return data2


# 取得價格與 FinMind 月營收
def getFMPriceAndRevenue(prod,st,en):
    data1=getDataFM(prod,st,en)
    data2=getFMMonthRevenue(prod,st,en)
    # 從每個月營收的資料去抓出開高低收
    for i in range(1,data2.shape[0]):
        tmpdata=data1.loc[(data1.index>data2.index[i-1])&(data1.index<=data2.index[i]),]
        # 如果沒有資料
        if tmpdata.shape[0] == 0:
            # 移除資料
            continue
        data2.loc[data2.index[i],'open']=tmpdata.loc[tmpdata.index[0],'open']
        data2.loc[data2.index[i],'high']=tmpdata.loc[:,'high'].max()
        data2.loc[data2.index[i],'low']=tmpdata.loc[:,'low'].min()
        data2.loc[data2.index[i],'close']=tmpdata.loc[tmpdata.index[-1],'close']
        data2.loc[data2.index[i],'volume']=tmpdata.loc[:,'volume'].sum()
    data2=data2.dropna()
    return data2
```

而這裡整合資料的技巧是以月頻資料為主，因此將日頻的 K 線轉成月頻資料。上述函數透過 Python 的執行過程如下：

```
>>> from Data import getTSEPriceAndRevenue,getFMPriceAndRevenue
>>> prod='2618'
>>> st='2019-01-01'
>>> en='2020-01-01'
>>> getTSEPriceAndRevenue(prod,st,en)
        公司代號 公司名稱 當月營收 上月營收 去年當月營收 上月比較增減(%) ... 備註
open    high    low    close         volume
```

```
日期
2019-01-10  2618  長榮航  15974709  15563560  14704050       2.64 ...  NaN    NaN    NaN
NaN      NaN            NaN
2019-02-10  2618  長榮航  13540049  15974709  12974841     -15.24 ...  NaN  14.57  14.57
13.72    13.96   249848707.0
2019-03-10  2618  長榮航  14797969  13540049  15199431       9.29 ...  NaN  14.19  14.71
13.87    14.38   213409416.0
2019-04-10  2618  長榮航  15637518  14797969  14103464       5.67 ...  NaN  14.43  14.52
13.87    14.38   201752678.0
2019-05-10  2618  長榮航  14943809  15637518  14367671      -4.43 ...  NaN  14.43  14.90
13.82    13.87   229444445.0
2019-06-10  2618  長榮航  13283505  14943809  16083615     -11.11 ...  NaN  13.96  14.47
13.72    14.24   168756244.0
2019-07-10  2618  長榮航  14401262  13283505  16520164       8.41 ...  NaN  14.24  14.66
13.82    14.01   373747240.0
2019-08-10  2618  長榮航  16831957  14401262  16325269      16.87 ...  NaN  14.01  14.15
12.79    12.83   253620218.0
2019-09-10  2618  長榮航  14294854  16831957  14533616     -15.07 ...  NaN  12.93  13.85
12.88    13.65   268871249.0
2019-10-10  2618  長榮航  15374504  14294854  14797468       7.55 ...  NaN  13.80  13.95
13.65    13.75   104892921.0
2019-11-10  2618  長榮航  15975810  15374504  14734180       3.91 ...  NaN  13.85  14.40
13.85    14.35   149615486.0
2019-12-10  2618  長榮航  16219312  15975810  15563560       1.52 ...  NaN  14.35  14.50
13.80    13.85   132813747.0

[12 rows x 16 columns]
>>> getFMPriceAndRevenue(prod,st,en)
                  date  stock_id country     revenue  revenue_month  ...   open   high
low  close       volume
date
2019-03-01  2019-03-01      2618  Taiwan  13540049000              2 ...  14.19  14.61
13.87  14.47   164717510.0
2019-04-01  2019-04-01      2618  Taiwan  14797969000              3 ...  14.47  14.71
13.87  14.10   197255635.0
2019-05-01  2019-05-01      2618  Taiwan  15637518000              4 ...  14.15  14.90
14.05  14.19   217977419.0
2019-06-01  2019-06-01      2618  Taiwan  14943809000              5 ...  14.24  14.43
13.72  14.10   177280579.0
2019-07-01  2019-07-01      2618  Taiwan  13283505000              6 ...  14.29  14.66
13.82  13.96   331351607.0
2019-08-01  2019-08-01      2618  Taiwan  14401262000              7 ...  13.96  14.15
```

```
               13.49  13.49  272746743.0
2019-09-01 2019-09-01        2618   Taiwan   16831957000        8  ...  13.40  13.44
               12.79  13.26  231354984.0
2019-10-01 2019-10-01        2618   Taiwan   14294854000        9  ...  13.16  13.90
               13.16  13.75  190478078.0
2019-11-01 2019-11-01        2618   Taiwan   15374504000       10  ...  13.75  14.40
               13.65  14.20  151737604.0
2019-12-01 2019-12-01        2618   Taiwan   15975810000       11  ...  14.20  14.50
               13.80  14.00  130739901.0
2020-01-01 2020-01-01        2618   Taiwan   16219312000       12  ...  13.90  14.00
               13.70  13.75  137033321.0

[11 rows x 11 columns]
```

技巧 97 【實作】繪製月營收與價格走勢圖

本技巧將介紹如何去繪製出月營收的圖形。這裡以證交所的月營收歷史資料為主，讀者可以自行修改為其他資料來源。

本技巧將繪製兩個副圖，分別是月營收年增率、月營收累計年增率，範例程式碼如下：

檔名：10-2.py

```python
# 載入必要套件
from Data import getTSEPriceAndRevenue
from BackTest import ChartTrade,Performance
import pandas as pd
import mplfinance as mpf

# 取得回測資料
prod='2618'
data=getTSEPriceAndRevenue(prod,'2010-01-01','2022-05-20')

# 繪製副圖
addp=[]
addp.append(mpf.make_addplot(data['revenue'],panel=1,type='bar',color='red',secondary_y=False))

# 繪製K線圖與交易明細
ChartTrade(data,addp=addp,v_enable=False)
```

範例檔以「2618」為例,執行範例檔,結果如圖 10-3 所示。

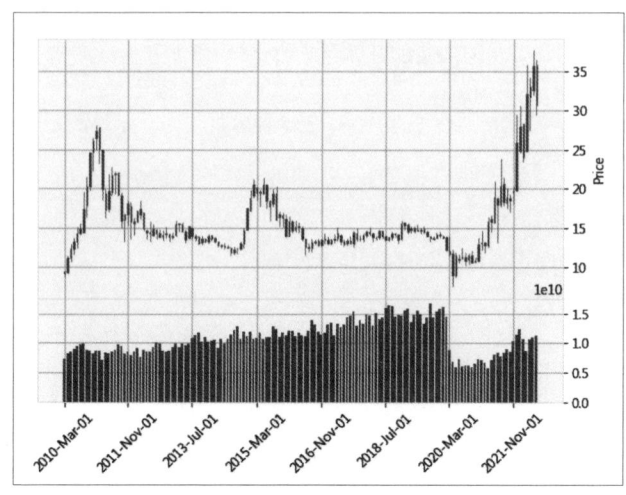

▲圖 10-3

技巧 98 【實作】月營收交易策略

本技巧將介紹「月營收」交易策略,對於這類型的基本面交易策略,我們可以去思考這類型資訊的本質。

月營收如果代表基本面,長期下來,累計月營收資料若是大於 30%,則我們做多。接著,我們透過這個邏輯來建構策略吧!

本策略的進出場邏輯如下:

項目	策略內容
進場	累計月營收大於 30%,則進場。
出場	累計月營收小於 0%,則出場。

接下來介紹月營收的策略程式碼,程式碼如下:

▎檔名:10-3.py

```
# 載入必要套件
from Data import getFMPriceAndRevenue
from BackTest import ChartTrade, Performance
import pandas as pd
import mplfinance as mpf
```

```python
# 取得回測資料
prod='2330'
data=getFMPriceAndRevenue(prod,'2010-01-01','2022-05-01')
data['revenue_shift']=data['revenue'].shift(12)
data['前期比較增減(%)']=((data['revenue']/data['revenue_shift'])-1)*100
```

如上程式碼，我們取出月營收與股價的整合資料來進行策略判斷。

```python
# 初始部位
position=0
trade=pd.DataFrame()
# 開始回測
for i in range(data.shape[0]-1):
    # 取得策略會應用到的變數
    c_time=data.index[i]
    c_high=data.loc[c_time,'high']
    c_close=data.loc[c_time,'close']
    c_earn=data.loc[c_time,'前期比較增減(%)']
    # 取下一期資料作為進場資料
    n_time=data.index[i+1]
    n_open=data.loc[n_time,'open']

    # 進場程序
    if position == 0 :
        if c_earn > 30 :
            position = 1
            order_i=i
            order_time=n_time
            order_price=n_open
            order_unit=1
```

如上程式碼，進場的判斷條件是將「前期比較增減（%）」欄位的值進行判斷，若是大於30，則進場。

```python
    # 出場程序
    elif position ==1 :
        # 出場邏輯
        if c_earn < 30 or i == data.shape[0]-2:
            position = 0
            cover_time=n_time
            cover_price=n_open
```

```
# 交易紀錄
trade=pd.concat([trade,pd.DataFrame([[
                prod,
                'Buy',
                order_time,
                order_price,
                cover_time,
                cover_price,
                order_unit
            ]])],ignore_index=True)
```

如上程式碼，出場的判斷條件是將「前期比較增減（%）」欄位的值進行判斷，若是小於 30 或是最後一筆資料，則出場。

```
# 繪製副圖
addp=[]
# 月營收副圖
addp.append(mpf.make_addplot(data['前期比較增減(%)'],panel=1,color='blue',secondary_y=False))

# 績效分析
Performance(trade,'Stock')
# 繪製 K 線圖與交易明細
ChartTrade(data,trade,addp=addp,v_enable=False)
```

本範例的預設標的為「2330」，執行程式碼，操作過程如下：

```
總績效 0.7755
交易次數 11
平均績效 0.0705
平均持有天數 71 天
勝率 0.64
平均獲利 0.1347
平均虧損 -0.0418
賺賠比 3.2189
期望值 1.6848
獲利平均持有天數 78 天
虧損平均持有天數 59 天
最大連續虧損 -0.0675
最大資金回落 0.0675
```

由於月營收策略屬於長期策略，資料樣本不多，在出場時多了一個條件，也就是資料結束時出場。

權益曲線圖，如圖 10-4 所示。

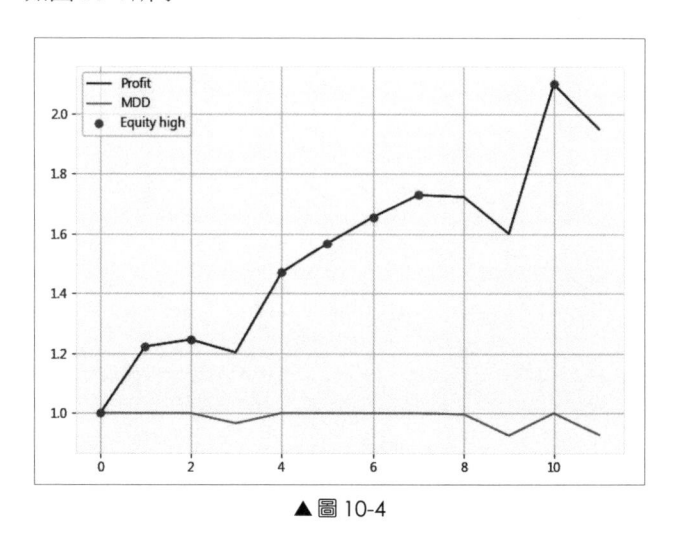

▲圖 10-4

交易明細圖，如圖 10-5 所示。

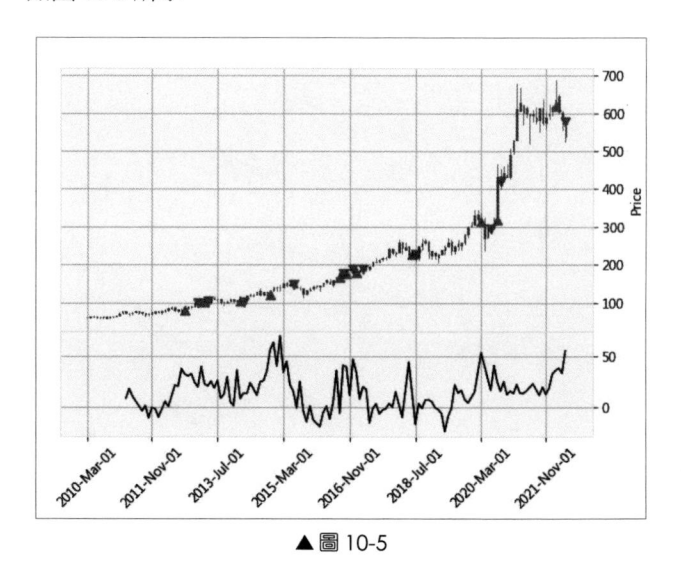

▲圖 10-5

最後一次交易時出場，是因為資料樣本的最後一筆並沒有真正因為月營收訊號來出場，讀者可以自行決定是否將這筆績效納入考量。

11

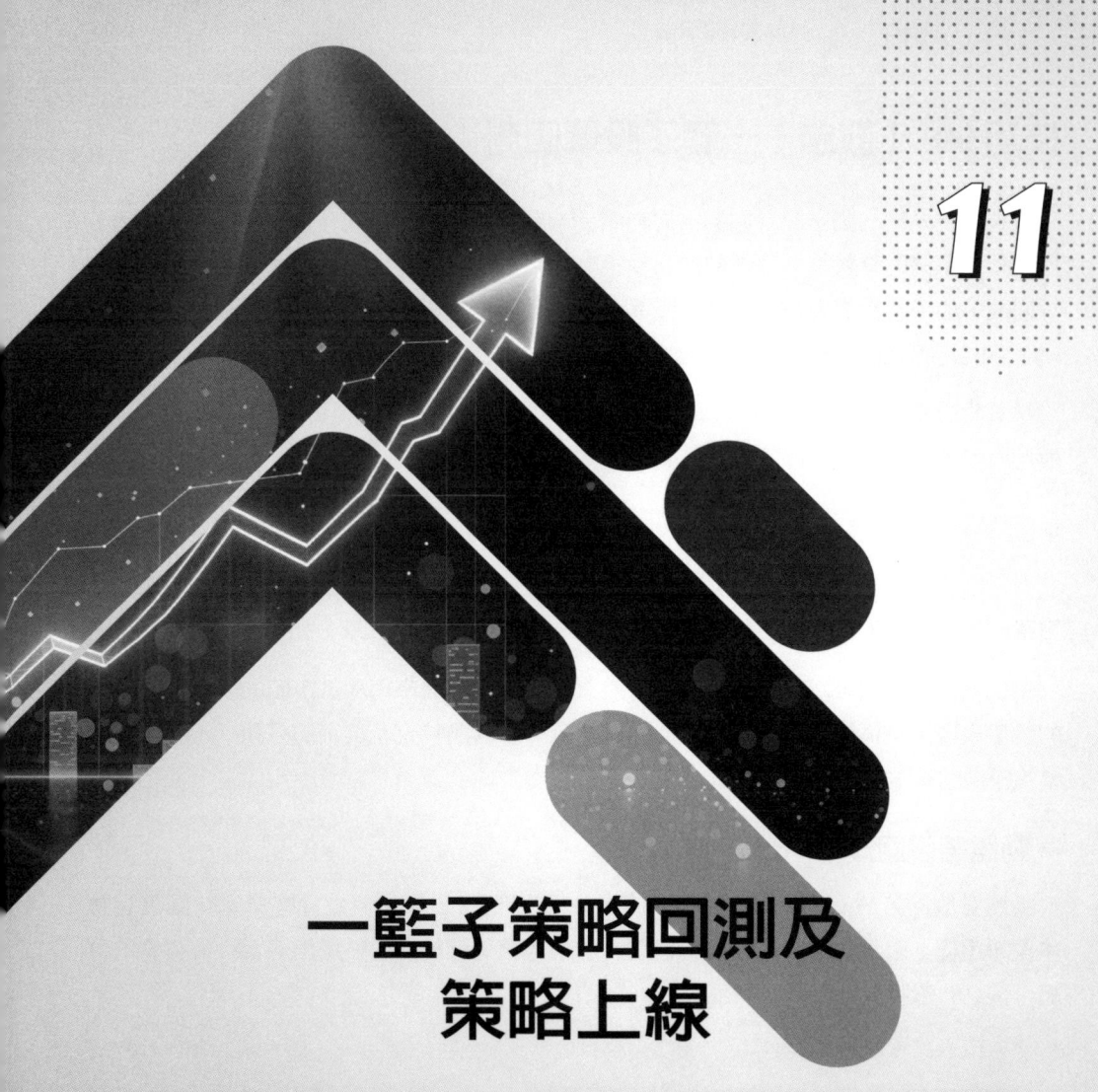

一籃子策略回測及策略上線

本書最後將介紹在熟悉單商品歷史回測以後,如何將商品擴大至一籃子股票回測,本章的重點著重在回測架構與實作內容。

技巧 99 【觀念】一籃子股票回測

本技巧要介紹一籃子股票回測,而何謂「一籃子股票回測」呢?在前面的章節中,我們介紹到不同的資料去衍生不同的交易策略,不過我們通常都是針對個別的金融商品進行回測,如果我們想要測試靜態的商品集合,應該怎麼做呢?還有,如果我們想要測試隨著時間動態變動的商品集合,該如何實作呢?

常見的一籃子股票回測,這裡將其分為兩種,一種是「固定股票集合」,另一種是「動態選股回測」(隨著時間的移動,不斷調整股票的選擇)。

❖ 固定股票集合

取得固定的股票集合,其實就是將全部的股票區分為多個股票池,透過某些變數去決定我們想要針對哪一種股票的集合去進行回測。

舉例來說,我們可以透過「市值」將股票分群,往往高市值與低市值的公司會有不同的股價表現,也可以針對「產業別」進行區分,去回測特定產業別的公司,不同產業容易被不同的基本面指標所影響。

❖ 動態選股回測

動態選股的方式有別於固定的股票集合,雖然概念很像,但是會在特定時間進行樣本重新選擇。常見的動態選股是將期間內的指標值進行統計,並選出適合投入資金的群組,常見的選股指標值如下:

- 三大法人買賣超。
- 分點日報表所計算出來的股東持有比例變動。
- 月營收選股。
- 一段期間的融資融券累計。

其實,不論是任何指標都可以用來選股,這裡會提到本書中有介紹到的資料,讀者可以發揮自己的想像力來找出好的選股方法。

技巧 100 【實作】取得上市櫃股票代碼

本技巧將介紹我們如何取得上市櫃的股票代碼，除了上市上櫃的股票清單以外，我們還需要產業別，這裡會介紹在網路上的公開資訊中，哪裡可以取得包含產業別的股票清單代碼。

在本技巧中，將會到以下網址去查詢目前的上市股票代碼：URL https://isin.twse.com.tw/isin/C_public.jsp?strMode=2，如果要查詢上櫃的股票代碼，只需要將該網址的 strMode 參數改為 4 即可，該網站的畫面如圖 11-1 所示。

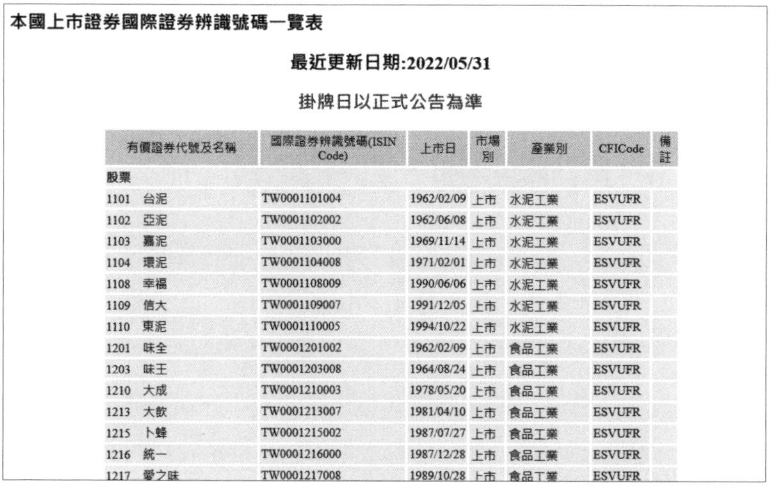
本國上市證券國際證券辨識號碼一覽表

最近更新日期:2022/05/31

掛牌日以正式公告為準

有價證券代號及名稱	國際證券辨識號碼(ISIN Code)	上市日	市場別	產業別	CFICode	備註
股票						
1101　台泥	TW0001101004	1962/02/09	上市	水泥工業	ESVUFR	
1102　亞泥	TW0001102002	1962/06/08	上市	水泥工業	ESVUFR	
1103　嘉泥	TW0001103000	1969/11/14	上市	水泥工業	ESVUFR	
1104　環泥	TW0001104008	1971/02/01	上市	水泥工業	ESVUFR	
1108　幸福	TW0001108009	1990/06/06	上市	水泥工業	ESVUFR	
1109　信大	TW0001109007	1991/12/05	上市	水泥工業	ESVUFR	
1110　東泥	TW0001110005	1994/10/22	上市	水泥工業	ESVUFR	
1201　味全	TW0001201002	1962/02/09	上市	食品工業	ESVUFR	
1203　味王	TW0001203008	1964/08/24	上市	食品工業	ESVUFR	
1210　大成	TW0001210003	1978/05/20	上市	食品工業	ESVUFR	
1213　大飲	TW0001213007	1981/04/10	上市	食品工業	ESVUFR	
1215　卜蜂	TW0001215002	1987/07/27	上市	食品工業	ESVUFR	
1216　統一	TW0001216000	1987/12/28	上市	食品工業	ESVUFR	
1217　愛之味	TW0001217008	1989/10/28	上市	食品工業	ESVUFR	

▲圖 11-1

接著，我們要將該網站的資料爬取下來，本技巧的範例檔是以上市股票清單為例，我們將爬蟲的範例寫成一個函數，函數的概念是避免重複取得網路資源，所以取得後會寫成檔案，並且之後的函數取用都會直接透過檔案取得。範例檔程式碼如下：

檔名：Data.py

```
# 取得所有股票商品代碼
def getStockList():
    return FM.taiwan_stock_info()
```

該函數執行過程如下：

```
>>> from Data import getStockList
>>> getStockList()
```

```
     industry_category         stock_id    stock_name    type         date
0                  ETF             0050    元大台灣 50     twse   2025-05-08
1                  ETF             0051    元大中型 100    twse   2025-05-08
2                  ETF             0052    富邦科技        twse   2025-05-08
3                  ETF             0053    元大電子        twse   2025-05-08
4                  ETF             0054    元大台商 50     twse   2024-12-04
...                ...              ...          ...     ...          ...
3943               大盤            TAIEX    加權指數        twse         None
3944              Index         Textiles   紡織纖維類指數    twse         None
3945              Index          Tourism   觀光事業類指數    twse         None
3946               大盤             TPEx    櫃買指數        tpex         None
3947              Index  TradingConsumersGoods 貿易百貨類指數 twse     None

[3948 rows x 5 columns]
```

技巧 101 【實作】產業別一籃子回測

本技巧將介紹靜態取得一個股票池，並進行整個股票池的長期回測。而本技巧的案例是將「半導體產業」列為一個股票池，並從 2010 年回測至今，策略是前面章節的均線策略，讀者可以先閱讀前面章節的內容，了解策略內容後，再閱讀本技巧。

本技巧的流程如圖 11-2 所示，我們將股票集裡面的股票分別去進行回測，並分別檢視每一檔的回測績效，而回測多商品會牽涉到下單部位、資金管理的問題，由於本書篇幅的關係，本書將重點放在介紹單商品的績效報告上。我們可以從多商品的回測去檢視一籃子商品對於同個策略的反應。

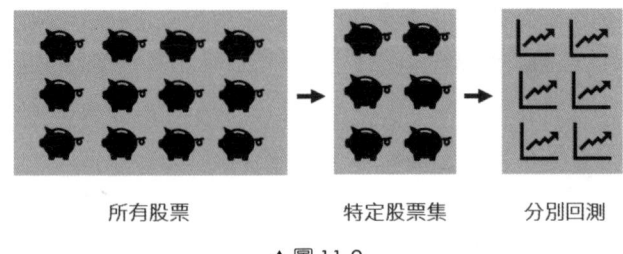

▲圖 11-2

本技巧延伸範例檔 10-5，這裡直接將範例檔 10-5 的程式碼複製到 11-1，而如果要做更有效率的程式碼控管，可以將策略的程式碼函數化，接著在本範例中呼叫函數即可，該技巧的範例程式碼如下：

Chapter 11　一籃子策略回測及策略上線

檔名：11-1

```python
# 載入必要套件
from Data import getData,getStockList
from BackTest import ChartTrade,Performance
import pandas as pd
import mplfinance as mpf
from talib.abstract import SMA

# 取得股票代碼
stock_list = getStockList()
stocks = stock_list[(stock_list['industry_category'] == '半導體業') & (
    stock_list['type'] == 'twse')]['stock_id']
```

如上程式碼，取得所有上市股票清單，並且篩出半導體產業中的股票代碼。

```python
# 將每個同產業的股票依序回測
for prod in stocks:
    print(prod)
    # 取得回測資料
    try:
        data = getData(prod, '2010-01-01', '2022-05-01')
    except:
        continue

    # 如果沒有數據則跳過
    if data.empty:
        continue
```

如上程式碼，由於回測股票池時，必須要做例外判斷。舉例來說，若是遇到沒有抓到股價的股票，則忽略不計。

```python
# 計算簡單移動平均線
data['ma1']=data['close'].rolling(60).mean()
data['ma2']=data['close'].rolling(120).mean()

# 初始部位
position=0
trade=pd.DataFrame()
# 開始回測
for i in range(data.shape[0]-1):
```

281

```python
# 取得策略會應用到的變數
c_time=data.index[i]
c_high=data.loc[c_time,'high']
c_close=data.loc[c_time,'close']
c_ma1=data.loc[c_time,'ma1']
c_ma2=data.loc[c_time,'ma2']
# 取下一期資料作為進場資料
n_time=data.index[i+1]
n_open=data.loc[n_time,'open']

# 進場程序
if position ==0  :
    # 進場邏輯
    if c_ma1 > c_ma2  :
        position = 1
        order_i=i
        order_time=n_time
        order_price=n_open
        order_unit=1
# 出場程序
elif position ==1 :
    # 出場邏輯
    if c_ma1 < c_ma2 :
        position = 0
        cover_time=n_time
        cover_price=n_open
        # 交易紀錄
        trade=pd.concat([trade,pd.DataFrame([[
                    prod,
                    'Buy',
                    order_time,
                    order_price,
                    cover_time,
                    cover_price,
                    order_unit
                ]])],ignore_index=True)
```

如上程式碼，進出場邏輯就是均線交叉策略，短均線大於長均線則做多；反之，則空手。由於我們是回測整個股票池，所以不會逐一將個股走勢圖繪製出來，如果要繪製的話，讀者可以自行新增程式碼。

```
print('回測商品代碼:', prod)
Performance(trade, 'Stock')
print('--------------------------------')
```

如上程式碼,我們將所有的股票回測紀錄整合成一個大串列,最後丟到績效評估函數中評估。

本範例的預設標的為「半導體產業所有個股」,執行程式碼,操作過程如下:

```
2330
回測商品代碼：2330
總績效 1.8503
交易次數 11
平均績效 0.1682
平均持有天數 320 天
勝率 0.82
平均獲利 0.225
平均虧損 -0.0874
賺賠比 2.5753
期望值 1.9253
獲利平均持有天數 353 天
虧損平均持有天數 168 天
最大連續虧損 -0.1136
最大資金回落 0.1136
```

本範例將依序顯示各股票的策略權益曲線圖。

技巧 102 【觀念】股票策略該如何實際執行

我們來到本書的最後技巧了,在前幾個章節中,我們介紹了多數的台股數據,有基本面、技術面、籌碼面,介紹完這麼多的歷史回測,那麼現在應該如何將這些我們覺得還不錯的股票策略實際上線呢?

首先,由於我們的股票策略都是日頻的策略,在回測時我們也都是透過 T 日進行進場判斷,T+1 日實際進場,所以從現實的操作觀點來看,我們只需要在當天收盤後,得到我們所需要的每日資料後執行策略,查看策略的部位是否有更新。

283

流程圖，如圖 11-3 所示。

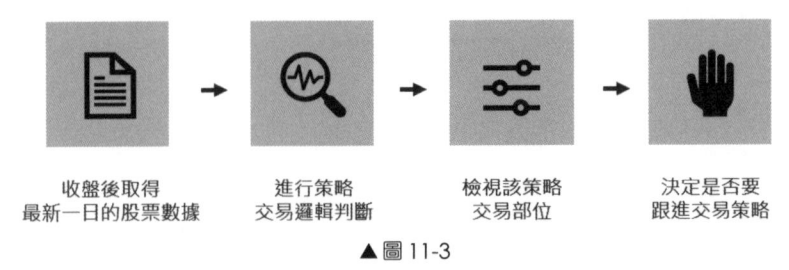

收盤後取得　　　進行策略　　　檢視該策略　　　決定是否要
最新一日的股票數據　交易邏輯判斷　　交易部位　　　跟進交易策略

▲圖 11-3

最便利的方式是找到適合自己投資的交易策略以後，將策略程式掛到自動執行的排程當中，搭配 Line 的自動推播功能，打造屬於自己的交易部位追蹤系統，接下來兩個技巧將介紹如何實作本書中所建構的交易策略。

技巧 103 【實作】Discord 推播策略訊號

如果 Python 程式交易的同時，可以將目前的一舉一動以自動推播到我們的行動裝置，那是一件很酷的事情。在什麼時間、哪個策略、下了哪個股票、幾張等事情皆不用再盯著螢幕關注了，接著我們就來介紹如何透過 Line 來推播訊息。

|STEP| **01** 我們必須先註冊 Discord 的帳號並登入，登入後選擇你要推播訊息的伺服器，並找到文字頻道，選擇文字頻道的設定，如圖 11-4 所示。

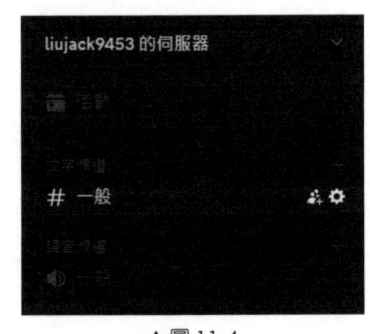

▲圖 11-4

|STEP| **02** 接著選擇「整合」，並點選「建立 WebHook」，如圖 11-5 所示。

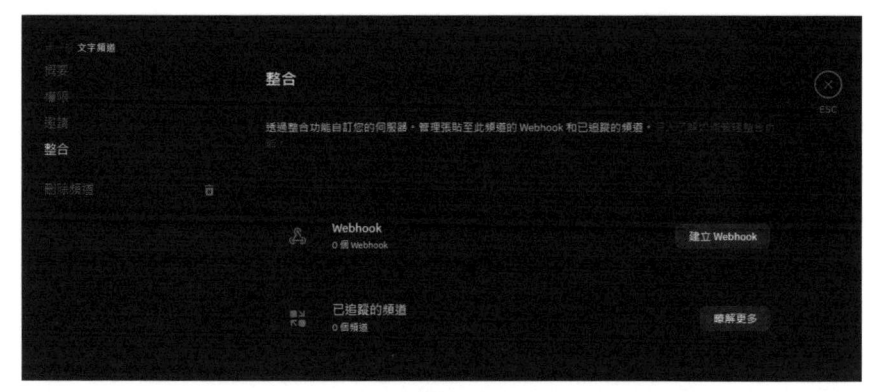

Chapter 11　一籃子策略回測及策略上線

▲ 圖 11-5

|STEP| **03** 建立完成後，設定 WebHook，點選「複製 WebHook 網址」，如圖 11-6 所示。

▲ 圖 11-6

|STEP| **04** 將剛才複製的網址，貼到以下程式碼當中來執行，就可在剛才的 Discord 文字頻道中看到從 Python 推播的訊息了，如圖 11-7 所示。

```
import requests

# 這裡是 discord 的 webhook 網址
webhook_url = "貼上剛剛複製的網址"
message = "Hello Discord! 這是從 Python 發送的訊息 !"

data = {
    "content": message
}

response = requests.post(webhook_url, json=data)
```

285

```
if response.status_code == 204:
    print("訊息已成功發送到 Discord！")
else:
    print(f"發送失敗，狀態碼：{response.status_code}")
```

▲ 圖 11-7

|STEP| **05** 安裝完成後，我們將推播撰寫為一個函數，並儲存為 Data.py，程式碼如下：

```
def discord_push(message):
    # 這裡是 discord 的 webhook 網址
    webhook_url = "請貼上 discord webhook"

    data = {
        "content": message
    }

    response = requests.post(webhook_url, json=data)

    if response.status_code == 204:
        print("訊息已成功發送到 Discord！")
    else:
        print(f"發送失敗，狀態碼：{response.status_code}")
```

我們只要將策略程式中的 print 函數改為上方程式碼內的 discord_push 函數，即可進行推播，便可將指定的字串推播至 Discord 中。

技巧 104 【實作】Windows 作業系統排程執行

這裡將介紹如何在 Windows 作業系統中自動執行排程，而若要穩定執行策略，不用每天去主機確認目前是否有執行策略，最直接的方式就是在 Windows 內設置系統排程設定，並且在執行的策略當中設定 Line Notify 的訊息，這樣就能夠減少「每天檢驗程式是否正常執行」的程序了。

我們來看如何設定 Windows 作業系統排程。設置 Windows 作業系統的排程需要先準備幾個部分：

- Windows 批次執行檔（bat）。
- 工作排程器。

首先，我們必須建立一個基本的 bat 檔，Windows 批次執行檔是在作業系統上的腳本，也就是說，若要在作業系統中執行「一連串的動作」，就會透過腳本檔（bat）。而讀者也不用擔心，這裡介紹的是基本的 bat 檔案，並不用深入研究應用，讀者僅需了解 bat 如何使用即可，若有進階的學習應用，再另外學習。

這裡將自製一個簡單的 bat 檔，最簡單的方式就是建立一個「.txt」的文字檔，將副檔名改為「.bat」，內容如下：

檔名：autorun.bat

```
:: 切換路徑
cd " 範例位置 "

:: 執行策略推播程式
call python.exe -i 11-2.py
```

執行推播程式（11-2.py）的詳細介紹，會在技巧 105 中說明。

第一行是切換指定分割區、指定目錄，讀者可以將自己的分割區取代範例碼中的「/d」，並將自己指定的目錄取代為「"D:\策略集 "」。第二行是執行指定的指令，最前面要放置「call」，讀者放上自己要執行的策略，若有策略參數的話，也一併放入。最後，若是策略有輸出 console 的話，也可以將輸出導向「>」至某個檔案，範例檔導向至「autorun.log」。

建立批次執行檔後，就可以開始設置 Windows 工作排程。

|STEP| **01** 開啟工作排程器，接著點選「工作排程器程式庫」，如圖 11-8 所示。

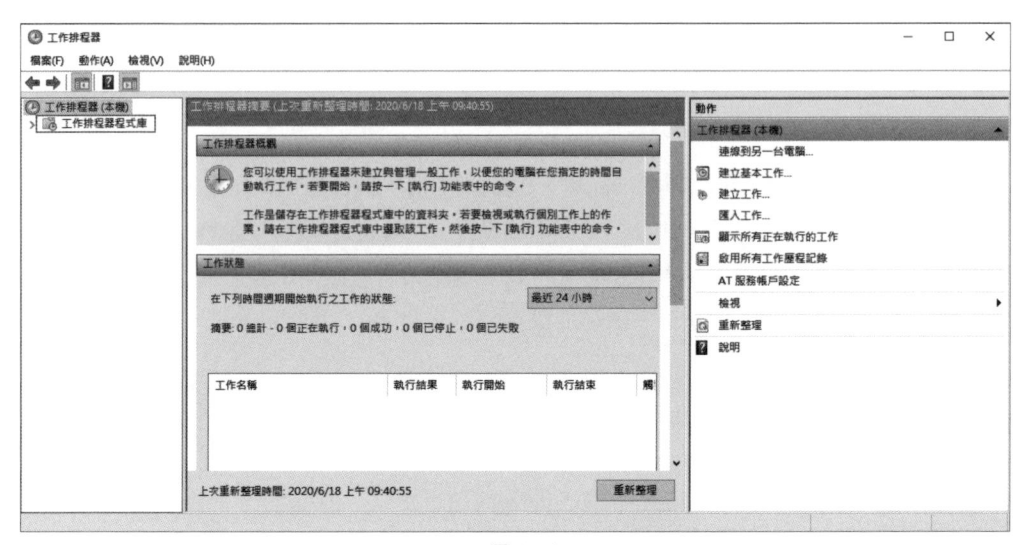

▲ 圖 11-8

|STEP| **02** 進入程式庫，接著點選「建立工作」，如圖 11-9 所示。

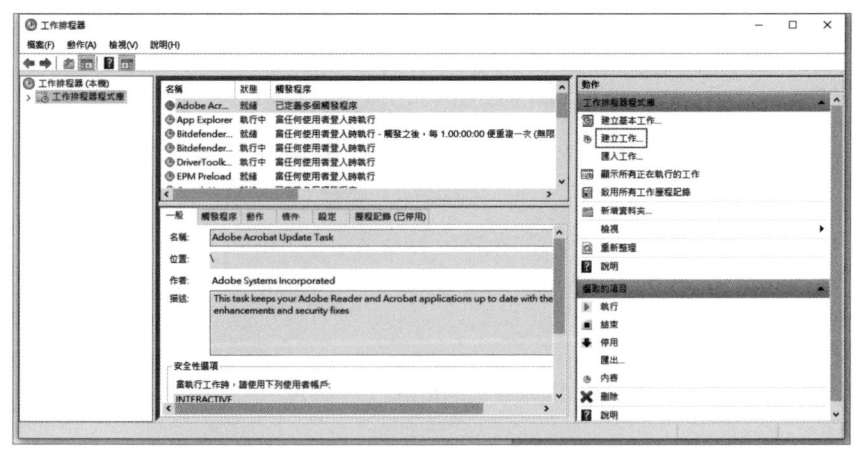

▲ 圖 11-9

|STEP| **03** 進入「建立工作」程序，輸入工作名稱，建議勾選「不論使用者登入與否均執行」，如圖 11-10 所示。

▲圖 11-10

|STEP| **04** 進入「觸發程序」頁籤，點選「新增」按鈕，如圖 11-11 所示。

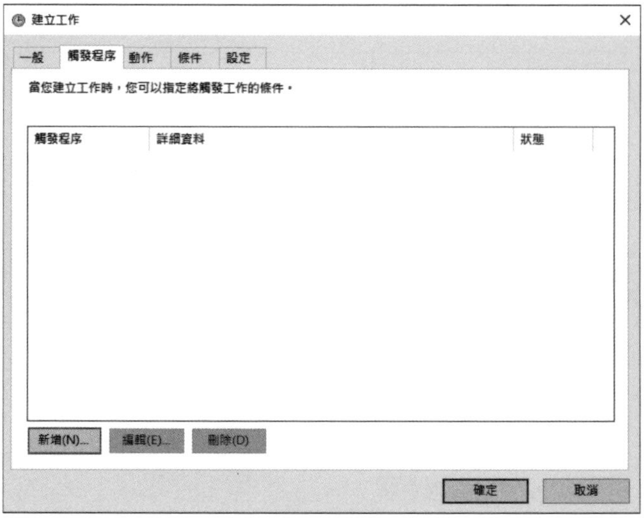

▲圖 11-11

|STEP| 05 開始設定觸發程序，若是國內交易商品，可以設定為「每週」，設定時間為每日盤後（建議為下午 4 點以後，才可以抓到最新一天的資料），接著勾選「星期一至星期五」，接著點選「確定」按鈕，即設定完成，如圖 11-12 所示。

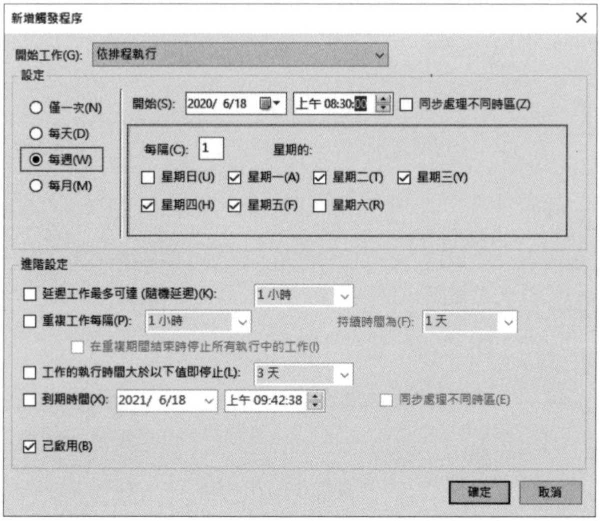

▲圖 11-12

|STEP| 06 進入「動作」頁籤，點選「新增」按鈕，如圖 11-13 所示。

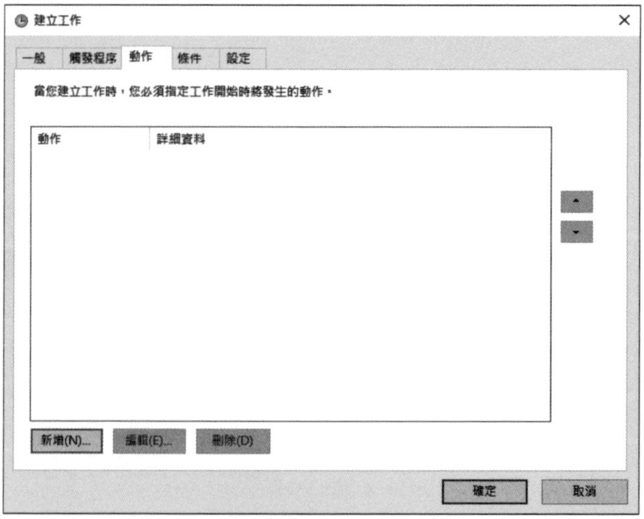

▲圖 11-13

|STEP| **07** 將撰寫好的批次執行檔（bat）放入「程式或指令碼」，然後點選「確定」按鈕，如圖 11-14 所示。

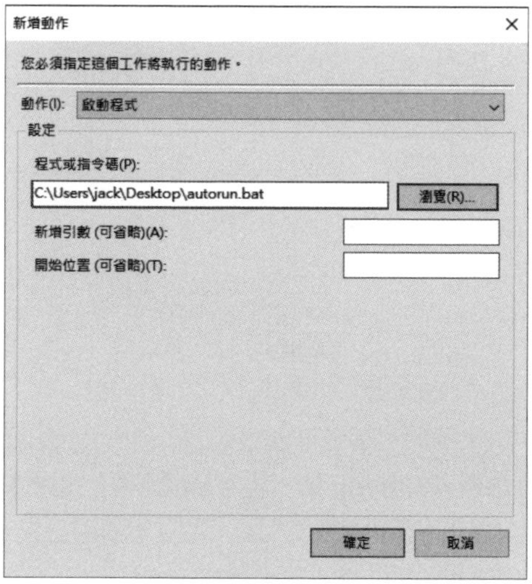

▲圖 11-14

|STEP| **08** 確認完動作後，點選「確定」按鈕來建立工作，如圖 11-15 所示。

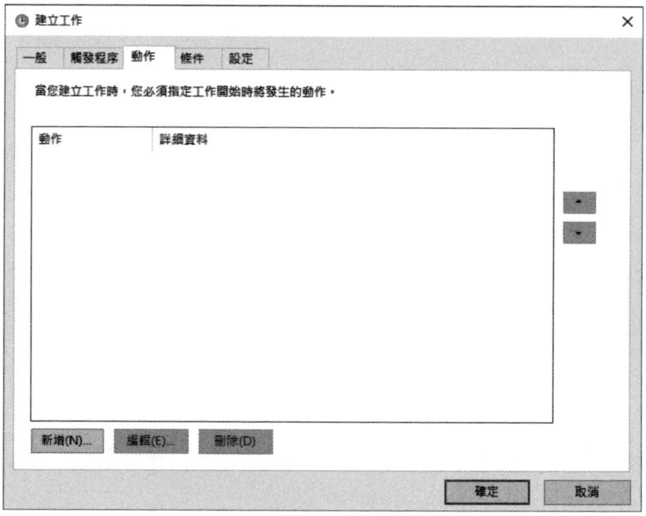

▲圖 11-15

|STEP| **09** 輸入作業系統密碼，點選「確定」按鈕，如圖 11-16 所示。

▲ 圖 11-16

|STEP| **10** 新增完成，如圖 11-17 所示。讀者可以透過 Line Notify 去驗證自己的訊號程式是否正確啟動，也可以將結果導向至 log 檔，若有錯誤訊息，也會輸出至 log 檔方便除錯。

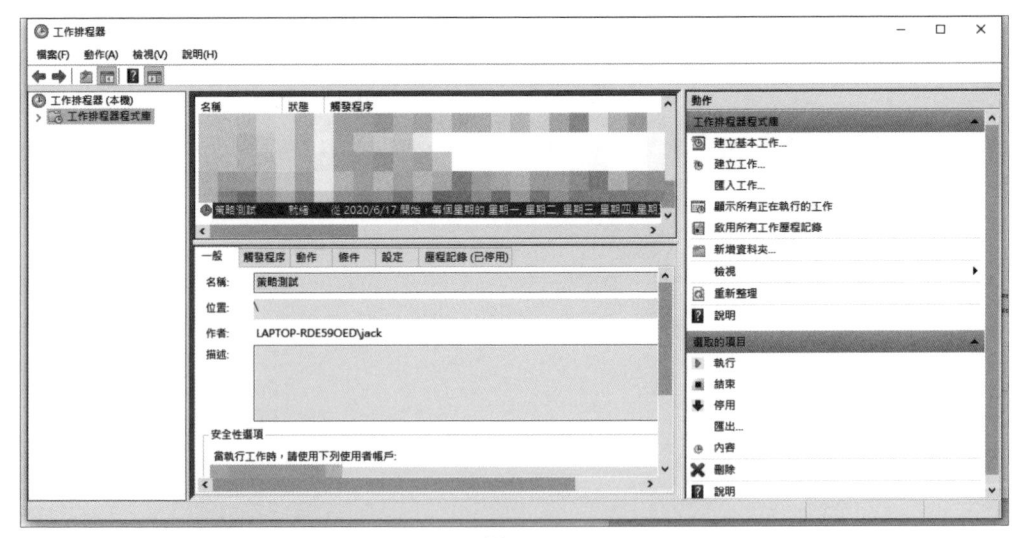

▲ 圖 11-17

技巧 105　【實作】打造股票自動化訊號推播機器人

最後，我們要將本書的所有回測案例做一個實作應用，讓我們可以直接將經過回測的策略應用於實戰。我們的作法是在每天的盤後自動（技巧 103）蒐集當天的資料，並且判斷最新一天的交易訊號，進而透過 Line Notify（技巧 102）進行推播訊號到我們的 Line，方便我們了解策略的最新動態，甚至進行下單判斷。

本技巧會透過回測技巧 6-2 來進行調整，原本是收盤價與指數移動平均線的回測策略。在本技巧中，我們將它改成每日收盤訊號推播的程式，讀者可以依照本技巧的方法，將不同的回測範例改成每日訊號推播的程式。

接下來介紹訊號推播程式的範例程式碼。範例程式中載入了必要套件，其中包含了 line notify 的函數：

檔名：11-2.py

```
# 載入必要套件
from Data import getData , discord_push
from BackTest import ChartTrade, Performance
import pandas as pd
from talib.abstract import EMA
import mplfinance as mpf
import datetime
```

接著我們取得每天的盤後成交 K 線資訊。取得資料日期是「今日」，本範例以「0050」商品作為介紹，取得的資料期間可以依照自己的策略使用資料範圍來定義，如果均線會取得 120 日的收盤，則建議最少取得 120 日以上的開盤日資料。取得資料以後，開始進行技術指標的計算：

```
# 取得回測資料
prod='0050'
st='2010-01-01'
en=datetime.datetime.now().strftime('%Y-%m-%d')
data=getData(prod,st,en)

# 計算指數移動平均線
data['ema']=EMA(data,timeperiod=120)
```

我們開始進行策略判斷，策略判斷需要注意的部分，就如程式碼中的「注意事項」（註解）。以往我們在進行策略回測時，我們會回測至歷史資料倒數第二天，為了預防在歷史資料最後一天觸發交易動作而發生錯誤（因為我們回測架構是以隔天開盤買進賣出），每日訊號推播則要回測到最後一天，所以透過迴圈執行時，記得要將 range 的結束值設定為最後一筆資料的 index：

```
# 初始部位
position=0
```

293

```python
# 當天訊號
signal=0
# 開始當日訊號派送
for i in range(1,data.shape[0]):    # 注意事項
    # 取得策略會應用到的變數
    c_time=data.index[i]
    c_close=data.loc[c_time,'close']
    c_ema=data.loc[c_time,'ema']
    
    # 進場程序
    if position == 0:
        # 進場邏輯
        if c_close > c_ema * 1.01 :
            position = 1
            signal=3
        else:
            signal=1
    
    # 出場程序
    elif position == 1:
        # 出場邏輯
        if c_close < c_ema * 0.995 :
            position = 0
            signal=4
        else:
            signal=2
```

我們會透過 signal 變數來決定今天的交易訊號，共分為四類：

- 維持空手：position 變數持續為 0。
- 維持進場：position 變數持續為 1。
- 進場訊號：position 變數從 0 變 1。
- 出場訊號：position 變數從 1 變 0。

最後的程式碼就是依照不同的 signal 變數值，去推播不同的策略訊號至 line notify：

```
strategy_name='均線策略'
if signal==1:
    line_print('%s \n %s \n %s \n 維持空手 '%(strategy_name,prod,en))
elif signal==2:
```

```
        line_print('%s \n %s \n %s \n 維持進場'%(strategy_name,prod,en))
elif signal==3:
        line_print('%s \n %s \n %s \n 進場訊號'%(strategy_name,prod,en))
elif signal==4:
        line_print('%s \n %s \n %s \n 出場訊號'%(strategy_name,prod,en))
```

到這裡，自動化推播機器人就大功告成了，讀者可以依照以上的邏輯去設置自己回測產出的策略。